일본의 사회과학

한림신서 일본학총서 74

일본의 사회과학

이시다 다케시 지음 | 한영혜 옮김

小花

한림신서 일본학총서 74
일본의 사회과학

초판인쇄 ▪ 2003년 10월 25일
초판발행 ▪ 2003년 10월 30일

지 은 이 ▪ 이시다 다케시
옮 긴 이 ▪ 한영혜

발 행 인 ▪ 고화숙
발 행 처 ▪ 도서출판 소화
등 록 ▪ 제13-412호
주 소 ▪ 서울시 영등포구 영등포동 94-97
전 화 ▪ 2677-5890(대표)
팩 스 ▪ 2636-6393
홈페이지 ▪ www.sowha.com

ISBN 89-8410-234-2
ISBN 89-8410-105-2 (세트)

값 7,500원

일본의 사회과학

한국어판 서문 · 7

들어가는 말—문제 제기— · 19

제1장 '일국독립'과 국가학 · 32
1. '천하' '국가' 및 '신민' · 32
2. 여러 가지 사회과학의 맹아와 국가학 · 44
3. 개별과학에의 길 · 59

제2장 '사회'의 의식화와 사회정책학회 · 73
1. '사회' 의식화의 일본적 특징 · 73
2. 사회정책학회의 '국가'와 '사회' · 81
3. 사회정책학회에 대한 비판과 내부 분화 · 97

제3장 '민중'의 등장과 시민 사회의 자기주장 · 109
1. '민중'의 등장 · 109
2. 지식인의 집단 형성—여명회(黎明會)를 중심으로— · 118
3. 다이쇼민주주의와 사회 이론의 방법 · 128

제4장 '계급'의 출현과 '사회과학' · 146
1. '계급'의 의식화 · 146
2. 마르크스주의에 의한 '사회과학'의 독점 · 153
3. 일본에서의 마르크스주의의 문제점 · 168

제5장 위기의식과 '민족' 협동체 · 175

1. '비상시' 와 '민족' · 175
2. '참여' 하는 사회과학자—쇼와연구회를 중심으로— · 188
3. 마르크스주의 이후의 사회과학— '제3의 길' , '단 하나의 길' 등— · 205

제6장 패전 후 사회과학의 소생 · 221

1. '인민' 의 시대에서 '대중 사회' 로 · 221
2. '회한공동체(悔恨共同體)' 속의 집단화와 그 귀추 · 237
3. 전후 사회과학의 사상—오쓰카 히사오, 마루야마 마사오를 중심으로—
· 254

제7장 '시민' 의 분출과 현대 사회과학의 과제 · 263

1. '시민' 의 분출과 그 이후 · 263
2. 사회과학의 전문분화와 그 문제점 · 278
3. 오늘날의 문제 상황과 사회과학의 과제 · 290

맺음말—일본 사회과학의 반성— · 297

후기 · 315
역자 후기 · 326
인명 색인 · 335
약력 · 350

한국어판 서문

오랫동안 존경했던 지명관 교수께서 애써 주신 덕분에 20년 전에 출판된 이 책이 한국어로 번역되어 한국의 독자에게 소개된다. 한국에서 읽힐 것을 생각하니, 중요한 문제 두 가지가 새삼스럽게 머리에 떠오른다.

첫째는, 일본 제국주의의 침략적 측면을 충분히 다루지 않았다는 이 책의 결함이 일본의 사회과학 연구에서 지금도 여전히 극복되지 못하고 있다는 점이다. 그리고 두 번째는, 패전 후 4반세기가 흐른 오늘날 일본에서는 이미 전쟁책임을 망각하려는 경향이 강화되고 있다는 사실이다.

먼저 두 번째 문제부터 보면, 1985년 나카소네(中曾根) 수상의 야스쿠니(靖國)신사 공식참배가 아시아 이웃나라들의 비판을 불러일으켜, 다시는 그런 일이 반복되지 않기를 바랐으나, 1996년 7월 하시모토(橋本) 수상은 다시 야스쿠니 참배를 감행했다. 당시 하시모토는 전사한 "사촌형과 이웃 촌장 아저씨를 만나러 갔다"고 말했다. 또, 보도에 의하면, 그 후 하시모토는 야스쿠니신사에 묻혀 있는 A급 전범에 대한 질문을 받고 "A급 전범 같은 건 내게는 관계없는 이야기"라고 대답했다고 한다. 여기에는 일본인의 가해자라는 측면을 은폐하고 국가 목적을 위해 희생된 사람으로서(이 같은 국가 목적을 위해 누가 희생자를 만들어 냈는가는 묻지 않고) 자국의 전사자만을 기억하는 '국민국가'의 집단적 기억('은폐기억'이라고도 할 수 있다)의 제도화 장치로서 야스쿠니신사의 기능이 잘 나타나 있다.

이와 같은 집단적 기억의 존속 및 강화가 허용되고 있는 데 대해 일본의 사회과학자에게도 일단의 책임이 있다. 그런 의미에서, 전술한 첫 번째 문제, 즉 왜 일본의 사회과학이 제국주의의 침략적 측면을 충분히 다루지 못해 왔는가에 대해 보충 설명을 하는 것이 한국의 독자에 대한 나의 책임이라고 생각된다.

한국의 독자들은 어떤 관심에서 이 책을 읽을까? 그것은 아마도 다음 둘 중 어느 하나, 아니면 두 가지 모두일 것이다. 하나는 과거 한국과 일본의 관계에서 36년간의 일본 제국주의의 지배와 일본의 사회과학은 어떤 관련이 있을까 하는 점, 그리고 다른 하나는 오늘날 양국 사회를 비교하는 데 일본의 사회과학은 어떻게 도움이 될까 하는 점이다. 현대의 양국 사회가 과거의 역사적 유산 위에 성립되어 있는 이상, 이 두 가지 문제는 상호 관련되어 있다고 할 수 있다. 그러나 한국 사회의 현상에 관한 지식이 충분치 못한 나로서는, 두 번째 문제에 대해서는 나중에 약간의 코멘트를 덧붙이는 정도로 그치고, 주로 한국 독자의 판단에 맡길 수밖에 없다.

첫 번째 문제에 대해서는, 유감스럽게도 이 책이 독자를 만족시킬 만큼 자료를 제공하고 있지 못하므로, 저자로서는 왜 그런 결과가 되었는지에 대해 설명할 의무가 있다고 생각한다. 이 책에서도 요시노 사쿠조, 야나이하라 다다오 등이 일본 제국주의의 식민정책에 대해 행한 비판적 발언에 대해 언급은 하고 있다. 그러나, 그런 비판적인 언설이 극히 예외적인 현상에 불과하며 일본의 사회과학 전체에 대해 중요한 의미를 갖지 못한 이유에 대해서는 이 책은 대답하지 않는다. 이 점이야말로 일본의 사회과학이 지닌 기본성격과 관련된 것인데도 이 문제를 밝혀 내지 않은 것은 이 책의 중대한 결함이라고 해야 할 것이다.

이 결함을 극복하기 위해, 이 책을 쓴 후 12년간 나로서는 최대한 노력을 해 왔다. 특히 패전으로부터 반세기에 이른 해에 발표한 『사회과학 재고―패전으로부터 반세기의 동시대사』(東京大學出版會, 1995년)는 일본의 침략 및 전쟁으로 인한 아시아 각국의 피해자들(특히 강제로 성노예가 된 구 '종군위안부')에 대한 전쟁책임의 문제를 직접적인 계기로 해서 집필했다. 따라서 한 장(章)을 일본인의 아시아관과 사회과학과의 관련에 대해 썼고, 그 장에서는, 왜 지금까지 일본의 사회과학자들이 아시아에 대한 전쟁책임 문제를 진지하게 다루지 않았는가를 고찰했다.

그러나 『사회과학 재고』는 전후 일본의 사회과학을 반성하는 것이 목적이었기 때문에 전전의 상황에 대해서는 필요한 만큼만 간단히 언급하는 데 그쳤다. 이 번역서의 독자들이『사회과학 재고』를 참조해 줄 것을 기대할 수는 없으므로, 그 책의 내용과 다소 중복되는 점이 있기는 하지만 이 '한국어판 서문'에서『일본의 사회과학』의 결함에 대한 반성을 기술하기로 한다.

왜 일본의 사회과학이 제국주의의 침략적 측면에 관한 분석을 중요한 과제의 하나로 삼지 않았는가? 이 의문에 대한 가장 간단한 해답은, 일본의 사회과학이 서구의 이론을 보편적인 것으로서 통째로 받아들임으로써, 그 안에 있는 오리엔탈리즘(Edward Said가 말하는 의미에서의)의 결함까지도 받아들였기 때문이라는 것이다. 일본의 사회과학자가 서구 이론을 보편적인 것으로 간주하여 그에 의존하고, 현실 분석으로부터 사회과학을 구성하려는 노력이 부족했다는 것은 본문에서도 말하고 있는데, 의존의 대상이 된 서구 이론에 오리엔탈리즘에 의한 제국주의적 편향이 있었던 것은 틀림없다.

그러나 이것만으로는 충분한 설명이 되지 못한다. 뿐만 아니라 이 같은 설명은 위험한 오해를 야기할 수도 있다. 만약 제국주의의 침략적 측면에 대한 관심의 결여가 오로지 서구 이론의 책임이라면, 서구 이론으로부터의 탈각으로 문제는 해결될 수 있는 셈이다. 과거 일본의 역사에서도 '서구 대 아시아'라는 이데올로기적 대립 구도는 '외래 대 전통'이라는 이분법적 사고로 쉽사리 연결되어, 서구 이론의 영향을 배척하고 국수적인 이론틀을 채용하면 일체의 모순은 해결된다는 논리로 유도되곤 했다. 그리고 이러한 논리는 현실에서는 서구 이론이 지닌 합목적성조차도 사상시킨 광신적인 방식으로 '황민화'라는 이름의 억압정책을 강행하는 이데올로기적 기반이 되기도 했다.

이런 사실에 비추어 보더라도, 단순히 서구 이론을 비판, 배제함으로써 오리엔탈리즘적 제국주의의 편견으로부터 자유로워질 수 있는 것은 아니다. 이 문제는 서구적인가 전통적인가의 양자택일에 의해서가 아니라, 서구 이론의 어떤 요소가 전통문화의 어떤 요소와 연결되어 어떠한 역할을 했는가를 검토함으로써 비로소 해결의 방도를 찾을 수 있다.

『사회과학 재고』에서는 일본과 서구에 공통된 오늘날의 사회과학의 결함을 '국민국가'의 사고틀과 '발전주의'라 일컬어지는 사고경향에서 찾았다. 전전의 일본의 사회과학에서도 같은 결함을 지적할 수가 있다. 그것은 후발 제국주의로서 선진 제국주의 국가들을 따라잡으려는 강대국 지향을 기반으로 한 것이었다. 이 강대국 지향은 정치가들 사이에서는 아시아 이웃나라들에 대한 노골적인 오리엔탈리즘적 발언을 낳았으나, 사회과학자의 경우에는—일부 사람들이 제국주의 정책 실현을 위한 기술관료화한 예를 제외하고—아주 종종 제국주의의 침략적 측면에 대한 무관심이라는 소극적인 형태로 나타났다. 그리하여 이러한 면에 대한 감수성이 예민하지 못한 사회과학자에게는 그것이 인식조차 되지 않은 채 넘어간 경우가 많다.

좀더 이론적 방법의 문제로 들어가, 강대국 지향을 바탕으로 일본 근대화 과정에서 중요한 역할을 한 '국민국가'적 틀과 '발전주의'적 사고가 일본의 사회과학에 어떤 특징을 부여했는가를 보기로 하자. 우선 '발전주의'적 사고의 문제는 무엇보다도 단선적 발전사관이 일본의 사회과학의 기초를 이루었다는 데 있다. '야만'으로부터 '문명'에 이른다고 본 문명사관(후쿠자와 유키치, 다구치 유키치 등)이든, K.뷰허(Karl Bucher) 등 독일 신역사학파의 경제발전단계설을 도입한(후쿠다 도쿠조 등) 경우든, 마르크스주의의 발전단계설을 취한 경우든, 나아가서는 제2차 세계대전 후 미국에서 도입된 근대화론이든, 단선적 발전사관은 모두 단선적으로 역사가 진보됨을 볼 수 있다는 사고방식을 근저에 가지고 있었다.

바로 이 같은 사고방식 때문에 일본의 사회과학은 더 발전했다고 생각한 서구를 따라잡기 위해 서구 이론을 도입하는 데 힘썼고, 그 결과 그러한 사고방식은 더욱 강화되었다. 그리고 진보의 정도를 측정하는 기준에 의거해서 일본의 식민지 지배를 합리화하는 '정체론(停滯論)', '타율성사관'(식민지는 정체되었고 자율능력이 없기 때문에 제국주의에 의한 타율을 받는 것은 당연하다는 언설)도 성립되었다. 이렇게 해서 객관주의를 가장한 발전주의적 사회과학은 사실은 『강자의 권리의 경쟁』(가토 히로유키의 독일어 저서의 제목 *Der Kampf ums Recht des Stärkeren und sein Entwicklung*, 1893)의 결과를 정당화하는 이데올로기가 되었다.

이 같은 형태로 식민지화된 지역을 제국주의 국가의 '주변'으로 만든 발전주의적 사회과학은 나아가 사회과학에서도 식민지 연구를 주변화하는 결과를 낳았다. 요시노와 야나이하라의 제국주의적 식민정책 비판이, 예외적인 것이라는 한계 내에서라도 일본의 사회과학 전체에 아무런 영향을 끼치지 못한 것은 이러한 사회과학의 특징 때문이었다.

발전주의를 재고하는 단서는 바로 제국주의의 희생이 되어 주변화된 지역에 대한 연구에서 찾아볼 수 있을 것이다. 즉 구 식민지 연구의 재검토 자체가 발전주의적 사회과학의 전체적인 결함을 극복하는 열쇠가 된다. 왜냐하면 제국주의적 지배의 '중앙'에서는 보지 못한 모순이 이를 통해 명백히 드러나기 때문이다. 그런 의미에서 한국의 사회과학자는 일본 제국주의 지배 하의 36년간을 재검토함으로써 일본 사회과학의 발전주의를 비판하는 데 중대한 역할을 할 수 있다고 생각한다.

한편 일본의 사회과학은, '민중'이든 '시민'이든 개인을 파악하는 범주가 '국민국가'적 제약을 갖는다는 것을 충분히 의식하지 못했다. 바로 이 점에 중대한 문제가 있다. '대일본제국'에서는 개인은 보편적 인간이라는 존재로 파악된 일은 없고, 항상 '제국신민'으로 틀지워졌다. 즉, '신민(臣民)'은 국경 내에서는 포섭('일시동인〈一視同仁〉'이라 일컬어지는 '황민화'에 의해 창씨개명을 강요당하는 등)과 차별(호적에서의 '내지'와 '외지'의 구별, 그에 따른 선거권의 차별 등)이라는 이중적인 대우를 받았으며, 국경의 외부와 관련해서는 침략전쟁을 위한 동원(마지막에는 징병, 징용으로부터 '정신대', '위안부'까지)의 대상이 되었다.

일본의 사회과학이 한때 '계급'과 '인민'이라는 범주를 도입한 것은, '국민국가'의 틀을 넘어서려는 시도로 볼 수 있으나, 그것은 외래 이론의 섭취라는 형태로 이루어졌을 뿐 구체적인 다양한 인간 속에서 (다양성을 인정한 위에) 보편성을 발견하는 이론적 성과를 창출하지는 못했다. 그뿐 아니라, 외래 이론에 의존하는 보편주의화의 시도는 어김없이 그에 대한 반동으로서의 '국민적' (특수주의적) 가치를 강조하는 결과를 낳았다.

'국민국가'적 사고틀은 M. 베버가 말하는 '대내 도덕'과 '대외 도덕'의 이원성을 만들어 냈을 뿐 아니라, 발전주의 이론과 연결됨으로써 결과적으로 일본이라는 발전한 '강대국'의 아시아에서의 주도권을 정당화했다. 그리고 이 대외적 우월감은 '국민국가' 내부의 불만에 대한 심리적 보상으로서 작용했다. 1930년대 일본의 사회과학이 '계급'으로부터 '민족'으로 급속히 역점을 옮겨 가게 된 것(상세한 것은 본문 참조)도 이와 밀접한 관계가 있다.

실은 이 점이 다음에 언급하려는 현대 한국사회와 일본사회의 비교 문제와도 관련된다. 내가 이해하는 한, 한국에서는 1970년대부터 '민중'이라는 개념이 널리 사용되었으며(예를 들면 1966년 백낙청의 『민족문학과 민중문학』 수록), 1980년대는 '민중의 시대'라 일컬어지게 되었다(예를 들어 1979년 한완상의 『민중사회학』, 1982년 유인호의 『민중경제론』, 1983년 서남동의 『민중신학』, 나아가 1984년부터 민중문화운동협의회 기관지 『민중문화』 등).

그 때문에 한국의 독자는 이 책 내용 중 '다이쇼 민주주의' 시

대에 일본에서 썼던 '민중'이라는 개념에 관심을 가질지도 모르
겠다. 한국과 일본에서 상이한 시대에 쓰였던 '민중'이라는 말은
서로 다른 의미를 내포하고 있다. 이러한 의미의 차이는 그 이론적
틀의 배경을 이루는 계급 구성과, 마르크스주의의 도입 시기 및 그
수용방식, 그리고 사회과학의 전제를 이루는 민족적 사명감 등의
차이에 기인하는 것이라 생각된다.

우선 첫 번째 문제, 즉 어떤 시대, 어떤 사회에서 중심이 되는 정
치주체로서의 개인을 포착하는 범주(예컨대 '민중')와 계급 구성과
의 관련에 대해 보도록 하자. 그런 범주는 어느 정도 현실을 반영
해야만 널리 통용될 수 있다. 또한 어떤 범주를 취하는 사람이 자
신이 바라는 정치적 변동이 그 주체에 의해 실현된다고 기대할 때,
그 범주는 사람들의 관심을 끄는 매력적인 존재가 된다. '다이쇼
민주주의' 시대 일본의 '민중'과 1980년대 한국의 '민중'은 모두
이러한 두 가지 조건을 충족시켰기 때문에 널리 보급된 것이라 하
겠다.

그러나, 당연한 일이지만, 각자의 사회적 배경을 이루는 계급구
성은 다르기 때문에 '민중'이라는 말로 표현된 구체적인 실체로서
의 계층은 반드시 서로 같지는 않다. 또한, 그런 정치 주체가 추구
하는 변화의 방향도 서로 다르다. 그것은 각 사회가 직면한 국민적
과제 및 앞에서 든 이론적 배경에 차이가 있기 때문이다. 다이쇼시
대 일본의 민중' 개념은 사회적 배경과 이론적 배경에서 마르크스
주의적 의미의 '계급' 이전의 것인 데 반해, 80년대 한국의 '민중'

개념은 명백히 마르크스주의의 '계급' 이후의 단계에 속한다.

'분단국가' 한국의 경우, 북한과 대항관계에 있었기 때문에 마르크스주의의 도입은 늦어졌으나, 고전적 마르크스주의가 현대의 '종속이론' 등과 연결된 형태로도 도입된 점이 특징적이라고 생각된다. 그리고 무엇보다도 '분단상황' 하의 국민적 과제에 규정되어 '민족' 이 '민중' 개념과 결부되어 있는 점이 주목된다. 이점은 다이쇼 이후 일본의 경우 '민중' → '계급' → '민족' 이라는 형태로 중점이 옮아가고, 특히 '민족' 이 '계급' 을 부정하는 것으로서 등장한 것과 큰 차이를 보이는 것이다(물론 '민족' 이라는 말의 의미가 다른 점도 중요하지만).

한편 일본에서는 패전 후 전전의 '초국가주의' 시대에 대한 반동으로서 '민족' 의 의미가 충분히 검토되지 않은 채 부정되는 경향이 있었다. 그 유산은 아마도 오늘날에 이르기까지 대미종속이 계속되고, 국제정치에서 일본이 미국의 국익에 의한 판단의 틀을 넘어 독자적인 입장을 명확히 제시하지 못하는 상태에 이를 만큼 영향을 끼치고 있는 것이리라. 그리고 한국과 마찬가지로 미국 사회과학의 영향을 강하게 받고 있는 일본의 사회과학자들이 미국 사회과학의 가치적 전제를 재검토하는 방법적 비판의 요소를 결여한 듯한 것도, 이상에서 말한 사상 · 정치 상황과 관계가 없지는 않을 것이다.

한일 양국 사회의 '민중' 개념의 의미 차이는 '시민' 또는 '시민사회' 개념과 관련해서도 주목할 만하다. 다이쇼시대 일본의 '민중' 은 '시민사회' 의 맹아적 발전과 관련되어 있었다는 것을 사후적으로는 확인할 수 있으나, 당시에 그런 의식이 있었던 것은 아니며, '시민'이라는 개념이 보급된 상태도 아니었다. 이에 대해 1980년대 한국의 '민중'은 분명히 '시민사회의 분출'과 관련된 현상으로서 인식되고 있다. 그리고 현대 한국에서 '시민사회'에 대항하는 '국가'의 힘이 상대적으로 강력한 것은 식민지시대 및 그 뒤를 이은 냉전기의 유산으로 인식되고 있는 점에 비추어 보더라도(Hagen Koo⟨ed.⟩) *State and Society in Contemporary Korea*, Ithaca and London: Cornell University Press, 1993, p.248), 양국 현대 사회의 비교라는 관심은 양국의 과거의 관계에 대한 관심과 연결된다.

오늘날 일본에서는 사회과학의 전문분화가 진전됨에 따라 사회과학자들이 과거와의 관련을 무시한 채 현대의 양국 사회를 비교하는 경향도 보인다. 한국의 사회과학자가 이런 점에 대해서도 일본의 사회과학자를 비판해 주면, 그것은 일본의 사회과학의 장래에도 귀중한 자극을 주게 되리라 믿는다.

(이 '후기'를 집필하면서 이화여대 박충석 교수, 도쿄대학의 木宮正史 교수의 도움을 받았다. 깊이 감사드린다.)

이시다 다케시

들어가는 말—문제 제기—

일본의 사회과학은 이대로 괜찮은가? 일본의 사회과학은 일본 사회를, 세계의 현실을 유효하게 분석하고 있는가? 일본의 사회과학자는 막스 베버가 말하는 '의식 없는 전문인'이 되어 지엽말단주의 · 기술주의에 빠져 있지는 않은가? 또는 외국 이론의 소개와 훈고해석학에 안주하고 있지는 않은가? 더 나아가, 사회과학이 비판적 분석이라는 본연의 역할 대신 테크노크라트의 역할을 함으로써 자신도 모르는 사이에 인류 평화와 복지에 반하는 목적에 봉사하게 되지는 않았는가? 이러한 질문을 던지는 것으로 이 책을 시작하고자 한다.

이 같은 문제제기가 너무 신랄하다고 생각하는 사람에게는 한 번 "미나마타(水俣)의 현실을 보라'고 말하는 것으로 충분하리라. 미나마타의 질소 공장이 방류한 수은 폐수로 인해 "시라누히카이

(不知火海)를 중심으로, 아무리 적게 잡아도 10만 명 정도가 심한 오염에 노출되었다 … 그중 만일 10명 중 1명에 장애가 나타난다 해도 1만 명이다"라 할 정도로 광범위한 피해가 발생했다.[1] 특히 메이스이엔(明水園)에 수용되어 있는 태아성 환자들 중 많은 수가 선천적으로 사고 능력이나 운동 능력을 상당 부분 박탈당한 상태이다. 그 비참함이란, 무어라 표현할 길이 없다. 그 외에 경증 환자까지도 겪어야 하는 결혼 및 취직 차별, 언제 증상이 악화될지 알 수 없는 불안감 등 문제는 산적해 있다.

더욱이 이런 모든 문제가 자연발생적인 것이 아니라, 그야말로 오늘날 산업 사회 현실에서 비롯된 사회적 문제이다. 적어도 1954년의 호소가와 하지메(細川一) 박사가 400호 고양이 실험에서 원인을 밝혔을 때 해결되었어야 할, 그리고 해결될 수 있었던 문제였다. 그러나 그 후 회사는 갖은 수단을 써서 원인을 계속 감추어 왔고, 행정기관 또한 아무런 조치를 취하지 않음으로써 피해가 커지는 것을 방치했다.

환자들이 회사의 성의 있는 답변을 요구하며 질소 본사에서 농성을 한 '자주교섭' 때, 미나마타병으로 아버지를 잃고 자신도 환자인 가와모토 데루오(川本輝夫) 씨가 폭행 용의로 체포되어 1심에

---

1) 原田正純, 「水俣症候群をみつめて」, 『不知火』第5號, 1976년, p.36. 이하에 기술하는 미나마타의 실태에 대해서는 石田雄, 「水俣における抑壓と差別の構造」등 色川大吉 編, 『水俣の啓示—不知火海總合調査報告—』上 下, 筑摩書房, 1983년 수록 논문들 참조.

서 유죄 판결을 받았으나, 도쿄 고등재판소의 2심에서는 "공평의 원칙에 반하여 일방적으로 가해 기업 편에서 이루어진 차별적 기소"라 하여 공소를 기각했다. 그 판결문에는 다음과 같은 문장이 있다.[2] "구마모토(熊本) 대학 연구반의 꼼꼼하고 과학적인 원인 구명이 진행되는 동안 … 각종 단속법령을 발동함으로써 가해자를 처벌하는 동시에 피해의 확대를 방지할 수 있었을 것이다. 그런데도 전혀 그러한 조치를 취한 흔적이 보이지 않는 것은 … 행정, 검찰의 태만이라고 비난받아 마땅하며, 그런 의미에서 국가와 현은 미나마타병에 대해 일부 책임이 있다고 해도 과언이 아니다. … 업무상 과실치사죄로 기소된 질소회사 간부의 과실의 내용은 1958년 7월부터 1960년 8월 무렵까지 공장 폐수를 배출한 행위이므로, 당시 신속히 이 같은 기소가 이루어졌거나 이를 전제로 한 조사가 행해졌더라면 그 후 10년 가까운 배출과 그에 따른 수은 오염을 방지할 수 있었을 터인데, 때늦은 검찰권 발동이 유감스러울 뿐이다. 그에 비해 배출 중지를 요구하며 항의 행동에 나선 어민들에 대한 형사 소추와 처벌은 신속하고 준엄했다."

미나마타병이 발견된 지 약 30년이 지난 오늘날까지도 아직 많은 환자들이 인정제도 하에서 유보되거나 기각당해 환자로서의 구제를 받지 못하고 있다. 일단 인정되어 보상금을 탔다는 것이 알려

2) 川本裁判資料總編輯委員會 발행, 『水俣病自主交涉川本裁判資料集』, 발매원 現代ジャーナリズム出版會, 1981년, pp.652∼653.

지면, 이번에는 온갖 영업사원들이 들러붙어 이득을 취한다. 투병 경험을 통해 획득한 자연과 인간의 공존이라는 확고한 철학에 입각해서 농원을 시작한 다노우에 요시하루(田上義春) 씨 경우나, 무농약 감귤을 재배함으로써 바다를 빼앗긴 상황 속에서도 새로운 삶의 방식을 발견하려는 환자의 경우는 보상금이 재생의 방도를 세우는 데 도움이 되고 있다. 그러나 자칫하면 보상금은 건축업자나 자동차, 전자제품 등을 파는 영업사원의 먹이가 되기 십상이다. 물론 환자가 자유롭지 못한 몸으로 생활하기 위해서는 집을 고치고 차를 갖는 것도 필요한 일이지만, 사실은 필요에 의해서라기보다는 영업사원들의 집요한 판매 경쟁에 의해 집을 고치고 차를 사는 경우가 많다.

이상에서 본 것만으로도, 미나마타 문제는 오늘날 극히 고도로 '발전'된 사회의 모순에 기인하는 문제임이 분명하다. 잘 생각해 보면, 이 같은 문제는 우연히 미나마타에서 너무도 비참한 형태로 나타난 것일 뿐, 실은 미나마타의 현실이야말로, 일본 사회 전체 혹은 널리 현대 사회의 문제를 집약적으로 표현하고 있다고 할 수 있을 것이다.

그러한 사회 현실에 대해 일본의 사회과학은 어떤 일을 했는가? 나는 일본의 사회과학자로서 과연 사회적 책임을 다해 왔는지 철저한 반성이 필요하다고 생각한다. 이 반성을 단순한 참회나 개인의 윤리의식 문제를 넘어서 널리 일본 사회과학의 본질과 관련된 문제로서 탐구하기 위해서는, 일본의 사회과학이 오늘날까지 걸어온

발자취를 되돌아볼 필요가 있다.

이 책은 이러한 동기에서 출발했다. 이 책을 통해 일본의 사회과
학자의 한 사람으로서 일본 사회과학의 자기점검을 해 보고자 한
다. 이 과제를 방법적으로 좀더 상세히 말하자면, 일본의 사회과학
을 (1) 역사적으로, (2) 일본 사회 그 자체의 발전과 관련지어, (3)
종합적으로(즉 경제학, 정치학 등 개별과학의 문제로서가 아니라), (4)
일본과 다른 사회의 비교 시점에서, 검토하는 것이다. 이 4가지 점
에 대해 이하에서 순서대로 설명하기로 한다.

우선, 일본의 사회과학을 역사적으로 본다는 점에 대해 생각해
보자. 오늘날 일본에서 사회과학에 관심을 나타내는 사람들 가운
데 일본의 사회과학의 역사까지 거슬러 올라가 보고자 하는 사람
은 극히 드물 것이다. 대부분이 세계의 최신 이론에 관심이 집중
되어, 과거 일본의 사회과학 따위는 전혀 가치가 없다고 생각하고
있을지도 모른다. 그러나 생각해 보면, '국가' 라든가 '권력', 혹은
'권리', '자유' 등과 같은 기초적인 개념은 거의 대부분 근대에 이
르러 서구에서 수입된 용어의 번역어로 이해되고 있지만, 실은 이
들 용어는 근대 이전부터 내려오는 전통적 용법에 규정된 어감으
로부터 완전히 자유로운 것은 아니다. 사회과학자들조차 전통적
용법의 영향 때문에 문제를 일으키는 예가 있다. 이에 대해서는
'국가' 라는 개념에 대해 검토할 때 살펴볼 것이다.

자연과학의 경우, 물은 H_2O로서 세계 어느곳에서도 같은 것을
의미하나, 사회과학의 경우 '평화' 에 해당하는 단어는 각 문화의

역사적 배경으로부터 완전히 자유로울 수 없다.[3] 그 때문에 일어날 수 있는 문제를 극복하기 위해서는 우선 그러한 역사적 규정성에 대한 자각이 필요하다.

일본 근대화의 형(型)과 사회과학의 방법적 특질 사이에 밀접한 관련이 있다면, 일본의 근대화의 형이 어떤 의미에서 오늘날까지 명백하게 영향을 끼치고 있듯이, 현대 일본의 사회과학이 내포한 방법적 특질 또한 그 역사적 발전의 영향을 받고 있음은 쉽게 짐작할 수 있다.

물론 패전 후 형성된 지적 세계의 '회한공동체(悔恨共同體)'(제6장 참조) 내에서 전전(戰前) 일본의 사회과학에 대한 뼈아픈 반성이 있었던 것은 사실이다. 그런 과정도 포함하여, 오늘날 일본의 사회과학은 의식하든 의식하지 않든 간에 그 역사적 전통과 분리해서 생각할 수 없다. 그리고 향후 일본의 사회과학을 어떻게 발전시킬 것인가를 모색하려면, 과거의 전통 속에서 발견되는 긍정적·부정적인 유산을 반성하는 일로부터 출발해야만 할 것이다.

그러나 실제 일본의 사회과학자들 사이에서는 이런 문제에 대한 관심은 극히 약하다. 한편, 사상사의 영역에서는 문학이나 기껏해야 철학까지를 주된 연구 대상으로 할 뿐, 사회과학의 사상에까지 관심을 갖는 일은 극히 드물다. 그뿐 아니라, 후술하는 바와 같은 문학과 사회과학 사이의 불행한 관계, 즉 계속 서로 위화감을

---

3) 상세한 것은 石田雄, 『平和の政治學』, 岩波新書, 1968년, 제1부 참조.

갖는 관계 때문에, 사회과학에서의 탈역사 경향과 문학가나 사상사가들 사이의 사회과학을 싫어하는 경향이 맞물려서, 사상사 속에 사회과학을 자리매김하는 일도, 또한 사회과학을 사상사적으로 반성하는 일도 이루어지지 못하고 있다.

그 동안 사회과학의 역사가 조금이나마 문제가 된 것은 좁은 의미의 '사회과학' 즉 마르크스주의의 역사로서였다. 그런데 이 경우에는 보통 정치적 전략 노선과 연결된 '운동사'의 관점에서 문제가 되며, 일본의 사회과학을 사상사적으로 자리매김한다는 시각은 기대할 수 없다. 일본의 사회과학의 특징을 그 역사적 발전과정에서 포착해 내려는 이 책의 목적은, 이와 같은 그 동안의 결함을 보충하기 위한 것이다.

두 번째로, 일본 사회과학의 역사를 현실의 일본 사회의 발전과 관련지어 파악하고자 하는 시각에 대해 이야기해 보자. 사회과학이 사회의 자기 인식이라는 성격을 가지고 있는 이상, 일본의 사회과학이 아무리 외부에서 수입된 것이라 해도 일본의 사회적 현실과 무관하게 존재할 수 있는 것은 아니다. 설령 수입된 것이라 해도 그 수입된 사회과학 이론은 일본의 토양에 이식된 것이다. 즉, 적어도 일본어로 소개된 것이며, 그 해석에는 종종 일본의 소개자의 가치관이 포함되어 있다. 따라서 그 분야의 사회과학자가 의식하지 못하는 경우에도 분명 어떤 형태로든 일본 사회의 현실에 따라 규정되는 측면이 있다.

현실 사회의 근대화가 서구 따라잡기와 서구의 기술 및 제도의 수입으로 이루어진 것과 같이, 서구의 최신 사회과학 이론이 완성품으로서 도입되었기 때문에 분석 도구로서 이론을 만들어 내는 과정이 간과되기 쉬웠고, 그 점이 바로 일본 사회 자체의 근대화의 특질과 맞닿아 있다.

그러나 일본의 사회과학이 사회적 현실에 의해 규정되는 면이 있다고 해서 사회과학이 '하부구조'의 단순한 '반영'이라고는 생각하지 않는다. 사회과학에는 그 나름대로 독자적인 논리가 있으며, 또한 현실과 얼마간의 거리가 없다면 과학으로서의 이론은 성립하지 않는다.

그러면, 어떻게 일본 사회의 발전과 사회과학의 역사를 관련지을 것인가? 일본의 사회사 자체를 논하는 것은 이 책의 과제가 아니다. 그것을 사회과학의 발전과 관련된 각도에서 다루기 위해 여기서 채용한 방법은, 각 시대의 인간의 존재 양식에 대한 지배적 이미지의 변천을 중심으로 한 접근법이다. 다시 말하면, 시대에 따라 그 사회를 구성하는 인간을 어떤 틀로 파악하는 경향이 지배적이었는가 하는 점에서 사회와 사회과학의 접점을 발견하고자 하는 것이다. 대일본제국헌법의 체제 확립에 따른 '신민(臣民)'이라는 성격 규정에서 시작하여, 점차 '사회'라는 개념이 형성되고, 다이쇼 데모크라시 시기에 '민중'이 등장하며, 다이쇼 후반부터 '계급'이라는 범주가 중시되었다가 이윽고 '민족'이 이를 대신하게 된다. 패전 후에는 '인민'이 지배적 범주가 되었으나, 1960년 무렵부터 '시민'이 주목받게 되어 오늘에 이르고 있다. 이렇게 사회적 인간의 존재 양식을 파악하는 방식이 곧 사회 현실은 아니며, 또 그것이 직접적으로 그 시대의 사회과학의 기초 범주가 되는 것도 아니다. 왜냐하면, 앞에서 든 범주들은 지배자의 의식 속에서, 혹은 일반적인 국민의식 속에서, 좀더 엄밀하게는 당시 지식인의 의식이나 신문 · 잡지에 나타난 여론 속에서 파악된 특징을 표현하는 것이기 때문이다. 그러나 그것은 일정한 범위 내에서 사회 상황의 특징을 보여 주는 것으로 볼 수 있을 것이다. 이 책에서는 그런 지표에 의해 드러나는 사회 상황에 대해 사회과학자가 어떻게 이론적으로 대응했는가 하는 관점에서 일본 사회와 사회과학의 관계를 탐구하게 될 것이다.

세 번째로, 일본의 사회과학의 역사를 종합적으로 파악하는 관점에 대해 말해 보겠다. 개별 사회과학의 역사에 대해서는 이미 많은 전문적 업적이 있다. 정치학에 대해서는 로야마 마사미치(蠟山政道)의 『일본 근대정치학의 발달(日本における近代政治學の發達)』(1949년, 복각판, ぺりかん社, 1968)이 고전적 위치를 차지하고 있고, 사회학에 대해서는 가와무라 노조무(河村望) 『일본 사회학사 연구(日本社會學史硏究)』상 · 하(人間の科學社, 1975, 1977), 경제학 분야에서는, 메이지 초기에 관한 것으로는 스기하라 시로(杉原四郎)의 많은 저작들, 전체를 개관한 것으로서는 다마노이 요시로(玉野井芳郎) 『일본의 경제학(日本の經濟學)』(中央公論社, 1971) 등이 있다. 개별 과학의 역사에 대해서는 그 외에도 많은 저서 및 논문들이 있음은 본문의 인용이나 각주에 제시된 참고문헌을 보더라도 잘 알 수

있다. 그러나 사회과학 전체를 통해 특징을 파악하고자 한 것은 내가 아는 한 전혀 없다. 어떤 의미에서는 당연한 일이라 하겠다. 고도로 발달한 전문적 분야에 대해 개인이 혼자서 전체를 다루는 것은 아무래도 무모한 일이기 때문이다.

그런 무모한 시도를 감히 하고자 한 데는 그럴 만한 이유가 있다. 앞에서 본 대로 일본 사회의 현실과 사회과학 사이에 관련이 있다면, 같은 사회 상황에 대한 각 사회과학 영역의 반응들 사이에는 밀접한 관계가 있을 것이라 예상할 수 있다. 또, 다이쇼기의 신칸트파, 쇼와 초기의 마르크스주의, 또는 전후의 행동론적 접근과 같이 한 시대에 중요한 의미를 지닌 방법론은 분명 사회과학의 제반 영역에 걸쳐 어떤 충격을 주었을 것이다. 혹시 그런 새로운 방법론의 도입에 대한 개별 사회과학의 반응이 동일하지는 않았다면, 그런 사실 자체도 흥미로운 연구 대상이 된다.

대담하게 종합적인 시점을 도입한 좀더 중요한 이유는 오늘날 극도로 전문 분화된 사회과학의 현실에 대한 반성 때문이었다. 같은 전문 영역 내에서조차 극단적으로 전문 분화가 진전된 결과, 개별 연구는 거시적인 전망을 잃고 지엽말단주의에 빠지기 쉽다. 일본 사회의 제도화에 따라, 구획(compartment)화가 진전된다는 특징은 사회과학에서도 두드러지게 나타날 뿐 아니라 최근 특히 그 특징이 강화되고 있는 것으로 생각된다.

이 같은 상황을 볼 때, 비록 나 개인의 능력이 사회과학의 전 영역을 다루기에는 부족하더라도, 위험을 무릅쓰고 자신의 전공 이

외의 영역까지 포함하여 전체로서 사회과학의 특징을 파악하려는 노력을 해야 한다고 생각하게 되었다.

그런 노력을 할 때 한 가지 단서로 삼을 만한 것은 각 시대에 지배적인 영향력을 지녔던 사회과학자 집단이다. '국가학회', '사회정책학회' 같은 학회나 '여명회(黎明會)', '쇼와연구회' 등의 지적 집단은, 상당히 각 시대의 사회과학들과 공통된 특질을 보여 주기 때문이다.

네 번째로, 일본의 사회과학을 다른 문화 속의 사회과학과의 비교 시점에서 고찰한다는 점에 대해 언급하기로 하자. 우선 왜 '일본'인가에 대해 설명이 좀 필요할 것이다. '학문에 국경은 없다'는 것은 자연과학뿐 아니라 사회과학에 대해서도, 어쩌면 사회과학이기 때문에 한층 더 중요하다. 그것은 사회를 연구 대상으로 하는 사회과학이 그 연구자가 속한 국가로부터 어떤 규제도 받아서는 안 된다는 의미에서는 진리이다.

그러나 사회과학자가 자신이 속한 문화로부터 완전히 자유롭다는 것은 생각할 수 없다. 이중언어인 예외적인 사람 외에는 일본인은 일본어로 생각하고 일본어로 표현한다. 한편 독일인은 독일어로 생각하고 독일어로 표현한다. 독일어로 Volk를 다른 언어로 표현하기는 어려우며, 일본어의 '민중'이나 '서민' 같은 경우도 그 어감을 다른 언어로 표현하는 것은 곤란하다. 물론 이런 일상 언어로부터 정확한 정의를 수반한 사회과학적 개념을 추상화함으로써 다른 문화에 속한 사람들과 의사소통을 할 때 오해를 막을 수는 있다. 뿐만 아니라, 이문화와의 접촉에 의해 그 동안 무의식적으로 사용해 온 개념의 의미를 되묻고, 필요에 따라 새로운 개념을 만들어 내는 좀더 적극적인 방식으로 창조적인 사고를 전개할 수도 있다.[4] 그러나 그것은 사회과학자의 사고가 문화에 의해 규정되고 있다는 자각을 가질 때 비로소 가능한 일이다.

젊은 사회과학자, 특히 외국어에 숙달된 사람들 가운데는 일본의 문화에 의한 제약 같은 것은 중요하지 않다고 생각하는 사람이 많을지도 모른다. 그러나 그것은 그들이 의식하지 못해서일 뿐, 일본어로 생각하고 일본어로 표현하는 이상, 어떤 형태로든 문화의 영향을 받고 있다는 사실을 부정할 수는 없다. 이는 일본뿐 아니라 어느 문화에 속하는 사람이라도 마찬가지여서, 어느 문화에도 규정되지 않는 정체불명의 '세계의 사회과학'이라는 것은 있을 수 없다. 중요한 것은 특수한 문화에 의한 제약을 비교 시점을 도입함으로써 극복하려는 노력이다. 특수한 문화를 통해서야말로 비교에 의해 더욱 보편적인 전망을 열어 갈 수가 있는 것이며, 자신의 문화를 떠나서 곧바로 보편적인 이론이 형성될 수 있다고 생각할 때 그것은 다름 아닌 문화적 제국주의가 된다.

이상 4가지 시각에서 일본 사회과학의 발전을 시대의 흐름을 따라 검토하기로 하자. 본래 백과사전적인 정보 제공을 목적으로 하

---

4) 문화접촉에 의한 창조적 사고의 전개에 대해 상세한 것은 石田雄, 『日本近代思想史における法と政治』, 岩波書店, 1976년, 제1장; 『近代日本の政治文化と言語象徴』, 東京大學出版會, 1983년 제1장 참조.

는 것이 아니라 반성을 위해 일본 사회과학의 특징을 밝히고자 하는 것이므로, 많은 사회과학자를 망라해서 다룰 수는 없다. 또, 이 책에서 거론하는 사회과학자 각각에 대해 상세히 논할 수는 없기 때문에, 비판받을 각오를 하고 대담한 생략과 성격 규정을 하게 될 것이다. 당초 문제제기를 위해 쓰는 것인지라, 신랄한 비판을 포함하여, 이 책의 내용에 대해 논의가 전개된다면, 그것이야말로 저자가 바라는 일이다.

제1장 '일국독립'과 국가학

1. '천하' '국가' 및 '신민'

내 나이 스물 이후 필부가 나라와 관련됨을 알았다.
서른 이후 천하와 관련됨을 알았고, 마흔 이후
세계와 관련됨을 알았다.

(余年二十以後乃知匹夫有繫一國

　三十以後乃知有繫天下四十以後

　乃知有繫五世界)

이것은 사쿠마 쇼잔(佐久間象山)의 글에 있는 표현이다.[1] 이 표

---

1) 大平喜間多, 『佐久間象山』, 吉川弘文館, 1959년, 속표지(扉)사진 참조.

현에 나타나는 시야의 점차적인 확대는, 쇼잔 개인의 지향뿐 아니라, 시대의 추세를 나타내는 것이라 하겠다. 쇼잔이 다소 시대를 앞서가고 있는 면을 강조하려 한 부분은 있지만.

쇼잔이 스무 살이면 1830년(덴보〈天保〉 원년)으로 요시다 쇼인(吉田松陰)이 태어난 해이며, 여기서 말하는 '국(國)' 이란 두말할 나위도 없이 '번(藩)' 을 가리킨다. 당시 대부분의 사람들은 아직 시야가 번 내에 머물러 있었다. 쇼잔이 서른 살 되던 해는 1840년(덴보 11)으로, 중국에서는 그 전해부터 아편전쟁이 시작되었고, 일본 국내에서는 같은 해에 다카노 조에이(高野長英), 와타나베 가잔(渡辺華山)이 벌을 받았다. 이 시기에 이르러 의식 있는 사람들이 아시아에 대한 서구의 충격을 인식하면서, 비로소 '국민의식' 형성의 맹아가 싹트게 되었다. 여기서 '천하'는 번을 넘어선 일본 전체를 의미한다. 쇼잔이 마흔 살이 된 것은 1850년(가에이〈嘉永〉 3)이다. 그 해에 북에서는 러시아 군함, 동쪽에서는 미국 군함이 일본에 입항했고, 쇼잔 자신은 마쓰시로성(松代城)의 남쪽에 있는 주카(虫歌) 산록에서 포술을 시연했다. 이제 식자의 눈에는 일본의 명운이 세계와 관련되어 있음이 명백했다.

"천하를 하나로 만들어 왕실을 받드는 것보다 좋은 일은 없다"는 히라노 구니오미(平野國臣)의 표현에서 볼 수 있는 존양론(尊攘論)도 이 같은 세계 속에서의 일본, 즉 '천하'의 통합을 추구하는 것이었다.[2] 존왕(尊王)인가 좌막(佐幕: 에도시대 말기 막부의 정책에

---

2) 平野國臣,「尊攘英斷錄」(1861년, 文久 2년), 平野國臣顯彰會,『平野國臣遺

동조한 것—역자주)인가, 양이(攘夷)인가 개국(開國)인가 하는 전략 상의 차이는 있어도, 외압에 대항하여 독립된 근대 국가를 형성하려 한 점에서 지도자들이 추구하는 방향은 같았다.

존왕양이 · 좌막개국의 대립이 삿초(薩長: 사쓰마〈薩摩〉와 조슈〈長州〉)를 중심으로 한 메이지 정부의 성립으로 종식된 뒤, 불평등조약으로 인한 고통 속에서 '일국독립'을 이루는 것이 국민적 과제임은 누구의 눈에도 명백했다. 단, 이 '일국'을 어떻게 개념화할 것인가에 대해서는, 이후에도 모색이 계속된다. '국가'라는 표현은 일찍이 7세기 초의 「17조헌법」(7세기 초 쇼토쿠 태자에 의해 제정되었다고 전해지는 일본 최초의 성문법—역자주)에 나타나고, 8세기 초의 『고사기(古事記)』에도 방(邦), 국(國), 방가(邦家) 등의 표현이 보이나, 막말에 '천하'가 일본 전체를 가리키는 것으로 사용된 것같이, 새로운 메이지 국가를 어떤 개념으로 파악할 것인가는 아직 유동적이었다.

그러나 분명한 것은, 후쿠자와 유키치(福沢諭吉)가 "일본에는 정부는 있되 국민(nation)은 없다(『文明論之槪略』)"고 표현한 일본적 전통이 근대에도 영향을 미치고 있었다는 점이다. 니시무라 시게키(西村茂樹)가 "오늘날 우리 나라에서 쓰는 애국이라는 말은 중국에서 온 것이 아니라, 서구 제국에서 말하는 '패트리어티즘'을 번역한 것이다…우리 나라나 중국의 고전을 살펴보면, 서구인들이 말하는 것 같은 애국이라는 뜻이 없고, 또 애국적인 행동을 보이는

稿』, 博文社, 1916년, p.17.

사람도 없다"고 한 것도,[3] 메이지 초년에 nation 혹은 patrie라고 불릴 만한 것이 아직 성숙되지 못했음을 시사한다.

그러면, 당시의 '국가'는 무엇을 의미하고 있었을까? 오구라 요시히코(小倉芳彦)의 연구에 의하면, 중국의 '국가'라는 표현은 전국·진한 이후의 시기에는 일반적으로 통일천하의 상징인 황제=천자, 혹은 황제를 정점으로 한 관료적인 관리(管理) 기구를 뜻했다고 한다.[4] 또한 오구라는 "중국의 고전 문헌에 친숙했던 막말, 메이지 초기의 선현들은 감각적으로 '국가'란 관리 기구라는 것을 이해하고 있었음이 분명하다. 그래서 state의 번역어로서 '국가'를 선택했다면, 그들이 메이지 천황제 국가를 진정한 국가로서 무리 없이 받아들였으리라는 것은 상상하기 어렵지 않다"고 덧붙이고 있다. 단, 일본의 경우 중국과 다른 것은, '국가'가 단순히 통치기구를 의미할 뿐 아니라, '만세일계(万世一系)'의 천황 지배와 연결되어 있다는 점이다.

'국(國)'이라는 말이 우즈호모노가타리(宇津保物語: 헤이안시대 중기의 문학 작품—역자주)나 겐지모노가타리(源氏物語: 역시 헤이안시대 중기의 대표적인 문학 작품—역자주)에 나오는 "구니유즈리(國讓り: '국'을 물려줌—역자주)"라는 표현에서 보이듯이 제위(帝位)

---

3) 西村茂樹, 「尊皇愛國論」(1891년), 『泊翁叢書』第2輯, 日本弘道會, 1912년, p.653.
4) 小倉芳彦, 『逆流と順流—わたしの中國文化論—』, 研文出版, 1978년, pp.45~46.

를 의미하는 경우가 있고, '국가'도 원각사 문서에 있는 "誠是國家
及大將軍"이라는 표현과 같이 천황을 의미하는 경우가 있었다.[5]
더 오래된 것으로는 건국 신화가 통치자인 천황가의 선조 신화와
결합되어 형성되었고 이후, '국가'는 끊임없이 천황 지배의 전승과
연결되어 있었다.

메이지헌법 제정과정에서 그 예를 들어 보자. 헌법 초안 제1조
의 '만세일계'에 반대하여 헤르만 뢰슬러(Karl Friedrich Hermann
Roesler)는 "일본 제국은 만세에 걸쳐 분할되지 않는 세습군주제로
한다"('Das Kaisertum Japan ist eine auf ewig unteilbare Erbmonarchie")
고 할 것을 제안했다. 이는 종교적·신화적 요소를 배제하고 단순
히 세습군주제의 원리를 국법상 명백하게 하는 것으로 충분하다는
생각으로, "그저 막연한 문자를 헌법의 필두 조항에 둠으로써 천하
의 논란을 일으키게 되는 것은 전혀 득이 될 방책이 아님을 충고"
하고자 한 것이다.[6] 그러나 일본측은 강력히 "대일본제국은 만세
일계의 천황이 이를 통치한다"라는 표현을 고집하여 그 뜻을 관철
시켰다.

헌법 제1조의 이 표현은, 일찍이 1880(메이지 13)년 9월에 모토
다 에이후(元田永孚)가 제창한 「국헌대강(國憲大綱)」 제1조 "대일

---

5) 金田一春彦, 『新明解古語辭典』 第二版, 三省堂, 1979년; 大野晋(외) 編, 『岩
   波古語辭典』, 1974년; 日本國語辭典刊行會 編, 『日本國語大辭典』, 小學館,
   1973년 참조.

6) 稻田正次, 『明治憲法成立史』 下, 有斐閣, 1962년, p 248.

본제국은 천손일계(天孫一系)의 황통 만세에 군림한다"는 표현과 비슷하다.[7] '인의충효정직'을 국교로 하고 '천황은 전국을 통치하고 가르치는 권리를 통괄한다'는 모토다. 그의 생각은 헌법에서 실현되지는 않았지만, 신화적 전승을 헌법에 내포시키려 한 그의 의도는 달성되었다. 그리고 이로써 '충량(忠良)한 신민'의 덕을 가르치는 교육칙어와의 접점이 만들어지게 된다. 그러나 그것은 나중 일이니, 여기서는 메이지 국가 건설기의 '일국독립'의 전략에 대해 다시 한 번 살펴보기로 하자. 이 전략이 바로 국가상(國家像)의 형성과 밀접하게 연결되어 있기 때문이다.

'일국독립'을 위한 구도를 그린 하나의 전형은 에토 신페이(江藤新平)의 경우이다. 그는 "병(兵)과 법이 독립의 핵심 조건임은 명백하다"고 하였다.[8] 또한 법은 병의 논리로 이루어져야 한다며 다음과 같이 주장했다. "나라의 인민을 일대 군대로 간주하며, 국법은 대장군의 명령이라 여긴다. 명장이 대군을 통어하는 것과 같이 법령은 엄숙하게 철저히, 널리 지켜지게 한다. 그러므로 각 민의 위치를 바로잡지 않고 부강을 바라는 것은, 마치 오합무법의 병사를 이끌고 명장이 이끄는 절제된 군에 대항하여 이기기를 바라는 것과 같다."[9]

---

7) 稻田, 위의 책, 上 1960년, p.489.
8) 江藤新平, 「興國策及官制案」, 江藤新作 編, 『南白江藤新平遺稿後集』, 吉川半七, 1900년, p.60.
9) 위의 책, pp. 56~57. 방점 원문.

한편, '나라의 독립'을 위해 '문명'을 발전시키는 것이 필요하다고 생각하는 후쿠자와 유키치는, 법과 동시에 특히 발전시켜야 할 것으로서 '학술'과 '상업'을 들고 있다. 그는 "지금 우리 나라의 형세를 살펴볼 때, 외국에 미치지 못하는 점으로 학술, 상업, 법률을 꼽을 수 있다. 세상 문명은 오로지 이 세 가지에 관한 것으로, 이들이 흥하지 않으면 나라의 독립을 이루지 못함은 식자가 아니라도 알 수 있는 분명한 사실이다"[10]라고 하였다. 또한, 법을 일관되게 병(兵)의 논리로 설파한 에토와 달리, 후쿠자와는 법을 상업에 비유해서 논하고 있다. "법을 만들어서 인민을 보호하는 것은 본래 정부의 상거래 같은 것으로 당연한 직분이다. 이것은 은(恩)이라 할 것이 아니다. 정부가 만약 인민에 대해 그들을 보호하는 것이 은이라고 주장한다면, 햐쿠쇼 · 조닌(百姓町人: 농민, 상인, 기술자 등 평민. 농민을 뜻하는 百姓과 상인 · 기술자를 뜻하는 町人은 에도시대 사회계층의 명칭—역자주)은 정부에 대해 연공을 납부하는 것이 은이라 할 것"이라고 인민과 정부의 관계를 상업에서의 쌍무적인 관계로 비유하였다.[11]

법과 국가의 문제를 상거래의 논리를 통해 바라보는 방식을 가장 철저한 형태로 보여 준 것은 구가 가쓰난(陸羯南)의 「원정(原政)」(1893)이다. 여기서 그는 "정부는 경제의 눈으로 보면 일종의

---

10) 福沢諭吉, 「學問のすすめ」, 『福沢諭吉全集』 第3卷, 岩波書店, 1959년, p.49.
11) 위의 책, p.40.

공장이요, 문무백관은 임원 혹은 직공과 같으며, 그 제품은 안녕(安寧)이라 할 수 있는 무형물"이라 하고, 이 '안녕'이라는 제품의 대가를 둘러싼 문제로서 '입헌정체'를 다음과 같이 설명하였다. 우선 제품을 사는 측인 인민의 주장은 "자유 재산은 천부의 인권으로서 속박을 받아서는 안 된다. 귀하의 제품은 값이 심히 부당하기 때문에 우리의 천부의 권리로서 지금부터 일절 사지 않을 것이다"라고 한다. "이 흥정에 대해 정부는 어떻게 답할 것인가. 결코 부당한 값이 아니고, 실제로 제조비가 얼마만큼 들며, 이를 제품에 나누어 붙이면 얼마가 되는데, 거의 원가로 파는 것과 같으니, 의심스러우면 와서 살펴보라 할 것이다. 이 답변에 대해, '그렇다면' 하고 대표를 뽑아 위임 조건을 두 가지로 정하여 살펴보러 간다. 이것이 곧 과세권과 입법권의 두 조건을 갖고 행정 감독을 하는 연원이다. 입헌정체의 싹은 이러하다."[12] 이 같은 입헌정의 변증이 널리 사회적 지지를 얻기 위해서는 시민 사회의 성숙이 전제되어야 했다. 그러나 메이지 초기에는 society의 번역어조차 정착되지 않은 상황이어서,[13] 구가 가쓰난이 '국민적 정치(national politic)'를 뒷받침할 것

---

12) 明治文化研究會 編, 『明治文化全集』 第7卷, 『政治篇』, 日本評論社, 1929년, p.537.

13) 中村敬宇가 J. S. 밀의 『自由論』을 번역한 『自由之理』(1872년 刊)에서 society를 "동지들 즉 정부(仲間連中 卽チ政府)"라 하고 있는 점에 대해서는 石田, 『日本近代思想史における法と政治』 p.29 이하 참조. 또 '사회'라는 말에 대해서는 다음 장에서 언급될 것이다.

으로 기대한 '국민'이 건전한 형태로 성숙되지 못한 상태였다.[14]

설령 시민 사회의 성숙도가 낮고 '국민' 관념이 확립되지 않았어도, 서구의 충격에 대해 일국의 독립을 유지하기 위해서는, 어떤 형태로든 국민통합을 이루어, 국가권력의 집중을 실현할 필요가 있었다. 유신의 변혁은 한편으로는 존황토막(尊皇討幕: 천황을 받들고 막부를 토벌하는 것—역자주)의 깃발을 내걸고, 판적봉환(版籍奉還: 版은 토지, 籍은 인민을 가리킴. 메이지정부 수립 후, 각 번의 영주가 토지와 인민을 정부에 돌려주는 형태를 취하면서 정부가 번에 대한 통제력을 강화한 조치—역자주)으로부터 폐번치현(廢藩置縣: 1871년 전국의 번을 폐하고 府縣으로 통일한 조처—역자주)을 강행함으로써 봉건적 다원성을 극복하는 동시에, 사민평등(四民平等)을 주장하여 봉건적 신분차별을 철폐함으로써 일단 법적으로는 국민을 평등하게 만들어 이를 통합하고자 한다. 그런 의미에서는 에토가 생각한 대로 법을 일률적으로 적용할 조건이 갖추어진 셈이 된다. 그러나 이로써 에토가 생각한 것 같은 전 국민의 군대적 편성이 곧 실현된 것은 아니다. 막말 이래의 공의여론(公議與論)을 지향하는 움직임은 유신 이후 민권운동이 전개되는 가운데 입헌정의 요구로서 결집되었으며, 이에 대한 대응으로서 나카에 조민(中江兆民)이 말하는 '은사적(恩賜的) 민권'[15]으로서의 대일본제국헌법이 성립되었다. 그 메이지헌법에서

---

14) 陸羯南에 대해서는 丸山眞男, 「陸羯南―人と思想」, 1947년; 丸山, 『戰中と戰後の間』, みすず書房, 1976년, pp.281~296 참조.

15) 中江兆民, 『三醉人經綸問答』(1887년), 岩波文庫版, 1965년, p.195.

국민은 '신민(臣民)'이라는 범주로 자리매김되어 표현되었다.[16]

당시 일반적인 용어는 아니었던 '신민'이라는 말을 선택한 이유가 무엇이었는지를 밝힐 수는 없지만, 이에나가 사부로(家永三郞)가 지적하듯 "이와쿠라(岩倉)강령을 제외한 모든 구상안이 '국민' 또는 '인민'이라는 호칭을 사용하고 있음에도 불구하고, 헌법이 이와쿠라에서만 볼 수 있는 '신민'이라는 신조어를 사용하고 있는 점도, 단순한 명목상의 차원을 넘어서는 중요한 의미가 있었다."[17]고 할 수 있다. 이나다 마사쓰구(稻田正次)의 연구에 의하면, 헌법을 기초하는 과정에서, 1887년 8월의 나쓰시마(夏島) 초안에서부터 '신민'이라는 말이 나타나기 시작했다. 이에 대해 이노우에 고와시(井上毅)가 '신민'을 '국민'으로 고쳐야 한다고 일단 썼으나, 그 문장을 붉은 색으로 지우고 '신민'이라는 표현을 그대로 두었다.[18]

---

16) '臣民'이라는 용어법은 반드시 헌법에서 시작된 것은 아니다. 1882년, 改進黨 결성 때의 선언 가운데 "우리 제국의 臣民은"이라는 표현이 있다. 이는 당초 小野梓의 초안에서 "오늘날의 일본 인민은"이었던 것이 수정된 것. 西村眞次, 『小野梓傳』, 冨山房, 1935년, p.147.

17) 家永三郞, 『日本近代憲法思想史研究』, 岩波書店, 1967년, p.79. '人民', '國民' 외에 合川正道의 『憲法要義』(1888년)에 '民人'이라는 표현도 있다(家永, 같은 책, p.73). 또, 「岩倉綱領」은 家永三郞(외) 編, 『明治前期の 憲法構想』, 福村出版, 1967년, pp.186~188에 수록되어 있다.

18) 稻田, 『明治憲法成立史』 下, p.230에 의하면 井上가 쓴 것은 다음과 같다. "臣民이란 남녀노소를 불문하고 일반에 통하는 이름으로서 민권 공권을 잃은 자도 역시 제국의 臣民이 아닌 자는 없다. 이 장은 국민의 권리를 적는 데 있어 臣民이라는 글자는 해당되는 곳이 아니니 국민이라고 고쳐야 한다."

원래 '신'은 중국의 고전적 용법에서는 황제와 더불어 지배계층을 형성하여 피지배자인 '민'과는 대항 관계에 있는 존재였다. 일본의 막번(幕藩)체제에서는 중국에서만큼 '신'과 '민'의 대항관계가 분명하지는 않았다 해도, 번주에게서 녹을 받고 따라서 번주에게 충성할 의미가 있는 무사층과 피지배자이자 봉건 공조(貢租)를 납부하는 '민'은 구별되었다. 그러나 유신변혁 후 질록처분(秩祿處分: 메이지정부의 구 봉건가신단 해소 정책의 일환으로, 1875년 화족 및 사족에 대한 급록을 정지하고, 금록〈金祿〉공채를 교부한 조처—역자주), 폐도령(廢刀令: 1876년 태정관 포고를 통해 사족 등의 칼 휴대를 금지한 것—역자주) 등에 의해 무사의 특권은 상실된 반면, '민'은 '신'과 마찬가지로 충성의무를 지게 되었다.

대일본제국헌법 제2장의 '신민'의 권리 의무 규정은, '은사적 민권'이 '신민'이라는 범주로 일괄되게 전 국민에게 부여되는 동시에, 다른 한편으로는 '혈세'라 불린 징병의 의무 및 그 외의 충성 의무를 지는 것을 의미했다. 아직 '국민'이 자생적으로 성장하지 못했던 이 시대의 일본에서는 '충군애국'은 '민'에게는 익숙하지 않은 것이었다. '충군'에 대해 설명을 들어도, '군'이란 봉건적 제후를 말하는 것이라고 생각하거나, '충군'을 해야 하는 것은 '신' 뿐이며, 일반민중과는 관계없는 일이라고 이해한 예도 알려져 있다.[19] 그렇다면 '신민'이라는 범주는 메이지헌법 제정 당시 국민들

19) 江木千之가 1884년의 山梨, 長野, 岐阜 학사 시찰 후 담화에서 "東照公이 어떻게 노셨다(如何にあそばされた)라고 경어를 쓰면서 後醍醐천황이 隱

사이에 정착되어 있었던 관념이라기보다는, 오히려 그렇지 않았기 때문에 새롭게 만들어 낸 것이라고 볼 수 있을 것이다.

헌법에 이 범주를 사용한 후, 그 공식 해설서인 『헌법의해(憲法義解)』에서는, 특히 역사를 참고로 하여 "조종(祖宗)의 정부는 오로지 신민을 애지중지하여 오미다카라(大寶)라 칭했다"라고 하여, '애지중지'의 대상으로서의 '신민'이라는 인상을 주고자 했다. 사실 거기에 인용되어 있는 조칙 가운데서 "모여 있는 황족, 신하, 관료 등과 천하의 공민들은 들으라라고 말씀하셨다(集侍皇子等 王臣百官人等 天下公民諸諸聞食と詔る)"라는 표현은, 실은 황족이나 신하, 관료 등이 '공민'과는 구별된 범주에 속함을 보여 주고 있다. 그럼에도 불구하고, 입법자는 '신'과 '민'을 하나로 하여 "충량한 신민"을 형성하고자 하였다. 바로 그 때문에 『헌법의해』는 위의 인용문 뒤에 특히 유신 이후의 개혁에 대해 언급하면서 "유신 후 여러 차례 대령(大令)을 발하여 사족의 특권을 폐함으로써 일본 신민된 자는 처음으로 평등하게 그 권리를 지니고 의무를 다할 수 있게 되었다. 본 장에 수록된 것은 실로 중흥의 과실을 배로 늘리고, 이를 영구히 보장하는 것이다"라고 한 것이다.[20]

岐에 추방되었다(流された)라고 태연히 말하면서 학생도 교사도 이상하게 여기지 않는" 상황이나 "臣이란 태정대신을 비롯해 정부의 관리이다, 라고 할 뿐… 학생 자신도 臣이라는 것을 모른다"는 사례가 보고되었다. 渡邊幾治郎, 『教育勅語の本義と渙發の由來』, 福村書店, 1940년, pp.221~222.

20) 伊藤博文 著, 宮澤俊義 校註, 『憲法義解』, 岩波文庫版, 1940년, pp.45~46. 또, 이 문장의 전반 역사 부분은 清水伸, 『帝國憲法制定會義』, 岩波書

헌법 발포 칙어에서는 "신민이 충실·용감무쌍하여 나라를 사랑하고 공(公)을 위해 죽음으로써 빛나는 국사를 이어간다. 짐은 우리 신민은 즉 조종의 충량한 신민의 자손임을 회상하고 짐이 그 뜻을 받들어 이를 장려하며"라고 충성에 대한 기대를 말하고 있다. 또, "짐은 친애하는 신민은 곧 조종이 아끼고 자애롭게 기른 신민임을 생각하여"라고 가부장적(가산제적)인 면을 강조함과 더불어 "짐은 우리 신민의 권리와 재산의 안전을 중히 여겨 이를 보호하고 이를 헌법 및 법률의 범위 내에서 완전히 누릴 수 있도록 할 것을 선언한다"고 하고 있다.[21] '신민'이란 바로 이 같은 양면성을 지닌 개념이었다. 그러나 아직 이 개념은 문자에 불과했다. 현실적으로 그 '신민'이 어떤 역사적 발전을 하게 되는가는 그 후 시대의 문제이다.

2. 여러 가지 사회과학의 맹아와 국가학

"일본에서는 대중이 오랜 전제정치로 인해 무기력해져서, 그 가운데서 이(프랑스와 같은—인용자) 힘 있고, 지적이고, 대담한 부르주아는 아직 등장하지 못하였다. 권력은 그 보조자에 의존하지 않을 수 없었기 때문에 주변의 국민을 찾고 있으나, 국민은 아직 무

店, 1940년, p.539의 「憲法說明」에서도 볼 수 있다.

21) 稻田, 『明治憲法成立史』 下, p.851.

기력하고 의지가 없었기 때문에, 권력을 보좌할 수 없는 무수한 인간만이 권력의 발밑 아득한 곳에 존재할 뿐이다."

이것은 1872년부터 약 4년간 일본에서 고용 외국인(お雇い外國人: 메이지 초기, 문명개화 · 식산흥업 정책 하에서 서양 학문 · 기술의 도입 및 국내 제도의 정비를 위해 정부기관과 학교 등에 고용된 외국인 —역자주)으로서 생활한 부스케(Georges Hilaire Bousquet)의 회상이다.[22]

시민 사회가 성숙되기 전에 대외적 독립을 위해 서구의 제도 · 문물을 급속히 수입한 일본에서 사회과학의 출발은 우선 그것이 수입품이라는 점과 실리성을 특징으로 하고 있었다. 그 이유는 명백하다. 우선 외압에 대응할 중앙집권 국가를 형성하기 위해서는 서구의 제도를 급속히 수입할 필요가 있었다. 당국자는 특히 불평등조약의 개정을 위해 세계에 일본이 문명화되었다는 인상을 심어주려면, 서구적인 행정조직과 법제도의 수입이 불가결하다고 믿고 있었다. 이 같은 필요에 따라 서구의 제도가 도입됨에 따라 자연히 그에 관한 학문도 들어오게 되었다. 또한, '개국'에 따른 대외무역의 전개와 '부국강병'을 위한 '식산흥업(殖産興業)'은 서구의 경제제도의 도입과 서구 경제학의 수입을 촉진했다. 이렇게 해서 서구 사회과학의 도입이 시작된다.

22) Georges Hilaire Bousquet, *Le Japan de nos jours*, Librairie Hachette et C[ie].,
   Paris, 1877; ブスケ, 野田良之 · 久野桂一郎 譯, 『日本見聞記』 2, みすず
   書房, 1977년, pp.830~831.

우선 독립국가로서 국제 사회로 나아가려 할 때 가장 먼저 필요한 것은 국제법에 관한 지식이었다. 1864년 중국에서 Henry Wheaton(惠頓)의 *Elements of International Law*(1863)를 번역한 丁韙良(William Martin)의 『만국공법(万國公法)』이 중국에서 간행되자, 이듬해 곧 개성소(開城所: 에도막부의 양학교육기관. 영·불·독·러·네덜란드어 5개 외국어와 자연과학 병학 등을 가르쳤음―역자주) 번각(飜刻)의 관판훈점본(官版訓点本)이 출판되었다. 한편 1862년에는 막부에 의해 니시 슈스케(西周助, 뒤에 아마네〈周〉)와 쓰다 신이치로(津田眞一郎, 뒤에 마미치〈眞道〉) 두 사람이 최초의 유학생으로서 네덜란드에 파견되어, 라이덴대학에서 휘세링(Simon Vissering) 교수로부터 '정사학(政事學)' 다섯 과목을 공부했다. 그 다섯 과목은 '성법학(性法學 Naturregt)', '만국공법학(Volkenregt)', '국법학(Staatsregt)', '경제학(Staathuishoukunde)', '정표학(政表學 Statistiek)' 등이었다.[23] 이 두 사람은 4년 후인 1866년에 귀국하여 막부의 개성소 교수가 되어, 쓰다는 국법학을, 니시는 만국공법을 강의했으며, 니시는 휘세링의 강의를 번역하여 1868년에 『만국공법(万國公法)』이라는 제목으로 출판하였다.

국제법에 대한 관심은 막말부터 메이지 초기에 걸쳐 두드러지게 많은 번역본이 출간된 사실을 통해 엿볼 수 있다.[24] 그러나 중

---

23) 森鷗外,『西周傳』『鷗外全集』第3卷, 岩波書店, 1972년, pp.84〜85.

24) 상세한 것은 伊藤不二男,「國際法」, 野田良之·碧海純一 編,『近代日本法思想史』, 有斐閣, 1979년, pp.465〜466 참조.

점은 어디까지나 실리성에 있었다. 일례로 미쓰쿠리 린쇼(箕作麟祥) 역『국제법 일명 만국공법(國際法一名万國公法)』(1873년, 二書堂 藏版, Theodore D. Woolsey, *Introduction to the Study of International Law*, 1872 번역)은 원서에서 기초 이론에 관한 부분을 생략하고 오로지 실용적인 부분만을 번역하였다.

유학생에 의한 서구 이론의 도입 및 번역 외에, 개국 후의 메이지 정부에서는, 많은 고용외국인이 외국의 법 및 법 이론 도입에 중요한 역할을 하였다.[25] 앞에서 든 부스케, 그리고 부아소나드 (Gustav Emile Boissonade), 아페르(George Appert) 등은 그중 선두주자에 속한다. 입법에 대한 부아소나드의 공헌에 대해서는 널리 알려져 있으나,[26] 또한 기억해야 할 것은 그도 아페르도 사법성의 법률학교에서, 혹은 메이지법률학교와 화불(和佛)법률학교에서 법학과 경제학을 강의했다는 점이다.[27]

도쿄대학의 경우, 대학이 창설된 1877년에는 정치학, 경제학은 아직 문학부에 속해 있었고, 법학에 관한 학과과정에는 "이 학부는 우리 일본의 법률을 가르치는 것을 주로 하면서, 동시에 중국, 영

---

25) 상세한 것은 梅溪昇, 『お雇い外國人』 第1卷 『概說』, 鹿島研究所出版會, 1968년; 같은 책 第11卷 『政治·法制』 1971년 참조.

26) 大久保泰甫, 『ボワソナアド―日本近代法の父―』, 岩波新書, 1977년 참조.

27) 杉原四郎, 「自由主義と歷史學派」, 長幸男·住谷一彦 編, 『近代日本經濟思想史 I』, 有斐閣, 1969년, p.142.

국, 프랑스 등의 법률 대강을 가르치는 것으로 한다. 다만 우리 일본의 법률이 아직 완비되지 않았으므로, 현재는 오직 영국 법률 및 프랑스 법률의 요강을 공부하도록 한다"고 되어 있다. 아직 독일법이 들어와 있지 않은 점에 주목해야 한다. 그 후 1879년에는 후반의 '다만' 이하가 삭제되고, 1880년에는 '중국'이 삭제되었으며, 1883년에 겨우 '프랑스' 뒤에 '독일'이 첨가된다.[28]

한편 1884년에는 그때까지 문학부에 속해 있던 이재학을 법학부로 옮기고, 이듬해 정치학도 문학부에서 법학부로 옮겨, 법학부를 법정학부로 개칭했다. 그러나 1886년 도쿄대학이 제국대학으로 되면서, 법정학부는 출범한 지 1년 만에 제국대학 소속 법과대학으로 변경되었다. 그 사이에 일본 사회과학사상 간과할 수 없는 역할을 한 것은 미국인 페놀로사(Ernest Francisco Fenollosa)이다.

페놀로사는 1878년 8월에 일본에 와 도쿄대학에서 정치학, 경제학, 철학을 가르쳤다.[29] 다카타 사나에(高田早苗)의 회상에 의하면 "페놀로사는 정치학과 경제학과 철학을 혼자서 가르치고 있었

28) 穂積重行, 「明治10年代におけるドイツ法學の受容」, 家永三郎 編, 『明治國家の法と思想』, 御茶の水書房, 1966년, pp.506~507. 또한 도쿄대학 법학부의 교과과정, 담당교수 등의 상세한 내용에 대해서는 「東京大學法學部百年史稿」, 『國家學會雜誌』第91卷 9·10號, 1978년, 第92卷 3·4號, 5·6號 이하, 1979년 연재를 참조.

29) 玉野井芳郎, 『日本の經濟學』, 中央公論社, 1971년, pp.31~32. 또 페놀로사의 철학사, 경제학의 강의 내용에 대해서는 杉原四郎, 『日本經濟思想史論集』, 未來社, 1980년, pp.32~58 참조.

다. 즉 이 사람은 밀의 경제원론과 리버 또는 우르시의 정치학을 강의하는 동시에, 칸트, 헤겔의 철학을 강의하기도 했으니, 지금의 관점에서 보면, 당시의 학과 수준은 그다지 높지 않았고, 대학의 과정이라고는 해도 거의 교양교육이었다고 보아야 할 것"이라 하였다.[30]

또, 이노우에 데쓰지로(井上哲次郎)는 다음과 같이 회고했다.

"페놀로사는 도쿄대학에서 주로 철학을 강의했고, 겸해서 정치학, 경제학을 가르쳤다. 당시 젊고(25세—인용자) 똑똑했기 때문에, 학생에게는 대단히 강한 자극을 주었다. 그는 진화론자였으나, 보통 진화론자들처럼 진화론만을 강의한 것이 아니라, 독일 철학도 함께 가르쳤다. 그 가운데서 특히 헤겔의 철학을 역설했다. 헤겔 철학의 진화사상과 철학적 진화사상, 이 둘을 합해서 이를 넘어서려고 노력했다. 따라서 결코 당시 유행하던 물질주의에 영합하는 것은 아니었다. 역시 일종의 이상주의였다."[31]

그가 정치학에서 무엇을 가르쳤는가에 대해서는, 스펜서, 버조트, 모르간 등을 텍스트로 이용했다는 것[32] 외에는 분명치 않다. 그러나

---

30) 高田早苗, 『半峯昔ばなし』, 1927년, pp.36~37; 栗原信一, 『フェノロサと明治文化』, 文藝書房, 1968년, p.100에서 인용.

31) 井上哲次郎 述, 香原一勢 筆記, 『明治の哲學回顧錄』, p.76; 栗原, 『フェノロサと明治文化』, p.102에서 인용.

32) 杉原, 『日本經濟思想史論集』, p.37.

다음과 같은 시험 문제에서 그런 경향의 일부를 추측할 수가 있다.

"문학 제4년 제1과「정치학」페놀로사 교수

제1, 진화론의 취지에 기초해서 밀의 '자유의 원리(自由之理)'를 비평하시오. 밀이 얼마나 독단적인 관점에서 방임주의를 설명했는지….

제2, 대의정체주의는 어떤 합리적 기초에 입각하고 있는가….

제3, 국법독존주의는 어떤 세력을 지니고 있는가. 이것이 유지되려면 실제로 무엇이 필요한가. 재판상 배심관을 두면 어떤 이익이 있는가, 지금의 이것을 일본에 도입해도 좋은가.

제4, 공산론 및 사회론에 어떻게 모순되는 점이 있는가, 지금까지 사람에게 '선거의 천부인권'이 있었는가. 세상에 선거에서 신분의 차별을 두어야(分界) 한다는 주의가 있는가."[33]

페놀로사는 점차 정치학, 경제학 강의를 그만두고, 철학에 전념하게 된다. 경제학 강의는 미국 유학에서 귀국한 다지리 이나지로(田尻稻次郞)와 분담하게 되었고, 정치학은 일부를 하토야마 가즈오(鳩山和夫)와 구리쓰카 쇼고(栗塚省吾)에게 넘겼으며, 나아가 1882년 독일에서 정치학 교사로 초빙되어 온 칼 라드겐(Karl Rathgen)에게 정치학 강의를, 이듬해에는 경제학 강의도 유럽에서

---

33) 栗原,『フェノロサと明治文化』, pp.101〜102.

귀국한 와다가키 겐조(和田垣謙三)에게 넘겨 주게 되었다.

로렌츠 슈타인(Lorenz von Stein)의 추천에 의해 일본에 왔다고 전해지는 라드겐은 정치학을 국법학과 행정학으로 나누고 이에 통계학을 더해서 세 과목을 담당하였다. 1887년에는 이재학, 재정학 담당자로서 역시 독일에서 에케르트(Udo Eggert)를 초빙하여, 도쿄대학의 독일학 지향은 점점 명백해진다.[34] 그러나 이 경향을 결정적으로 만든 것은, 점차 외국인 교사를 대신해 간 일본 사회과학자들이 1887년에 '국가학회'라는 조직을 결성한 사실이다.

페놀로사에 관해 한마디 덧붙여야 할 점은, 그가 중시한 밀 경제학의 전통은 독일계 학문으로 급속히 기울게 된 도쿄대학보다도, 오히려 도쿄전문학교(뒤에 와세다대학)로 이어졌다는 것이다. 도쿄전문학교는 도쿄대학 문학부 정치학 및 이재학과를 졸업한 아마노 다메유키(天野爲之)가 동창인 다카타 사나에와 함께 1882년에 창설한 학교이다.

그런데, '국가학회'의 성립으로 일본의 아카데미즘에서 독일학 우위가 확정되기까지, 어느 나라 이론을 섭취할 것인가를 둘러싸고 격렬한 대립이 있었다. "대개 영어를 공부하는 사람은 영국풍을 좋아하고, 프랑스어를 공부하는 사람은 프랑스 정치를 선망"[35]하는 경향은 부정할 수 없는 사실이었다. 그리고 구미 각국에서 돌아

---

34) 玉野井, 『日本の經濟學』, pp.35~36.
35) 井上毅傳記編纂委員會, 『井上毅傳 史料篇』第1卷, p.291, 1881년 11월 7일.

온 사람들에 의한 결사가 형성되자, 이 경향은 더욱 강화되었다. 1873년 미국 유학에서 돌아온 사람들이 만든 '인력사(人力社)', 프랑스 귀국자를 중심으로 한 '앵명사(嚶鳴社)', 이듬해 영국 유학자들이 만든 '공존동중(共存同衆)' 등이 가장 빠른 것이었는데, 이들 사이에서 보이는 역동적인 관계에 대해서는 야마무로 신이치(山室信一)의 흥미 있는 분석이 있으므로,[36] 여기서는 반복하지 않겠다.

이 같이 여러 학파가 공존하던 결정적인 전기가 된 것이 메이지 14년의 정변(1881년 오쿠마 시게노부〈大隈重信〉 일파를 추방하고, 삿초 번벌정치를 확립한 정변—역자주)이었다. 이 정변에 의해 정치적으로 오쿠마 시게노부 일파가 정부에서 쫓겨났을 뿐 아니라, 학계에서도 프러시아학의 지배력 확보를 꾀하게 된다. 이노우에 고와시는 "지금 천하 인심이 보수적 기풍으로 형성되려면, 오로지 프러시아의 학문을 권장하여, 수년 후 문단을 제압하도록 함으로써, 전례 없이 강한 영국 학문의 세를 꺾도록 해야 한다."[37]

1881년 9월 교순사(交詢社: 후쿠자와 유키치의 게이오기주쿠 출신자 또는 그와 연고가 있는 실업가를 주회원으로 하는 사교클럽—역자주)에 대항할 문화단체로서, 기타시라카와노미야(北白川宮)를 앞세운 '독일동학회(獨逸同學會)'를 모체로 '독일학협회'를 발족시켰다. 이 협회는 기타시라카와노미야를 회장으로, 시나가와 야지로

---

36) 山室信一, 「模範國·準據理論の選擇と知の制度化」, 『社會科學硏究』 第3卷 1·3號, 1982年 7, 10月. 이하의 한 단은 이 논문에 의거한 부분이 많다.

37) 주 35)와 같음.

(品川弥二郎), 가쓰라 다로(桂太郎), 히라타 도스케(平田東助), 야마와키 겐(山脇玄), 니시 아마네, 나가요 센사이(長与專齋) 등을 위원으로 하고, "내각의 일치를 나타내도록, 직접적으로 말하자면, 삿초(薩長)의 일치를 나타내도록"[38] 유력자를 망라했다. 이 협회는 정력적으로 독일 국가학, 국법학 관계 서적들을 번역하여 출판했고,[39] 1883년에는 독일학협회 학교를, 이듬해에는 이 학교에 전수과(專修科)를 개설함으로써, 독일학, 특히 독일법의 교육을 진흥시키고자 하였다.

일본과 프러시아의 관계는 메이지 초기로 거슬러 올라간다. 1871~1873년 미국을 거쳐 유럽을 방문한 이와쿠라사절단(岩倉使節團: 조약 개정의 준비를 목적으로 한 사절단. 이와쿠라 도모미〈岩倉具視〉를 전권대사로 했기 때문에 이와쿠라사절단이라고 부름—역자주)이 방문했을 때, 파리에서 모리스 블로크(Maurice Block)에게서 점진주의와 프러시아를 모범으로 할 것을 권유받고, 그 후 황제 빌헬름 1세, 재상 비스마르크, 장군 몰트케 등을 만나 프러시아에 대해 같은 후진국으로서의 친근감을 느끼는 동시에, 황제가 강한 권위와 실권을 갖고 있는 것에서 깊은 인상을 받았다.[40] 이렇게 메이

---

38) 井上毅傳記編纂委員會,『井上毅傳 史料篇』第4卷, p.341. 더 상세한 것은 山室, 앞의 논문, 3號, p.79 참조.

39) 그 일람표는 山室, 앞의 논문, 3號, p.95 참조.

40) 헌법사상에서의 프로이센 독일의 영향에 대해서는 深瀬忠一,「明治憲法制定をめぐる法思想」, 野田(외) 編,『近代日本法思想史』, p.167. 또 岩倉使節

지 초기부터 프러시아에 대한 관심이 있었는데, 자유민권기의 항쟁을 거치면서 보수적인 지도자들 사이에서 그 관심이 한층 더 강화되어, 도쿄대학에서도 메이지 14년(1881년) 정변 이듬해에 교과과정에서 '영국법'을 삭제하고 대신 '국법학'을 창설하게 되었다.

나아가 1883년 4월에는 문부대신 후쿠오카 다카치카(福岡孝弟)는 산조 사네토미(三条實美) 태정대신에게 다음과 같이 독일학을 강화할 것을 제언하고 있다.

"정치학같이 우리 국정(國情)에 가장 절실한 것을 택해서 가르치지 않으면 후일 나라의 안녕을 해할 우려가 있다. 대개 독일 정치학자가 연구하는 것은 깊이 있고 해박하며 특히 우리 국정에 참고할 만한 것이 적지 않다. 따라서 독일 학술을 탐구해야 할 것이다. 또 법학과 같은 것도, 독일은 근년 더욱 제국의 기초를 다지고 나서 국가를 더욱 발전시킬 방안으로 법률의 개혁에 착수하니, 새로운 연구와 창조적인 눈은 실로 법리의 깊은 곳을 꿰뚫어본다. 특히 그 국법에 속하는 여러 학술이 왕성하여, 세계에서 탁월하다. 우리 일본의 국법은 독일에서 본받을 것이 많다. 따라서 이를 가르치는 것이 필요하다."[41]

團에 대해서는 田中彰,「岩倉使節團とプロシアー『米歐回覽實期』にみる」, 『現代思想』第4卷 4號, 靑土社,1976년; 『岩倉使節團』, 講談社 現代新書, 1978년 참조.

41)「大木喬任文書」25-1 學制案. 中山茂,『帝國大學の誕生—國際比較の中での東大—』, 中央公論社, 1978년, p.56에서 인용.

1883년부터 도쿄대학에서 독일법학을 가르치는 것을 명문화하고, 전 해부터 있었던 라드겐과 이듬해인 1884년에 초빙된 C.루돌프(Carl Rudolph)에게 각각 국법학과 공법학 수업을 맡겼다. 그리고 이듬해 종래 프랑스법의 거점이었던 사법성 법학교가 도쿄대학에 흡수됨으로써 사실상 소멸되었다.

이런 상황 속에서 영국학, 영국법, 프랑스법 교육의 중심은 사립학교로 옮아 간다. 앞에서 말했듯이 1881년에 오쿠마계 지식인을 중심으로 영국학의 전통을 잇는 도쿄전문학교가 만들어졌다. 이어서 1885년에는 영국법학교(후일 주오〈中央〉대학), 그 이듬해에는 도쿄불학교(東京佛學校 1888년 和佛법률학교가 된다—후일 호세이〈法政〉대학)가 창설된다. 이에 정부는 1886년 '사립법률학교 특별 감독 조규'를 정하여, 사립법률학교는 제국대학 총장의 감독을 받도록 했다. 나아가 1888년에는 '특별인가학교 규칙'이 제정되어 사립학교는 문부성의 감독 하에 놓이게 되었다.

사학의 활발한 움직임에 대해 관학이 그 중심으로 삼고 있는 독일계 국가학을 진흥시키기 위해 만든 것이 '국가학회'이다. 국가학회는 1887년 2월 6일 문학회 때 회원 중 정치학과 학생이 제안하고 와타나베 고키(渡辺洪基) 제국대학 총장 겸 법과대학장, 호즈미 노부시게(穗積陳重) 법과대학 교두(敎頭: 총〈학〉장 밑의 부총〈학〉장 혹은 교무처장에 해당하는 직책—역자주)등이 찬성하여 설립하게 되었다고 전해지는데, 호즈미 노부시게가 30년 후 회고한 바에 따르면, 이토 히로부미(伊藤博文)의 격려가 있었다고 한다.

"당시 제국헌법의 초안이 거의 완성된 때였는데, 그 봉칙의 기초 자인 이토 백작은 당시 대학총장 와타나베 고키(渡辺洪基) 및 또 한 사람의 대학교수를 설득하며 말하기를, 지금은 헌법 초안이 거 의 완성되어 … 몇 년 내에 실시되리라고 생각됩니다. … 그때를 대비해서 국가학 연구를 진흥시키고, 널리 국민으로 하여금 입헌 의 본의와 그 운용을 알도록 하는 것이 필요합니다.… 경 등 학식 있는 선각지사들은 솔선하여 입헌의 황유(皇猷)를 익찬하고 받들 어야 할 것입니다"라고 역설했다.[42]

'국가학회 창립 30주년 기념강연회'에서 사카타니 요시로(阪谷 芳郎) 위원장이 "본 회는 고 이토 공의 조언에 의해 창립, 발전한 것"이라고 말한 데서도 이를 알 수 있다.[43] 또 사카타니 평의원장은 "국가학회 잡지 제5백호 발간에 부쳐 소감을 말한다"라는 글에서 "당시 정부 당국자가 자유사상을 억압하고 독일계의 국가학설을 우리 일본에 주입시키려고 한다는 억측이 나돌았다"라고 하였다.[44]

국가학회는 그 '개설 취지'에서 "바라건대 특별히 정치경제학 에 종사하는 인사뿐 아니라, 앞에서 말한 여러 학문(종교, 도덕, 법 률, 철학 등을 가리킴—인용자주) 전공자는 각자의 장점으로 이를 도

---

42) 國家學會 編,『明治憲政經濟史論』, 有斐閣, 1919년, 서문, pp.6〜7.

43) 石井良助,「國家學會の創立」,『國家學會雜誌』第80卷 9·10號, 1967년 8 월, p.15.

44) 『國家學會雜誌』第42卷 10號, 1928년 10월; 石井, 위의 논문, p.27에서 인용.

와 새롭게 태어난 국가학을 반석 위에 올려 놓아 주십시오"라고 하고 있다.[45] 그 '국가학회'가 성립된 바로 그 달에 민우사(民友社)가 발족되어, 국가학회보다 한달 먼저 잡지 『국민지우(國民之友)』를 간행한 것은 상징적이다. 국가학회가 "헌법, 행정, 재정, 외교, 경제, 정리(政理), 통계 등 국가학에 속하는 여러 학과를 연구하는 것"을 목적으로 한 데 대해(「국가학회 규칙」제2조),[46] 『국민지우』는 "정치, 사회, 경제 및 문학의 평론"을 표지에 인쇄해 넣었고, 학술잡지는 아니었지만 발행부수가 1만 부를 넘을 만큼 널리 읽혔다. 그러나 도쿠토미 소호(德富蘇峰)가 창간호에 쓴 다음과 같은 기대는 결국 실현되지 못했다.[47]

"상업, 제조, 공예, 기타 일체의 생산적인 일에 관해서는 여전히 구래의 무단(武斷) 사회의 전형을 벗어나지 못하고 있다. 사회의 폐습은 우리 인민을 해방시켜 자유경쟁의 전장에 서도록 허용하지 않는다…어느 날 경제세계가 초연히 높이 일어나 자유로운 세계가 될 것인지 아직 알 수 없다."

즉, '시골 향신'을 중심으로 한 '중등계급'의 성장에 의해 '평민

45) 渡辺洪基, 「本會開設ノ主旨」, 『國家學會雜誌』第1號, 1887년 3월, pp.4~5.
46) 「本會記事」, 『國家學會雜誌』第1號, p.56.
47) 이하 『國民之友』및 『日本人』에 대해서는, 家永三郎, 「國民之友」, 『文學』第23卷 1號, 1955년; 植手通有, 「『國民之友』・『日本人』」, 『思想』453號, 1962년 3월 참조.

적 서구화'가 달성되고, 이에 의해 스펜서적인 '군사형 사회'로부터 '산업 사회'로 이행한다는 소호의 낙관적인 전망은 실현되지 못했다.『국민지우』1892년 11월호에서 소호 자신이 '중등계급의 타락'을 인정함으로써 내부로부터의 평민적 진화는 좌절될 기미를 보이게 되었다. 그리고 청일전쟁, 특히 그 후의 삼국간섭에 즈음해서 스펜서적 진화에 대한 신념은 일거에 국제적 생존경쟁에서의 '힘의 복음'에 대한 신앙으로 바뀌어, 소호는 제국주의적 팽창론자가 되었다. 그가 1897년 마쓰구마(松隈) 내각의 칙임참사관으로 취임한 이른바 '변절 문제'도 악영향을 끼쳐『국민지우』는 급속하게 그 영향력을 잃고 1898년에 폐간되었다. 그 동안 소호의 건필에 의한 반번벌(反藩閥), 반국수주의의 입장에 선 시사론은 많은 독자층을 매료시켜 왔다. 그러나 "추구하는 바는 바로 앉아서 말하고 일어나 행하는 경세 실용이다"(1889년 정월호 표지)라고 주장했던 이 잡지가 재야인사의 사회과학적 사고를 기르는 데 어느 정도 공헌했는가에 대해서는 자료가 부족하기 때문에 여기서는 판단을 유보하기로 한다.

메이지 20년대의 사상계에서『국민지우』와 나란히 큰 영향을 끼쳤던 잡지『일본인(日本人)』에 대해 한마디 덧붙여 두자.『일본인』은『국민지우』보다 조금 늦은 1888년 4월에 발간되었고, 발행부수도 많지 않아 처음에는 5백~6백 부, 뒤에 3천 부 정도였으나, 발행금지가 거듭되었다. 이로부터 미루어 짐작할 수 있듯이, 정부 비판이라는 점에서는『국민지우』보다 훨씬 날카로웠다. 창간호 표지 뒷면에 선언한 "각자가 양심에 따라 행동하며 시무 시사를 논구할 권리를 보유한다"는 신조를 지킨 결과 발행금지된 것이다. '국수보존주의'의 입장에 선 『일본인』은 정부의 위로부터의 서구화주의에도, 또 소호의 '평민적 서구화주의'에도 반대하고, 일본에서의 서구화와 산업화가 가져온 모순을 비판하였다. 집필자가 다양한 데다(적어도 『국민지우』보다 크다), 시대에 따른 변화도 있어서, 이 잡지의 성격은 한마디로 규정하기 어렵지만, 적어도 '다카지마(高島) 탄광 광부 학대사건'을 둘러싼 캠페인(제9호, 1888년)과 같이, 일본에서 이루어진 위로부터의 급속한 근대화의 모순을 파헤침으로써, 다음 장에서 언급할 '사회문제'에 대한 관심을 불러일으켰으며, 이 점에서 그 선구적 역할은 주목할 만하다.

3. 개별과학에의 길

앞 절에서는 국가학회의 성립을 획기적인 계기로 해서 독일학이 우위를 확립하게 된 과정, 이를 둘러싼 시대의 지적 상황에 대해 살펴보았다. 그것을 전제로 하여, 이 절에서는 국가학 외에 어떤 개별 사회과학이 전개되었는지, 그리고 어떻게 해서 국가학 내부로부터 개별과학이 독립되어 가는지를 고찰하기로 하자.

메이지 14년(1881)의 정변으로 정부에서 쫓겨난 오쿠마계 지식인을 중심으로 설립된 도쿄전문학교에서는 "다카타 사나에의 주장에 힘입어 정치학은 법률학에서 독립되어, 경제학과 함께 하나의 독립적인 학과, 즉 정치경제학과로 편성되었다."[48] 이러한 학과 구성은 국가학의 경우와 아주 다른 것이었다. 그리고 정치학을 담당한 야마다 이치로(山田一郎)는 『정치원론(政治原論)』(1884)에서 국법학이나 국가학과는 별도의 정치학을 구상하여, 정당론에 이르고 있다.[49] 이어서 정치학 강의를 담당한 다카타 사나에도 존 W. 버제스(John W. Burges)의 『정치학과 비교헌법』(*Political Science and Comparative Constitutional Law*, 1890) 중 정치학 부분을 번역하여 영국적 정치학을 가르쳤고, 영국헌법사에 대해서도 강의를 했다. 다카타의 후임으로 정치원론 강의를 맡은 우키타 가즈타미(浮田和民)는 도시사(同志社) 출신으로 예일대학에서 공부했으며, 정치에 대한 사회학적 접근을 특징으로 하는 점에서 기존의 국가학과는 상당히 차이를 보였다.[50]

법학의 영역에서도, 20세 때 미국에 유학해 법률을 공부한 후, 이어서 런던에서 공부한 오노 아즈사(小野梓)가 벤담의 영향을 많

---

48) 吉村正,「わが國政治學の獨立における早稻田大學の貢獻」, 早稻田大學七十五周年記念出版, 社會科學部門編纂委員會 編, 『近代日本の社會科學と早稻田大學』, 早稻田大學, 1957년, p.8.

49) 자세한 것은 吉村正,「山田一郎―獨立科學としての政治學の樹立―」, 앞의 책, p.13 이하 참조.

50) 高田 및 浮田에 대해서도, 앞의 책 p.28 이하 및 p.54 이하에 吉村正,「高田早苗―實學的政治學の提唱と普及―」, 吉村正,「浮田和民―社會學的政治學の構成―」이 수록되어 있다.

이 받아 국가학에 대항하는 법 이론을 전개하고 있었다.[51] 그는 1884년에 출간된 『민법의 뼈대(民法之骨)』에서 "인생의 3대 요소인 생존·풍요(富周)·평등을 확보하고 이를 가능한 한 고도에 이르도록 하는 것은 국가 본래의 직무로서, 모든 법 제정의 뜻 또한 실로 이를 완수하는 데 있다"라고 공리주의적 입법론을 주장하였다.[52] 그 이듬해 완성된 『국헌범론(國憲汎論)』은 본래 천황에게 헌상하여 일본의 입헌제 확립에 도움이 되고자 한 것으로, 위와 같은 오노의 태도는, 1875년의 입헌정체의 조칙을 높이 평가하여 "우리

---

51) 小野梓, 특히 그에 대한 영국 사상의 영향에 대해서는 山下重一의 많은 귀중한 연구가 있다. 「小野梓とベンダム」, 『國學院法學』 第6卷 3號, 1969년; 「小野梓とミル父子」, 『國學院大學栃木短期大學紀要』 3號, 1969년; 「小野梓と西洋政治思想—リーバー, ウルジーとの關連—」, 『早稻田大學史紀要』 3號, 1970년; 「小野梓『留客齋日記』について」, 『國學院大學栃木短期大學紀要』 5號, 1971년; 「自由民權運動とイギリス政治思想」 앞의 잡지 9號, 1975년; 「イギリス政治思想と日本—小野梓の場合—」, 自由社 編, 『英國と日本』, 1975년; 「小野梓とF.リーバー」, 『國學院法學』 15卷 4號, 1978년. 그 외에 小野梓에 대해서는 앞의 『近代日本の社會科學と早稻田大學』, p.309 이하에 野村平爾, 「小野梓—自由民權法學の代表者—」가 수록되어 있으며, 吉井蒼生夫, 「小野梓の法思想」, 『早稻田大學法學會誌』 25號, 1974년; 大橋智之輔, 「一つの小野梓論」, 『法哲學年報 日本の法哲學 I』, 有斐閣, 1979년이 있다. 이들 문헌에 대해서는 東大大學院 芹澤英明의 보고에 의거했다.

52) 小野梓, 『民法之骨』 第1章, 早稻田大學史編集所 編, 『小野梓全集』 第2卷, 早稻田大學, 1979년, p.245. '생존'은 다른 곳에서는 '활도(活度)'라고도 표현되어 있는데 subsistence를 가리키며, '풍부, 부유'는 abundance이고, '평등'은 물론 equality이다. 또 여기에 '안전(security)'을 덧붙이는 경우도 있다.

나라 입헌의 맹아는 오늘날에 이르기까지 온건하게 성장했으며, 앞으로 태서와 같이 서로 투쟁하여 국헌을 피비린나게 할 우려는 없을 것이다"[53]라고 하는 등, 일본 역사의 평가에 안이해지는 면이 있었다. 그러나 『국헌범론』의 결론 부분에 있는 다음과 같은 구절은, 영국법적인 사고에 기초를 둔 오노 아즈사의 헌법론의 성격을 잘 보여 준다 하겠다.

"국헌은 통치자 자신이 지켜야 할 것으로서 이를 거행할 의무가 오히려 통치자 자신에게 있다면 이를 유지하고 이를 재정(裁定)할 사람 또한 통치자 그 자신이다. 이는 인민이 강직하고 굽힘 없이 정직하고 국헌을 고집할 실력을 지닐 것이 필요한 이유이며, 그 실력이야말로 실로 이를 유지하고 재정할 수 있도록 하는 것이다. 따라서 국민이 실력을 갖지 못해 통치자가 그 헌법을 지키지 않아도 이를 바로잡을 힘이 없다면, 아무리 국헌을 설치하여 이를 명문화하더라도 국헌의 용도가 사회에 나타나지 않는다."[54]

불행하게도 오노는 1886년에 35세의 젊은 나이로 사망했으나, 그가 심혈을 기울인 도쿄전문학교는 재야적 비판정신을 발휘하였다. 그 때문에 정부로부터 여러 가지 압력을 받게 된다. "정부가 각 지방에 밀지를 내려, 지방의 자제를 와세다에 입학시키려는 것을

---

53) 小野梓, 『共存同衆』 게재, 「國憲論綱」(1879년, 이듬해 4월까지 연재), 『小野梓全集』 第2卷, p.432.
54) 『小野梓全集』 第1卷, 1978년, pp.583~584.

막"거나, 제국대학 교수나 판검사가 사립학교에 가르치러 가는 것을 방해하거나, 학교 재정에 압박을 가하기 위해 채권자로 하여금 무리한 독촉을 하게 하는 등의 사례가 전해지고 있다.[55]

또 하나의 사학인 게이오기주쿠(慶應義塾)도 정부로부터 압력을 받았다.[56] 후쿠자와가 일본의 사회과학의 기초를 형성하는 데 행한 역할은 너무도 잘 알려져 있으므로,[57] 다시 말할 필요도 없을 것이다. 게이오기주쿠는, 자유주의 경제사상의 보급에 힘썼기 때문에, 그를 둘러싼 교순사(交詢社)의 움직임과 더불어 항상 메이지정부의 지도자들이 경계하는 대상이었다. 게이오에서는 1890년 대학부를 발족시켜 문학, 이재, 법률의 세 과를 설립했으나, 교육의 중심이 된 것은 하버드대학에서 초빙되어 온 세 학과의 주임교수였기 때문에, 그 내용이 국가학과 다른 것이었음은 쉽게 상상할 수 있다. 예컨대 법률과는 위그모어(John H. Wigmore)를 주임으로 하여 영국법을 중심으로 교과과정을 편성했다. 단, 이재과의 중심이

---

55) 西村眞次, 『小野梓傳』, 冨山房, 1935년, pp.191〜192.

56) 慶應義塾에 대한 정부의 압박에 대해서는 慶應義塾 編・發行, 『慶應義塾百年史』上, 1958년, p.805 이하 참조. 특히 문제가 된 것은 1883년 징병령 개정에 의해 그때까지 있었던 병역 면제의 특전이 없어져 퇴학자가 속출했다. 1896년에 이르러 겨우 사립학교에도 징병 유예를 인정하게 되었다.

57) 후쿠자와의 평가에 대해서는 필자의 두 권의 저서 중 福沢論에서 기술하고 있으므로, 여기서는 반복하지 않는다. 『日本近代思想史における法と政治』, 岩波書店, 1976년; 『近代日本の政治文化と言語象徴』, 東京大學出版會, 1983년.

된 드로퍼즈(G. Droppers)는 하버드를 나온 후 1888~1889년에 베를린대학에서 바그너(A. H. G. Wagner)와 슈몰러(G. von Schmoller)의 영향을 받았기 때문에 그를 통해 간접적으로 독일 역사학파의 사상이 전해진 면도 있다.[58]

같은 독일학이라도 법학이나 정치학에 비해 경제학은 이미 점차 독립적인 과학으로서 자리를 잡아갔다. 경제학의 영역에서도 번역서의 수로 미루어 볼 때 독일학의 영향이 현저히 증대했다. 1867년부터 1889년까지 발행된 번역 경제서 186권 가운데는 영국 원서를 번역한 것이 71권, 미국, 프랑스, 독일(오스트리아를 포함. 이하 동) 원서의 번역서가 각각 30권씩이었다. 그런데 연도별 추이를 보면, 1867년부터 1879년까지 영국 원서의 번역은 매년 거의 같은 정도를 유지한 데 비해, 독일책의 번역서는 1880년까지는 7권이었으나, 1881년부터 89년 사이에 2배 반인 19권으로 증가했다. 또 1889년에는 연간 간행 번역 경제서 총수 중 독일, 오스트리아의 경제서가 차지하는 비율이 처음으로 50%가 되어, 오시마 사다마스(大島貞益) 역 『이씨경제론(李氏經濟論)』(F. List, *Das nationale System der politischen Ökonomie*, 1841—영역본의 중역) 등 5권에 이르고 있다.[59]

---

58) ウィグモア・ドロッパースに関しては 앞의 『慶應義塾百年史・別巻 大學編』, 1962년, p.425 이하 및 p.208 이하 참조. 또, ドロッパースに関해 杉原四郎, 『西歐經濟學と近代日本』, 未來社, 1972년, p.18 참조.

59) 杉原四郎, 「自由主義と歷史學派」, 長幸男・住谷一彦 編, 『近代日本經濟思想史 I』, 有斐閣, 1969년, p.138.

이렇게 독일학파의 영향력이 증대한 가운데서도, 1882년부터 88년 사이에 스미스의 『국부론(國富論)』 완역 12권의 간행을 시도한 다구치 데이켄(田口鼎軒, 우키치 卯吉)의 경제잡지사(1878년 창립)[60]는, 1879년부터 『도쿄경제잡지(東京經濟雜誌)』를 계속 출간하여, 재야 자유주의경제론의 거점을 이루고 있었다. 이 잡지는 광고문의 한 구절에서 볼 수 있듯이 "재정, 은행, 상업에 관한 전문적인 주보(週報)이면서, 동시에 정치상, 문학상, 기타 사회 만반의 사건과 논의를 보도하는 것"[61]으로서, 순수한 학술잡지는 아니었지만, 정부의 경제정책에 대한 비판뿐 아니라, 평론이나 학설의 소개까지 하고 있다. 그리고 무엇보다도, 이 잡지를 통해 다구치가 "상공시민"[62]의 이익을 대변하고자 건필을 휘두른 활약상은 다음에 드는 아마노 다메유키의 활약과 더불어 간과할 수 없다.

앞에서도 언급했던 아마노 다메유키는 1889년에 『일본이재잡지(日本理財雜誌)』의 간행을 시작했다. 표지에 '경제 재정 정치 세태상의 고찰'이라고 선전한 이 잡지는 오노 아즈사의 흐름에 속하는 입헌주의, 자유주의와 J. S. 밀의 경제학을 골격으로 한 많은 논문

---

60) 이 『富國論』이라는 제목의 『國富論』 일본어 초역본에 대해서는 杉原四郎, 『日本經濟思想史論集』, 未來社, 1980년, p.59 이하 참조.

61) 杉原四郎, 『西歐經濟學と近代日本』, p.137. 또 『東京經濟雜誌』에 대해서는 같은 책 pp.124~143에 상세히 나와 있다.

62) 田口卯吉, 『財政と經濟』, 1903년, 刊行會 編, 『鼎軒田口卯吉全集』 第6卷, 발행자 大島秀雄, 1928년, p.85.

을 실었다.[63] 불행하게도 1년이 채 못 되어 폐간되었는데, 그 제9호의 잡록(雜錄)에서 「이토(伊藤) 백작과 국가학회」라는 제목 하에 "이토 백작은 국가학회를 그 기관으로 삼으려 한다"는 풍문이 있음을 언급하고,[64] 이토의 그런 기도를 비판한 것 등에 비추어볼 때, 『국가학회잡지』에 대한 대항의식을 갖고 있었는지도 모른다.

이 잡지가 망한 후, 아마노는 1897년부터 마치다 주지(町田忠治)의 『동양경제신보(東洋經濟新報)』(1895년 창간)를 이어받는다. 마치다가 일본은행에 들어갔기 때문에, 오쿠마의 부탁으로 뒤를 잇게 되었는데, 이후 10년간 이 잡지를 위해 분투한다. 그는 또한 라프린 편(編) J. S.밀의 『경제학원론(經濟學原論)』을 번역하여 1891년에 『고등경제원론(高等經濟原論)』이라는 제목으로 출간하는 등,[65] 밀 경제학의 도입에 힘썼다. 나아가 그의 문하생 이시바시 단잔(石橋湛山)이 이 『동양경제신보(東洋經濟新報)』를 통해 일본의 자유주의를 위해 귀중한 언론활동을 했으니, 그런 의미에서도 아마노의 유산은 크다고 할 수 있다.

이상 국가학회 외부에서, 종종 국가학회에 대항하면서, 개별 사회

---

63) 『日本理財雜誌』의 상세한 소개는 杉原, 『西歐經濟學と近代日本』pp.164~179에서 볼 수 있다. 또, 天野爲之에 대해서는 平田富太郎, 「天野爲之──古典經濟學の先驅者──」, 『近代日本の社會科學と早稻田大學』, pp.137~150을 참조.

64) 『日本理財雜誌』 9號, p.403. 杉原, 앞의 책, p.176에 의함.

65) 天野 譯, 『高等經濟原論』에 대해서는 永井義雄, 「J. S.ミル」, 杉原四郎 編, 『近代日本の經濟思想』, ミネルヴァ書房, 1971년 수록 참조.

과학이 발전하는 모습을 주로 대학과 잡지라는 지적 집단을 중심으로 살펴보았다. 그 같은 재야의 움직임에서 자극을 받아 국가학회 내부에도 분화와 변화의 조짐이 보이기 시작한다. 그러나 그에 앞서 독일 국가학의 우위라고 할 때, 그것이 과연 어느 정도 독일의 이론을 그대로 본뜬 것인가 하는 문제를 제기해야 하겠다. 왜냐하면, 그것은 뒤에서 살펴볼 국가학 내부의 분화와도 관련되기 때문이다.

메이지 정부에 의한 국법학, 국가학의 도입은 본래 고도의 실용성이라는 관점에서 이루어진 것이었다. 예를 들어 블룬출리(J. C. Bluntschuli)의 *Allgemeines Staatsrecht*, 3. Aufl., 1863을 가토 히로유키(加藤弘之)가 『국법범론(國法汎論)』으로 번역하여 1872년~1876년에 문부성에서 간행했는데, 번역된 부분은 직접 도움이 되는 제도적 부분, "원서 가운데서도 가장 보수적 측면이 농후한 부분"[66]이었다. 독일학협회에 의한 다수의 번역에서도 이 같은 경향을 볼 수 있다.

독일 국가학을 섭취할 때, 그에 내포되어 있는 자유주의적인 측면은 의식적으로 배제되는 경향이 있었다. 사실 프러시아형의 근대적 발전은 국가가 사회의 우위에 선다는 특징 때문에 사회가 국가의 우위에 서는 영국형에 비해[67] 일본에 더 적합했다. 그러나 독

---

66) 安世舟,「明治初期におけるドイツ國家思想收容に關する一考察——ブルンチュリと加藤弘之を中心として一」, 日本政治學會 編, 『日本における西歐政治思想』, 岩波書店, 1976년, p.142.

67) Gerhard Leibholz, *Strukturprobleme der modernen Demokratie*, 1958. 阿部

일은 아무리 보수적이라 해도 프랑스혁명의 영향에서 자유롭지는 못하여, 이미 1848년에 3월혁명을 경험하였다. 일본에서 교육칙어가 나온 1890년에 독일에서는 사회주의 진압법이 폐지되고 사회민주당은 득표율 19.7%, 의석 8.8%를 점하는 세력으로까지 성장하여, '사회'의 성숙은 사회운동의 앙양과 더불어 새로운 문제를 제기하기에 이른 상태였다.

따라서 독일의 이론을 일본에 그대로 도입할 수는 없었다. 일본에서는 독일의 국가 이론에 내포된 자유주의적 요소를 배제할 뿐 아니라 더 적극적으로 일본의 역사 속에 있는 신비스런 세습적 요소를 접합시키려 하였다. 대일본제국헌법 제1조를 기초하는 과정에서 보인 뢰슬러와 일본측의 의견 차이에 대해서는 이미 제1절에서 언급했지만, 이렇게 해서 만들어진 헌법을 설명하는 경우에도 세습적인 요소가 강조되었다. 『헌법의해』에서는 제1조의 설명에 『일본서기』에 실려 있는 '천양무궁(天壤無窮)의 신칙(神勅)'이라는 신화를 원용하고 있다.[68]

따라서 일본의 헌법학에서는 어떻게 세습적(patrimonial)인 요소를 설명하는가, 아니면 이 요소와 독일 국법학의 헌법 이론 중 어느쪽을 강조하는가를 둘러싸고 논쟁이 일어났다. 나중에 보게 될 미노베 다쓰키치(美濃部達吉)와 우에스기 신키치(上杉愼吉) 간의

___

照哉(외) 譯, 『現代民主主義の構造問題』, 木鐸社, 1974년, p.214 이하 참조.
68) 岩波文庫本, 『憲法義解』, pp.22~23.

논쟁은 그 전형적인 예이다. 근대적 헌법학이 독립된 과학으로서 성립하기 위해서는, 신화적인 세습적 요소가 이론에 들어오는 것을 배제할 필요가 있었다. 그것은 또한 법학의 정치로부터의 독립을 의미하는 것이기도 했다.

같은 국가학의 계보에서 개별 사회과학이 독립, 분화되어가는 지식 사회학적 조건으로서 학문의 정치·행정으로부터의 분리를 들 수 있다. 1887년에는 와타나베 고키(度辺洪基) 총장이 졸업식 연설에서 "내각 총리대신 비서관 가네코 겐타로 씨에게 일본 행정법 강의를 위촉"하는 수준이었다.[69]

그런데 20세기에 들어서면서 변화가 일어난다. 요시노 사쿠조(吉野作造)는 그가 대학에 있었던 1901, 2년경의 도쿄대학을 다음과 같이 회고하였다.

"그 이전에는 정부에서도 조약개정이라든가, 법전 편찬이라든가, 화폐제도 개혁 따위의 신규 사업에 바빴고, 따라서 학자의 힘을 빌릴 필요도 많았기 때문에, 제국대학 교수는 대개 음으로 양으로 정부의 일을 겸하고 있었던 것 같다. 오늘은 각료회의가 있다면서 강의 도중에 마중온 관용차로 바람을 일으키며 날아가는 선생님의 뒷모습을 선망의 눈초리로 바라보았던 일도 많았다. 그런데 1901년이나 1902년경이 되면, 정부의 그런 일들도 일단은 정리가 되었

---

69) 『東京帝國大學一覽』(1887~1888), p.289 이하; 石井良助, 「國家學會の創立」, 『國家學會雜誌』第80卷 9·10號, 1967년 8월, p. 22에서 인용.

을 뿐 아니라 소장 관료들 중에서 점점 학문적인 재능이 풍부한 인물이 배출됨에 따라, 대학 교수의 도움을 받을 필요가 없어졌다.…그래서 제국대학 교수와 정부의 끈끈한 관계는 점차 약화되는데, 그 결과는 두 가지로 나타났다. 하나는…처음으로 교수와 학생의 친밀한 고리가 만들어진 것…또 하나는 교수의 위치가 독립적이 되어, 의식적으로나 무의식적으로나 아무런 구속을 느끼지 않고 자유롭게 연구해서 공표할 수 있게 된 점이다"[70]

한편, 똑같이 독일 유학을 한 경우라도, 전문연구자의 입장에서 독일 학문의 동향을 상세히 살펴보면 전술한 바와 같은 일본과 독일의 차이점을 파악하게 된다. 그런 관점에서 독일 학문을 소개한 것이 일본에서의 국가학의 분화 또는 변질에 영향을 끼쳤다. 가장 단적인 예는, 유럽 유학에서 돌아온 직후 와다가키 겐조가 쓴 「강단 사회당론」(講壇社會黨論)이 다름아닌 『국가학회잡지』 제2권 13호(1888년)에 실린 것이다. 이 글에서 와다가키는 빈부차라는 사회문제에 대해 방임주의와 사회주의라는 "둘 사이에 개입해서 보수에 안주하지 않고 급진으로 나아가지도 않으며, 자조에 의하지 않으나 공조에도 의하지 않고, 개진에 만족하지 않고, 혁명에 빠지지도 않고, 독자적으로 하나의 깃발을 내건 자"라고 '강단 사회당'의 입장을 설명하고 있다.[71]

---

70) 吉野作造, 「民本主義鼓吹時代の回顧」, 『社會科學』, 1928년 2월, 松尾尊兌 編集 解說, 『吉野作造集』(『近代日本思想大系』 17卷), 筑摩書房, 1976년, p.433 수록.

71) 和田垣의 「講壇社會黨論」은 明治文化硏究會 編, 『明治文化全集』, 改版 第6

『국가학회잡지』 내부의 새로운 경향을 보여 주는 또 다른 예는 1896년에 이 잡지에 발표된 오노즈카 기헤이지(小野塚喜平次)의 「정치학의 계통(政治學の系統)」이다. 이것은 도쿄대학에 신설된 정치학 강좌의 전임교수가 될 오노즈카의 첫 논문으로서, 로야마 마사미치의 평가에 의하면 "우리 일본에서 처음으로 정치학을 총괄하고 있던 국가학으로부터 그것을 독립시킬 필요성과 포부를 선언한 것"[72]이다. 이 정치학 독립은 이윽고 1903년에 간행된 『정치학대강(政治學大綱)』에서 전면적으로 전개된다. 오노즈카는 또한 『현대구주입헌정황일반(現代歐洲立憲政況一斑)』(1908년), 『현대구주의 헌정(現代歐洲의 憲政)』(1913년)에 수록된 논문들에서 유럽의 정치문제 특히 헌정에 대한 실증적인 연구를 발표하였다. 거기서도 정치학이 국가학의 틀에서 벗어나 독립하고, 나아가서는 요시노 사쿠조의 민본주의론으로 나아가는 방향을 예시하고 있다.

卷 社會編, 日本評論社, 1968년에 수록되어 있다. 인용 부분은 같은 책 p.466. 강단사회주의를 일본에 소개한 것으로서는, 이보다 앞서 1886년에 출판된 中川恒次郎, 『經濟學講義』 卷 1, p.10에서 "근대 독일국에서는 이 설(스미스 이래의 '영국의 학풍'을 가리킴—인용자)에 반대하는 소위 학사 사회론자가 등장하여 細民의 개량을 주장한다"고 함. 關谷耕一, 「日本 『社會政策學會』史(一)」, 福島大學經濟學會, 『商學論集』 第26卷 4號, 1958년 3월, p.129에서 인용. 여기서는 영향력 면에서 『國家學會雜誌』에 실린 和田垣의 논문에 주목했다.

72) 蠟山政道, 『日本における近代政治學の發達』, 1949년, 復刻版, ぺりかん社, 1968년, p.83.

또 국가학회는 당초 회원자격에 '학력'을 더해, 입회 승인을 평의원회에 위임하고 있었기 때문에, 이토 히로부미, 오쿠마 시게노부, 이노우에 가오루(井上馨), 이노우에 고와시, 시부사와 에이이치(澁沢榮一) 등도 회원으로 가입되어 있었다.[73] 그러나 점차 도쿄대학과 관련 있는 공법, 정치학(경제학부 독립 전에는 경제학을 포함) 연구자들만의 집단으로 변화되었고, 결국 회원들 가운데 일부는 다음 장에서 논할 '사회정책학회'의 회원이 되었다.『국가학회잡지』도 '국가학'이라는 이름을 남기면서도 실제로는 '국가학'이라는 방법적인 틀에서 자유로워져 갔다. 그리고 1925년부터 속표지에 영문 잡지명 *Journal of the Association of Political and Social Science*로 표기했는데, 이 편이『국가학회잡지』보다 게재된 논문의 내용에 충실한 것이었다.

---

73) 石井良助,「國家學會の創立」, p.26.

제2장 '사회'의 의식화와 사회정책학회

1. '사회' 의식화의 일본적 특징

1897년(메이지 30) 자발적 연구조직인 '사회정책학회'가 발족했다. 사회정책학회는 국가학회 내부의 새로운 경향을 보여 주었을 뿐 아니라, 관학 아카데미즘에 속하지 않는 경제학자, 나아가서는 노동 운동의 지도자까지 포함하고 있었다는 점에서 획기적인 것이었다. 이 같은 새로운 형태의 사회과학 연구조직이 창출된 것은 '사회문제'에 대한 공통의 관심 때문이었다. 그렇다면, 그런 공통의 관심을 창출한 사회 상황은 어떤 것이었는가. '사회'의 의식화라는 과정을 통해 그것을 파악해 보기로 하자.

우선 '용어'에 관해 보면, 일본에서 society의 번역어가 정착되기까지 혼돈스러웠던 과정에 대해서는 사이토 쓰요시(齋藤毅)의

「사회라는 말의 성립」이라는 글[1]에 상세히 기술되어 있다. 그에 의하면 '사회' 라는 번역어가 처음 등장한 것은 1875년 무렵이며,[2] 영일사전이나 불일사전에 '사회' 라는 번역어가 정착되는 것은 1885년 무렵이다.[3]

책 제목에 '사회' 가 등장하는 것은 1881, 82년에 각각 간행된 스펜서의 『사회평권론(社會平權論)』(마쓰시마 고〈松島剛〉 역)과 『사회학의 원리(社會學之原理)』(노리타케 고타로〈乘竹孝太郞〉 역) 등이다. 그리고 '사회학' 이라는 제목의 책이 나오기 시작한 것도 이 무렵이다. 예를 들어 이듬해인 1883년에는 역시 스펜서의 『사회학(社會學)』(오이시 마사미〈大石正己〉 역)이 출판되었으며, 같은 해 최초로 일본인이 쓴 『사회학』이 공간되었다. 아리가 나가오(有賀長雄)의 『사회진화론, 사회학1권(社會進化論, 社會學卷之一)』,『종교진화론, 사회학2권(宗敎進化論, 社會學卷之二)』가 바로 그것이다. 대체로 이 무렵에 sociology의 번역어로서 '사회학' 이 정착된 것이라 생각된다. 그러나 저서 제목에서도 엿볼 수 있듯이, 아리가의 이론은 상당 부분 스펜서의 사회진화론에 의거하고 있었으며, 당시 일반적으로 사회학이라면 스펜서 사회학을 의미하는 것으로 이해

---

1) 齋藤毅,『明治のことば』, 講談社, 1977년, 제5장 참조.
2) 林惠海,「邦譯 '社會' 考」,『東京女子大學比較文化硏究所紀要』21號, 1966년 참조; 齋藤, 위의 책, pp.182~184도 참조.
3) 石田,『日本近代思想史における法と政治』, p.34. 또 '사회' 라는 번역어로 정착되기까지의 각종 번역어에 대해서는 齋藤, 위의 책, p.195 이하 참조.

되었던 것 같다.

그와 더불어 '사회'가 society의 번역어로서 정착되는데, '사회'라는 말이 일본어로서 사용되는 과정에서 원어와는 다른 독특한 의미를 함축하게 되었다. 요코야마 겐노스케(橫山源之助)는 1896년『마이니치(每日)신문』에 「지방의 하층 사회(地方の下層社會)」를 쓰기 시작하여 이를 1899년『일본의 하층 사회(日本之下層社會)』라는 단행본으로 출간했는데, 그 일련의 업적이 일본에서의 '사회'라는 말이 내포한 함의의 한 특질을 보여 준다.

서구에서의 civil society, bürgerliche Gesellschaft 즉 '시민 사회'가 나름대로의 질서를 지닌 통일체—그것을 '보이지 않는 손'에 의해 예정조화가 이루어지는 것으로 볼 것인가(스미스의 경우), 아니면 '욕망의 체계'로서 '근대국가'에 의해 초극되어야 할 존재로 볼 것인가(헤겔의 경우)는 차치하고—로 여겨지는 데 비해, 일본의 경우에는 '사회'란 급속하고 파행적인 공업화과정에서 통일된 기존 질서로부터 빠져 나온, 뒤떨어진 부분으로 의식되었다. 즉, 메이지 후기에는 일단 시민 사회가 성립된 후 내부 대립 혹은 모순에 의해 '사회문제'가 발생했다기보다는 '사회' 그 자체가 본래 '문제적'인 것으로서 성립되었다고 보아야 할 것이다. '사회문제'라는 말이 일반화된 것은 1896년 무렵이라고 하는데,[4] 바로 이 무렵

---

4) 「廣義の社會問題に對する意向」,『社會雜誌』1897년 4월; 松沢弘陽,『日本社會主義の思想』, 筑摩書房, 1973년, p.44 주(13)에 따름. 또 같은 책 p.30 이하도 참조.

부터 '사회'가 문제적인 것으로서 지식인의 주의를 끌기에 이른다.

또, 사회는 종종 고유의 영역을 갖지 않은 잉여 부분으로 취급되었다.[5] 메이지 후반기의 대표적 종합잡지 『태양(太陽)』에는 1895년 1월 창간 당시부터 '사회'라는 제목의 칼럼이 있었는데, 제7호부터 '잡록(雜錄)'으로 개칭되었다가 1897년(메이지 30) 1월부터 다시 '사회'로 환원되었다. 이 칼럼은 "앞의 각 난(정치, 법률, 문학, 상업 등을 가리킴―인용자)에 속하지 않는 널리 사회에서 일어나는 일들을 보도한다"고 되어 있어, '사회'가 '잡(雜)'을 의미함을 시사하고 있다. 또한 '사회'는 일본의 왜곡된 발전의 병리, 즉 '사회의 난조(亂調)'를 통해 의식상에 떠올랐다. 『태양』 1897년 12월 5일호에서는 「사회의 난조(社會の亂調)」라는 제목 하에 다음과 같은 기술이 있다.

"청일전쟁의 결과, 사회의 유형 무형의 모든 것은 평소의 그 상태를 잃게 되었다. 민심을 동요시켜 흥분시키고, 이로써 욕망을 부채질하며, 그 결과 지방의 인민을 도회로 보내고, '사업, 사업'이라고 마치 풍진병자와 같이 만들었다. 이것은 생활 정도를 높이는 원인이 되고 물가 등귀의 한 요인이 되나, 경제 사회 공황의 원천은 되지 않는다. 우리는 이것을 사회의 난조라 한다."

---

5) 이하 이 문단의 서술은 岡利郎, 「近代日本社會における社會政策思想の形成と展開(一)」, 『思想』 1970년 12월호, pp.70~72에 의거함.

도시에서는 농촌으로부터 나온 하층민이 사회 저변에 머물고, 광산에서는 다카시마(高島) 탄광 광부 학대(미쓰비시회사가 경영한 탄광으로, 노동조건이 가혹하여 거듭해서 폭동이 일어났음. 1888년 잡지『일본인』에 공표되어 사회문제가 되었다.―역자주) 같은 사례가 있으며, 공장에서는『직공사정(職工事情)』(1903)에 나타나는 바와 같은 노동조건이, 그리고 농촌에서도 아시오(足尾)광산폐수 문제(메이지 중기, 도치기 현에 있는 아시오 銅山에서 광산폐수가 주변 하천으로 흘러들어 물고기가 죽고 전답이 황폐화된 사건―역자주)가 격화되어 피해자들의 진정으로 인해 헌병이 출동하는 상황이 벌어졌다. 이러한 '사회문제'의 심화는 '사회소설'의 주제가 되었고, '사회문제연구회'(1897년 다루이 도키치〈樽井藤吉〉 등이 조직)의 탐구 대상이 되었다. 또, 다지마 긴지(田島錦治)는『오늘날 일본의 사회문제(日本現時の社會問題)』(1897년 간행)에서 이 문제를 논하였다.

1896년에는 누노카와 마고이치(布川孫一, 세이엔〈靜淵〉) 등에 의해 '사회학회'가 조직되었다. 사회학회는 "본 회는 사회학의 원리, 사회주의, 사회문제 등을 탐구하는 것을 목적으로 한다"고 언명했다.[6] 사회학, 사회주의, 사회문제가 병기되어 있는 것은, 오늘날의 관점에서 보면 기묘한 인상을 주지만, 당시에 '사회'는 '사회문제'를 떠나서는 생각하기가 어려웠음을 보여 주는 것이라 하겠다. 또 당시의 '사회주의'가 조직적인 노동 운동에 의해 뒷받침된 정치적

---

6) 河村,『日本社會學史』上, p.187.

이데올로기라기보다는 뜻있는 사람들에 의한 '사회개량'의 한 방법일 뿐이었다면, 이것이 '사회문제', '사회학'과 나란히 '사회학회'의 탐구 대상이 되는 것도 반드시 부자연스러운 것은 아니다.

그러나 1898년에는 별도의 '사회주의연구회'가 설립되었고, 세기의 전환과 더불어 1901년에는 '일본 사회민주당'이 결성되었으나 그날로 금지처분을 받게 되었다. 이렇게 해서 사회주의는 혁명이라고까지는 할 수 없지만 저항의 상징이 되었으며, 지배층에게는 '위험사상'으로 경계의 대상이 되기에 이르렀다.

'사회'가 단순한 잉여 부분이 아니라 어떤 저항을 표하는 것이 되었지만, 이로써 곧 새로운 질서 형성의 상징이라는 의미를 갖게 된 것은 아니며, 아직은 주로 현상에 대한 불만의 표출과 연결되어 있는 단계였다. 더욱이 지배층의 입장에서 '사회'는 오로지 질서를 문란케 하는 골치 아픈 요소일 뿐이었다. 그들에게 질서란 "인보공조(隣保共助)의 오랜 관습"을 유지하고 "봄바람같이 화목한 가운데 자식을 키우고 손을 잇는 땅"(야마가타 아리토모〈山縣有朋〉)인 촌락에 있었으며, 이를 동요시키는 요소는 특히 그런 질서로부터 벗어나온 '도시 하층 사회'에서 발견되었다.

러일전쟁 직후에는 사회적 모순들이 강화에 대한 불만이라는 형태로 폭발했는데, '히비야(日比谷)방화사건'(포츠머스 조약에 반대한 민중의 폭동. 1905년 9월 5일 도쿄의 히비야 공원에서 개최된 국민대회에 모인 민중과 경관이 충돌, 파출소를 비롯한 여러 공공 시설물이 방화, 습격당했으며, 다음날까지 폭동이 이어져 계엄령이 내려졌다.

폭도화된 민중의 대부분이 러일전쟁의 희생이 된 도시잡업층으로 그 불만이 폭발되었음—역자주)에 즈음해서 가쓰라 다로 수상은 원로 야마가타에게 다음과 같은 편지를 보냈다.[7]

"강화 담판 동지회…하층 인민의 마음을 동요시켜 정치와 사회가 혼동되고 있습니다. 현재, 하층 인민들로부터 배상금을 못 받는다는 것 때문에…소동이 일고 있는 형국이니…차제에 가능한 한 이 중대 문제를 정치 문제로만 국한시킬 수단이 긴요하다고 생각됩니다."

즉, "장사(壯士) 정객의 거동에 대해서는 그런 정도로 염려하지는 않아도 됩니다"라고 쓰고 있듯이, '정치'의 영역에서 이루어지는 투쟁이라면, 대외강경론이든 남북조 정윤(正閏)논쟁(남북조 시대의 두 황통 중 어느쪽을 정통으로 인정할 것인가를 둘러싼 논쟁—역자주)이든, 협상에 의해 회유할 수가 있었다. 그러나 일단 '사회'라는 무질서한 요소가 개입되면 예측이 어려워지고, 정치적 통합을 이루기 위한 조작(操作)도 곤란해진다는 것이다. 이것이 가쓰라가 사용한 '사회'라는 용어의 함의였다.

두말할 나위도 없이 이 같은 '정치'와 '사회'의 구별은 가쓰라로 대표되는 당시의 지배 엘리트의 정치관 및 '하층 사회'에 대한 편견의 소산이었다. 그러나 그런 정치관과 편견을 가능하게 하는

---

7) 『山縣有朋傳』下卷, 1933년, p.710(방점 인용자). 이 점에 대해서는 石田雄, 『明治政治思想史硏究』, 未來社, 1954년, p.172 참조.

현실적 조건이 있었다는 것도 부정할 수 없는 사실이다. 다나카 쇼조(田中正造)가 아시오광산폐수사건을 거론하여 '사회'의 요소를 예외적으로 제국의회에 도입하려 한 것 같은 잡음이 있었지만, 선거권이 극도로 제한된 가운데 성립된 정치가의 세계는, 이를 억눌러 합의를 성립시킬 수가 있었다. 더욱이 정우회를 중심으로 한 정당의 움직임은 '의기투합'하여 조작할 수가 있었다. 그러나 앞에서 인용한 편지에서 가쓰라가 특히 '정치'를 구별할 필요성을 강조한 것은 '사회'의 의식화가 불가피했던 시대상을 반영하고 있었다. 이러한 추세는 1906년의 도쿄시전(市電)요금인상 반대 데모, 시전 방화 등으로 폭발하면서 점차 증폭되어, 드디어 몇 년 후의 다이쇼정변(1913)에서 '민중' 운동의 결과 가쓰라내각은 붕괴하기에 이른다.

이 같은 도시의 움직임에 비해 농촌에서 '사회'의 의식화는 더디게 이루어졌기 때문에, 아시오광산폐수사건 때 정치계에서는 '사회'적인 요소를 쉽게 억제할 수 있었다. 그러나 장기적으로는 이 사건은 많은 지식인과 학생들의 관심을 모아, 후에 사회주의, 민주주의 운동의 활동가가 되는 사람들의 정치적 사회화(political socialization 즉 정치의식 형성) 과정에서 공통된 기초 체험이 되었다. 즉 우치무라 간조(內村鑑三)는 아시오광산폐수 문제에 깊은 관심을 표하고 1901년 아시오광산폐수 문제 기성동지회에 참가하여 기노시타 나오에(木下尙江) 등과 함께 피해지를 방문했으며, 같은 해 구로이와 루이코(黑岩淚香), 고토쿠 슈스이(幸德秋水), 사카이 도시히코(堺利彦) 등과 '이상단(理想團)'을 조직하여 '사회개량' 운동을 하게 되었다. 고토쿠가 다나카 쇼조를 위해 '직소장(直訴狀)'을 기초하고, 젊은 날의 오스기 사카에(大杉榮)가 처음으로 사회문제에 눈을 뜬 것도 이 광산폐수사건 때문이었다. 대학생 가와카미 하지메(河上肇)가 1901년 아시오광산 구제 연설회에 감동해서 익명으로 의류 일체를 재난을 당한 사람들에게 보낸 것은 너무도 유명한 일화이다.

이렇게 해서 아주 일본적인 형태로나마, 또 도시와 농촌 간에 시차가 있고 지배층과 사회운동가가 서로 다른 형태를 취하면서도, '사회'에 대한 의식화가 점차 진전되어 간다. 이런 상황 속에서 '사회문제'에 대한 공통적인 관심에 의해 사회정책학회라는 사회과학자의 자발적 결집이 이루어진 것은, 국가학회가 이토 히로부미의 격려 하에 만들어진 것과 비교할 때, 분명 일본의 사회과학에 새로운 단계를 기록한 것이라 할 수 있다.

2. 사회정책학회의 '국가'와 '사회'

'사회정책학회'에 대해서는 많은 연구가 있기 때문에[8] 여기서는 간단히 언급하고자 한다. 우선 주목해야 할 점은 학회 성립의

---

8) '사회정책학회'에 관한 연구로서, 필자가 이용할 수 있었던 것을 다음에 열거한다. 住谷悅治,『日本經濟學史の一齣』(이하『一齣』로 표기), 日本評論社, 1948년; 住谷,『日本經濟學史』(이하『學史』로 표기), ミネルヴァ書房,

자발성이다. 1896년 4월 2일 신바시(新橋)의 유라쿠켄(有樂軒 카페 풍의 가게)에서 구와타 구마조(桑田熊藏), 그 전해 외국에서 돌아온 야마자키 가쿠지로(山崎覺次郎), 야마자키가 독일에서 알게 된 가 토 하루히코(加藤晴比古), 오다 하지메(織田一) 등이 모였다. 구와타 의 제안으로 이루어진 이 모임에서는 '사회문제연구회(Verein für Sozialpolitik)' 설립을 논의하였고,[9] 그 후 스즈키 준이치로(鈴木純 一郎), 오노즈카 기헤이지, 다카노 이와사부로(高野岩三郎), 다지마 긴지(田島錦治) 등이 가세해서 매월 월례회를 갖게 되었다. 1896년 11월 월례회에서는 모임의 명칭을 '사회정책학회'로 해야 한다는 의견이 나와, 이듬해 4월 월례회에서 이 명칭을 정식으로 채택했 다.[10] 그 사이에 야하기 에이조(矢作榮藏), 가나이 엔(金井延)이 가 입하는 등 회원도 증가하여,『국가학회잡지』 141호(1898년 11월 호) 에 따르면 회원이 약 20명으로 늘었다.

이 잡지는 '학회'의 성격을 "소위 사회문제를 연구할 목적으로

1958년; 住谷,「日本社會政策學派の形成」(이하「形成」으로 표기); 住谷(외) 編,『講座日本社會思想史 I 明治社會思想の形成』, 芳賀書房, 1967년; 關谷耕 一,「日本 '社會政策學會' 史 (一)(二)」, 福島大學,『商學論集』, 第26卷 4號 (1958년 3월), 第27卷 1號(1958년 6월); 高野岩三郎,『かっぱの屁』法政大學 出版局, 1961년; 坂本武人,「社會政策學會の成立と發展—第1回大會までの 經緯—」; 高橋幸八郎 編,『日本近代化の研究』上, 東京大學出版會, 1972년; 池田信,『日本社會政策思想史論』, 東洋經濟新報社, 1978년.

9) 高野岩三郎,『かっぱの屁』, p.95.
10) 住谷,「形成」 p.120.

열성적인 사람들이 조직한 학회의 하나"라고 전하고 있는데, 나아가 주목할 점은 "구태여 많은 회원을 확보하려 하지 않고", "범위를 단지 그 학문에 열심인 사람에 국한시킨다"는 것이 학회의 방침이다. 회원의 다양성 또한 그에 못지않게 주목할 만한 점이다. 앞에서 든 학자들 외에 '일본의 로버트 오웬'이라고 불리운 사쿠마 데이이치(佐久間貞一) 같은 실업가(곧 사망), 다카노 후사타로(高野房太郎) 같은 노동 운동의 지도자도 포함되어 있다.[11] 1898년 10월에는 간다(神田) 청년회관에서 공장법에 관한 강연회를 열어 여론을 환기시키는 등의 사회적 활동도 펼쳤으며, 학회 명칭에 '사회'라는 말이 포함되어 있기 때문인지 한때는 "회원은 모두 경시청의 블랙리스트에 올랐다"는 말도 있었다.[12]

그런 상황 속에서 1899년 7월에는 저 유명한 「사회정책학회취의서」를 발표하여 다음과 같이 사회주의와 사회정책을 명확히 구별하였다. "우리는 방임주의에 반대한다. 왜냐하면 극단적인 이기심의 발동과 무제한적인 자유경쟁은 빈부의 격차를 심화시키기 때문이다. 우리는 또 사회주의에 반대한다. 왜냐하면, 현재의 사회조직을 파괴하고 자본가의 절멸을 꾀하는 것은 국운의 진보에 해가 되기 때문이다. 우리의 주의는 현재의 사유적 경제조직을 유지하

---

11) 또 片山潜의 입회 때 반대가 있었던 경위에 대해서는 高野, 『かっぱの屁』, pp.102~103 참조. 또 坂本武人, 「社會政策學會の成立と發展」의 「付表 2」로서 「社會政策學會會員例會出席表 1(1896년~1903년)」이 수록되어 있다.

12) 高野, 『かっぱの屁』, p.105.

고, 그 범위 내에서 개인의 활동과 국가의 권력에 의해 계급의 갈등을 막고, 사회의 조화를 기하는 데 있다."[13]

「취의서」는 "이 주의에 기초해서 내외의 사례에서 배우고, 학리에 비추어 사회문제를 연구하는 것이 이 모임의 목적이다. 이에 취의서를 써서 세상의 군자들에게 고한다"라는 문장으로 마무리되고, 가나이 엔 등 30여 명이 발기인으로 올라 있다. 그 후 회원은 증가해서, 『국가학회잡지』에 의하면 1902년 9월 현재의 회원은 68명, 제3회 대회가 열린 1909년 12월에는 122명에 달했다.

오우치 효에(大內兵衛)에 따르면, 사회정책학회는 학문적 계보면에서는 "종래의 영국적 자유주의 경제학에 대해, 독일적 역사학파 내지는 사회정책학파적 경제학을 대표했고, 그 사상과 학문은 발흥기의 일본자본주의에 대한 사회정책적 양심이었다."[14] 그러나 이 학회의 영향력은 단지 독일의 일개 학파의 도입이라는 정도에 그치지는 않았다. 1900년 10월 11일의 임시총회에서 '시가(市街)철도 공유(公有)'를 적극적으로 지지하는 상세한 의견을 발표하는

---

13) 이 「趣意書」에는 표현이 다른 것이 있음은 關谷耕一, 「日本 社會政策學會 史(一)」, p.141에서 밝히고 있다. 여기서는 社會政策學會 編, 『社會政策學會論叢第1冊 工場法と勞働問題』, 同文館, 1908년, pp.1~2에 수록된 것에 의거했다. 또, 방점 부분은 원문 圈点. 高野岩三郎가 전해 들은 바에 의하면 "처음에 金井, 桑田, 加藤(晴), 中島(舊姓 葛岡, 이름은 信虎―인용자) 등이 입안했고, 戶水寬人이 집필한 후, 中島 군이 다시 윤색한 것"이라 한다(高野, 앞의 책 p.107).

14) 大內兵衛, 「社會政策學會と高野先生」, 高野, 앞의 책, p.12.

등 사회적 활동을 하기도 했으며, 1907년 이후 매년 총회에서 공통 주제에 대해 논의하고 그 보고서를 간행하여 많은 지식인들에게 자극을 주었다(학회가 제1회 때 도쿄대학에서 개최된 이후 게이오, 와세다 등 다른 대학에서 열린 것도 새로운 특징이었다). 총회에서 다루어진 주제들은 제1회 '공장법과 노동 문제', 제2회 '관세 문제와 사회정책', 제3회 '이민 문제', 제4회 '시영사업', 제5회 '노동보험', 제6회 '생계비 문제', 제7회 '노동쟁의' 등이다.

관학 아카데미즘의 폐쇄성을 깨뜨린 이 학회는 "메이지 말기부터 다이쇼 초기에 걸친 시기의 일본 경제학자가 모두 참여한 장이었다. 따라서 이 학회는 일본경제학회가 그 학문의 '권위'를 국민 대중에게 보여 주는 것이었고, 그렇기 때문에 또한 그것은 경제학계의 신인을 천하에 소개하는 최대의 무대"[15]이자, "일본 경제학자의 유일한 종합적 학회였다"고도 말해진다.[16] 또 스미야 에쓰지(住谷悦治)에 의하면 "회원은 전국의 사회과학 관계 교수, 학자, 진보적 관리, 실업가, 변호사, 연구회원 등을 망라하고 있어, 세간에서는 이것을 '교수의회'라고 부르는 사람도 있었다. 그리고 이 대회의 강단에 서는 것은 당시 신진 학도들에게는 명예이기도 했고, 학계의 등용문이기도 했다."[17]

---

15) 大內兵衛,「日本社會政策學會の運命と現代日本經濟學の使命」,『社會科學講座』IV, p.124; 坂本,「社會政策學會の成立と發展」, p.448에서 인용.

16) 大內兵衛,『經濟學五十年』上, 東京大學出版會, 1959년, p.43.

17) 住谷,『學史』, p.253.

이 같은 종합적 학회가 순전히 자발적인 계기로 탄생하여 독자적인 발전을 한 것은 사회과학의 정치로부터의 자립화, 방법적으로는 국가학으로부터의 분화 경향을 명확히 보여 주는 것이다. 나아가, 1919년에 도쿄대학과 교토대학의 경제학부가 잇달아 법학부로부터 독립함으로써 "경제학의 국가학으로부터의 독립[18]"은 제도적 차원에서 가시화되었다. 이에 대해서는 다음 장에서 이야기하겠지만, 도쿄대학에서 경제학부 독립을 주도한 것은 바로 사회정책학회의 주요 멤버였던 다카노 이와사부로였다.

그러나 사회정책학회에 대해 당시 비판이 없었던 것은 아니다. 좌우 양편으로부터의 비판을 고찰하는 것은 다음 절의 과제이지만, 논의를 진전시키기 위해 우선 한 가지만 예를 들어 보기로 하자. 『사회주의평론(社會主義評論)』에서 천산만수루주인(千山万水樓主人, 가와카미 하지메의 필명)는 다음과 같이 쓰고 있다.

"우리 일본에는 평민사 사람들에 대항하는 사회정책학회가 있다. 이것은 구와타 구마조 박사(그는 귀족원 의원이다), 가나이 엔 박사, 도미즈 히론도(戶水寬人) 박사, 그리고 그 외에 아카몬(赤門: 도쿄대학의 별칭. 정문이 빨간색이어서 붙은 이름—역자주) 출신의 법학자 등에 의해 조직된 것으로서, 평민사파의 민주 사회주의에 대해 국가사회주의를 신봉한다고 한다. 그런데, 그 사회정책학회가 민주

---

18) 이 표현은 大內兵衛, 「經濟學の國家學よりの獨立」(上, 下), 『法政』, 1957년 7, 8월號에서 빌려 왔다. 또 경제학부 독립의 경위에 대해서는 住谷, 『學史』, p.415 참조.

사회주의를 혐오하는 것은 현 정부와 거의 같다. 과거에 기시타(木下), 아베(安部), 가타야마(片山) 등 사회주의를 신봉하는 사람들이 당을 만들고 그 명칭을 민주사회당이라 하여 천하의 이목을 끌자, 사회정책학회는 급히 취의서 하나를 사회 일부에 배포하고, 후에 다시 장문의 변명서를 발표했다. 요컨대 민주사회당과 동일시되는 곤란한 상황을 피하려 한 것이다."[19]

이 글에서 사회정책학회를 '국가사회주의' 라 규정한 것은 가와카미의 관점에 따른 것으로, 그런 규정이 옳은가 여부는 그 말을 어떻게 정의하는가에 관련된 문제이기 때문에 여기서 논하지는 않겠다. 여기서 가와카미가 사용한 '국가사회주의' 라는 표현에 주목한 것은 사회정책학회의 중심인물들이 '국가' 와 '사회' 의 관계를 어떻게 규정했는지 보기 위해서이다. 우선 학회 창립 당초 주도적인 역할을 했던 가나이 엔과 구와타 구마조라는 두 인물을 비교해 보자. 이 두 사람 사이에 '국가' 와 ' 사회' 의 관계에 관해 어떤 시각 차이가 있는지 검토하기 전에 양자의 공통점, 또는 널리 일본의 사회정책학회의 사람들에게서 보이는 일본적 특질을 독일과 비교해서 생각할 필요가 있다.

'사회정책학회' 는 당초 구상 단계에서부터 독일의 사회정책학회(Verein für Sozialpolitik, 1873년 설립)를 모델로 삼고자 했다. 그러

---

19) 『社會主義評論』(第14信), 『河上肇著作集』第1卷, 筑摩書房, 1964년, p.32.

나 앞 절에서도 언급한 바 있는 독일과 일본의 사회주의 운동의 발전의 차이를 고려해야 했다. 현실의 사회주의 세력이 비교적 약한 일본의 경우에는, 사회정책의 필요성을 주장할 때에는 선제적 예방의 관점이 강하게 나오는 것이 특징이다. 앞에서 인용한 '사회정책학회 취의서' 전반에는 다음과 같이 기술되어 있다.

"최근 우리 일본의 실업(實業)은 장족의 발전을 이루어 국부가 현저히 증진되었으니, 크게 기뻐할 일이다. 그러나 그 때문에 빈부의 격차가 심화되어 사회의 조화가 점차 파괴되려는 징후가 있으며, 특히 자본가와 노동자의 충돌 같은 것은 이미 그 맹아가 보인다. 이를 생각하면 두렵지 않을 수 없다. 지금 구제의 방책을 강구하지 않으면 후일 크게 후회할 것이 분명하다. 그런 예는 멀리 있지 않으니 우리는 이를 서구에서 볼 수 있다. 이에, 우리는 본 회를 조직하고 이 문제를 연구하고자 한다."(방점 인용자)

이에 앞서 독일의 사회정책론이 일본에도 도입되었는데, 당시 지식인들은 이를 예방 차원에서 도입해야 한다고 생각했다. 그것은 가나이 엔이 「오늘날의 사회문제(現今の社會問題)」(『國家學會雜誌』, 1891년 1, 2, 3월)에서 '사회문제'를 파악한 방식에서도 엿볼 수 있다. 그는 협의의 '사회문제'를 노동자의 자각에 따른 문제의 발생으로 보고, "이 좁은 의미의 사회적 문제는 일본에는 아직 없다"고 판단하여,[20] "나중에 이 문제가 발생했을 때 낭패하지 않도록

---

20) 河合榮治郎, 『金井延の生涯と學蹟』, 日本評論社, 1939년, p.420.

지금 어느 정도 주의하여 이를 연구하는 것은 결코 무익한 일이 아니라고 생각합니다"라고 하였다.[21]

또 가나이 엔은 유럽과 일본의 차이는 단순한 시간적 차이가 아니라 문제가 나타나는 방식이 다른 질적 차이로서, 일본에서는 객관적인 빈부격차보다는 오히려 '사상의 경향'이 중요하다고 보았다. 즉 1893년 8월 『육합잡지(六合雜誌)』에 발표한 논문 「사회문제의 연구」에서, "실로 오늘날 일본 사회의 양상은 빈부의 격차가 심한 것은 아닙니다.···그러나 무형적인 사상의 경향이 지나치게 사회문제를 발생시키는 쪽에 근접해 있습니다"라고 하였다.[22] 가나이의 경우, 적어도 메이지 20년대에는 사회정책을 논하는 것은 사회현실에 대응할 필요성 때문이라기보다 유럽의 최신 학설을 도입하기 위해서라는 의식이 강했던 것 같다. 1891년 「경제학의 근황과 강단 사회당(經濟學の近況と講壇社會黨)」(『東洋學藝雜誌』)이라는 논문에서 가나이는 다음과 같이 기술하였다.

"지금 우리 일본에서 경제학을 논하는 사람은 대개 소위 구파(舊派)의 주의를 취하는 사람들로서, 이들이 금과옥조로 삼는 것은 밀, 포세트가 아니면, 케리, 마크라우드 같은 사람들이다. 신파의 경제학을 논하는 사람도 간혹 있지만 이들도 러셀의 영역본 정도에 의거하고 있다. 그러나 구파 경제학 같은 것은 사회에 관한 학문이 가장 번성한 독일 등에서는 50년 만에 완전히 타파된 것이다. 아주

---

21) 앞의 책, p.422.
22) 위의 책, p.555.

보수적인 영국 같은 데서조차 14, 5년 만에 구파의 학파가 크게 쇠퇴했다. 그러나 일본의 경제를 논하는 사람이 여전히 구파의 주의를 취하여 밀, 포세트를 금과옥조로 삼고 있으니, 이는 마치 시골 처녀가 34년 전에 도쿄에서 유행하던 머리모양을 하고 의기양양해하는 것과 같다."[23]

그전 해에 4년간의 독일 유학을 마치고 귀국한 가나이는 이 글을 다음과 같이 마무리하였다

"우리는 똑같이 배우려면 최신의 진보된 곳에서 배워야 한다… 그리하여 저 시골 처녀가 묶은 머리를 하고 의기양양해하는 것과 같은 꼴은 되지 않는 것이 좋다."[24]

이렇게 유럽의 '최신경제학'으로서 '강단 사회당'의 이론을 주장하는 가나이는 과연 독일 사회정책론의 충실한 소개자였다고 할 수 있는가? 이 점을 '국가'와 '사회'의 관련에 대해 본다면, 가나이의 이론에서는 '사회'는 그 고유한 존재 영역이 불분명한 채 어느샌가 '국가' 속에 완전히 흡수되어 버리는 경향을 볼 수 있다. 그의 용어법에서는 종종 '사회 국가' 혹은 '국가 사회'와 같이 양자가 결합되지만 실제로는 '국가'가 전면에 나와 있다.[25] 이 같은 경향

---

23) 앞의 책, p.424.
24) 위의 책, p.440.
25) 예를 들어 '사회 국가'라는 표현에 대해서는 "사회정책주의는… 오늘날

은, 스펜서, 슈타인 등의 사회유기체론이[26] 근대 일본의 정신 풍토 속에서 국가유기체론에 경도된 형태로 도입된 것과 무관하지 않을 것이다.[27] 일본에서는 '사회'가 성숙되지 못한 가운데 겨우 '사회문제'가 의식선상에 떠오르기 시작한 메이지 후기에 벌써 '국가'가 '사회'를 흡수, 포섭하는 경향이 보이는데, 이는 '법치국가'로부터 '문화국가'로라는 유럽의 최신 경향에 의해 이론적으로 뒷받침되고 있었다. 1903년『동양학예잡지(東洋學藝雜誌)』3월호에 실린「사회정책」이라는 논문에서 가나이는 다음과 같이 말하고 있다.

"근세의 국가는 적극적인 방침을 채택하여, 순수한 법치주의에 의하지 않고 문화국, 교화국, 혹은 화육국(化育國)주의를 취해 이 사회 상태를 발전시켜 나가고, 장려하여, 인문의 발달을 돕는다는 방침을 채택하게 되었으니, 이것이 곧 문화국가주의이다."[28]

실은 이 같은 적극적인 국가, '서구의 최신학설'에 의해 뒷받침된 강력한 국가라는 가나이의 관념은 러일전쟁 직전 그가 이른바 7

의 사회 국가의 조직과 경제의 근본을 대체로 좋은 것으로 인정하고 다만 그중에서 작은 부분에 결점이 있는 것을 온화한 수단으로 고쳐 나가는 주의"(앞의 책, p.576)라는 사용법을 볼 수 있다.(그 외에 p.641, 647 등), '국가 사회'라는 용어의 예에 대해서는 p.596 등을 참조.

26) 슈타인과 스펜서의 사회유기체론에 대해 金井가 언급한 것으로는「スタイン先生の一周忌」,『六合雜誌』, 1891년 12월, 앞의 책, p.486이 있다.

27) 일본의 국가유기체론의 특징에 대해서는 石田,『明治政治思想史研究』, p.67 이하 참조.

28) 河合,『金井延の生涯と學蹟』, p.563.

박사의 한 사람으로서 강력히 주장했던 대외강경책에 의해 현실적으로 뒷받침되고 있었다.[29] 이것은 후에 가나이가 대외적으로 제국주의를 발전시키기 위해 사회정책을 주장하는 형태로 이론적으로 명시된다. 예를 들어 1912년 9월 『법학협회잡지(法學協會雜誌)』에 실린 논문「사회정책과 개인주의」의 한 구절을 보자.

"현대국가가 가장 필요로 하는 2대 정무는 대외정책과 사회정책이다.… 사회정책은 주로 국내의 각 계급의 조화를 꾀하여 국민 전체의 원만한 통일을 가져올 것이다…각 사회계급이 충심으로 기뻐하여 스스로 상호간에 제휴하게 되면 비로소 진정한 전 국민의 정신적 통일도 이루어져, 전시든 평시든 거국일치로써 국가 사회의 안녕, 행복과 진보 발전을 가져올 수 있고, 부국강병의 기초 또한 확립할 수 있다. 부국강병의 기초가 확립되고 거국일치도 이루어진다면 대외정책상이 성공할 것은 의심할 여지가 없으며, 20세기에 필요한 제국주의의 발전을 기대할 수 있다."[30]

이렇게 '부국강병', '거국일치'라는 '국가'의 논리가 우위를 점하고 있는 한, 설령 가까운 장래에 '사회문제'의 해결이 요구된다 해도 어디까지나 '국가'의 입장에서 부분적으로 대응할 뿐, '사회'의 논리를 밝혀내는 방향으로는 나아갈 수가 없었다.

---

29) '七博士'의 대외 강경론에 대해서는 石田, 『明治政治思想史硏究』 p.253 이하 참조.

30) 河合, 『金井延の生涯と學蹟』, pp.656~657.

이상에서 말한 가나이에 비해, 역시 사회정책학회의 또 하나의 중심인물인 구와타 구마조는 '국가'와 '사회'를 좀더 명료하게 구별했다. 구와타는 가나이의 제자이기는 하지만 나이는 단지 3살 어린 1868년생이며 가나이보다 1년 빠른 1932년에 사망했다. 그러나 가나이가 다이쇼 초기에 학문활동을 중지한 데 반해 구와타는 그 후에도 활동을 계속하여, 이론 면에서도 가나이에 버금가는 위치에 있었다. 1896년 당시에는 구와타도 가나이와 마찬가지로 예방적 관점에서 사회문제에 대응을 생각하여 "우리는 이미 서리를 맞았으니 단단한 얼음에 미끄러져 넘어질 날도 멀지 않다"라고 하였으나,[31] 이보다 2년 전에 이미 「국가와 사회의 관계를 논한다(國家ト社會ノ關係ヲ論ズ)」라는 논문을 『국가학회잡지(國家學會雜誌)』에 발표하여, 이 두 개념의 구별을 명확히 할 필요성을 강조한 바 있다. 그는, "국가활동의 이법을 평등이라고 일컫고, 사회활동의 법리를 자유라고 일컫는다"[32]라고 양자를 구별했으며, 스펜서에 의하면 '국가는 그들 사이(자유를 주장하는 개인들의 사이를 의미함—인용자)에 서서 이를 조화시키고, 평등하게 분배하는 것을 목적으로 한다'라고 하였다.[33] 그리고 '국가'와 '사회' 중 어느쪽을 상위에

31) 桑田熊三,「國家ト社會問題(第一)」,『國家學會雜誌』第10卷 107호, 1896년 1월, p.64.

32) 桑田熊三,「國家ト社會ノ關係ヲ論ズ」,『國家學會雜誌』第8卷 89호, 1894년 7월, pp.540~541.

33) 위의 논문, p.543.

두는가에 따라 정치주의가 둘로 나뉘는데, "국가를 사회의 우위에 두는 정론을 교화주의라 하며, 사회를 국가의 우위에 두는 정론을 법치주의라 한다"고 하였다.[34]

그는 또, 앞에서 인용한 「국가와 사회문제」에서 자유방임의 개인주의와 국가권력 무한확장의 사회주의라는 양극을 배척하고, 그 중간으로서의 '사회정책'을 지지하였다.

"개인주의가 국가 권력을 최소 구역으로 제한하여 사회문제에 전혀 무관심한 듯한 점을 비난했으며, 또 사회주의가 국가 권력을 무한히 확장하여 이로써 개인의 경제적 평등을 꾀하는 것의 폐를 지적했다. 양자 모두 논리가 극단적이고 기획이 극단적으로 편향되어 있으니, 이로써 사회문제를 해석하려는 것은 반드시 헛수고가 될 것이다. 이 양극 사이에 움직일 수 없는 진리가 있어 이에 의거해서 사회문제를 해석할 수 있으니, 사회정책이 곧 이것이다."[35]

이상과 같은 구와타의 '국가'와 '사회'의 구별, 그리고 사회정책의 자리매김은 극히 개념적이고, 추상적인 것으로서, '사회' 현실의 분석에 기초한 것은 아니다. 다만 독일의 사례에 대해서는 약간 상세히 언급한 후 4회에 걸쳐 연재한 논문을 다음과 같이 맺고 있다.

---

34) 앞의 논문, p.545.
35) 桑田熊三, 「國家卜社會問題(第三)」, 『國家學會雜誌』 第10卷 109호, p.331.

"참으로 사회정책은 우리 일본에서 장래 사회문제를 해석할 수 있는 유일한 방침이나, 사회정책을 완전히 실행하려면 이것이 역사에 근거를 두고 시세의 필요에 따라 법률제도의 힘을 빌릴 수밖에 없으니, 함부로 해외 각국에서 행해진 사회정책을 취하여 이를 우리 일본에 이식해서는 안 된다."[36]

사실 이 결어에 앞선 부분에서 상당히 상세하게 동양의 유교적 전통에 대해 논하고 있다. 특히 "군주는 부모이고 인민은 자손"이라는 가족주의를 높이 평가하고 "유교는 가족의 원리를 정치의 기초로 삼으니, 그렇다면 국가가 경제적 약자에 대해 특별한 보호를 하는 것은 유교의 근본 원리로부터 추출되는 필연적인 결과임은 분명하다"라고 하였다.[37]

이 같은 그의 논법은 귀족원 의원으로서 사회정책의 필요성에 관해 보수적인 동료들을 설득하는 데는 도움이 되었겠지만, '사회'의 논리를 그 자체로서 분석하는 데는 걸림돌이 되지 않았을까? 어쨌든 1919년 구와타가 당시의 정당에 대해 다음과 같이 경고한 점은 현실적 시각을 지녔던 구와타의 역할을 보여 준다.

"사회의 법칙은 불평등이며 국가의 법칙은 평등이라는 슈타인의 학설은 실로 천고의 격언이다. … 국가의 이상이 그렇다면, 자연

---

36) 桑田熊三, 「國家卜社會問題(第四)」, 『國家學會雜誌』 第10卷 110號, p.500.
37) 위의 논문, pp.489~490.

히 노동 문제에 대한 국가의 태도는 명백해진다. 노동 문제의 원인은 결국 경제 영역에서의 계급투쟁이다. … 투쟁에 대해 국가가 우월한 강자의 지위에 있는 자본가를 억압하고 약자의 입장에 있는 노동자를 보호하는 것은 곧 국가 본래의 이상에 적합한 것이라고 하지 않을 수 없다. 이것은 사회정책에서 국가의 당연한 책임이다. 국정을 담당하는 정당도, 향후 그렇게 될 것을 기대하는 정당도 함께 이런 이상을 품고 이 방침에 따라 행동해야 함은 누구도 의심할 수 없는 일이다."[38]

이상, 가나이와 구와타의 예를 통해 일본의 사회정책학회의 핵심적 사상을 '국가'와 '사회'의 관계를 중심으로 살펴보았다. 그런데 조금 뒷세대에 속하는 후쿠다 도쿠조(福田德三)의 경우는 현저한 차이를 보인다. 그는 1916년 『가나이교수재직25주년기념 최근 사회정책(金井敎授在職二十五周年記念 最近社會政策)』에 실린 논문에서, "가나이 선생에 의해 개척된 일본 사회정책의 학문은 이제 그 제1기를 지나 제2기에 들어가고 있다"라고 선언했다.[39]

이 논문이 「생존권의 사회정책(生存權ノ社會政策)」이라는 제목이었듯이, 그는 안톤 멩거(Anton Menger)의 설을 인용해서 '생존권'을 사회정책의 문화가치로 삼고자 하였다. 더욱 주목할 만한 업

---

38) 桑田熊藏, 「社會政策に關する政黨の自覺」, 『太陽』1919년, 桑田一夫 編 『桑田熊藏遺稿集』(비매품), 1934년, p.223.

39) 福田德三, 「生存權ノ社會政策」, 河津暹 編, 『金井敎授在職二十五年記念 最近社會政策』, 有斐閣, 1916년, pp.464~465.

적은 『사회정책과 계급투쟁(社會政策と階級鬪爭)』(1922년)으로서, 그는 이 책 제1장의 제목을 '사회'의 발견'이라 붙이고 있다. 여기서 "사회정책이란 사회가 사회를 위해 사회의 힘에 의해 행하는 정책"이라고 규정하고, "그러나 오늘날의 현실에서는, 정책이라 하면 그것은 국가의 운영을 중심으로 하는 것이기 때문에, 사회는 국가를 통해서, 국가의 기관을 주로 해서, 국가의 힘을 제1의 실행자로 하여 이 정책을 행하는 것"이라 하였다.[40] 이에 이르러, '국가'를 중심으로 생각하고 '국가'가 '사회'를 흡수하는 경향을 띠고 있던 가나이의 단계로부터, '국가'를 '사회'의 수단으로 생각할 정도로 큰 사고의 전환이 이루어져, 경제학의 국가학으로부터의 독립은 의심할 여지가 없게 된다. 그런데 이 마지막 단계는 실은 명백히 마르크스주의에 대한 대항을 의식하고 있는 것이므로 다음 장에서 다루고자 한다.

3. 사회정책학회에 대한 비판과 내부 분화

일본의 '사회정책학회'가 독일을 모델로 하면서도 당시 일본 사회의 현실에 규정되어 그 모델과는 다른 특징을 지니고 있었다는 사실은 앞 절에서 살펴보았다. 독일에서는 사회민주당이 의회에

---

40) 福田德三, 『社會政策と階級鬪爭』, 大倉書店, 1922년, p.167, 방점 원문.

진출한 데 반해 일본에서는 사회민주당의 결사조차 금지되었다는 점, 그리고 그 사회적·사상적 배경의 차이는, 사회정책학회에 대한 좌우 양편으로부터의 비판을 보면 한층 분명해진다. 그 비판을 고찰해 보면 앞 절에서 본 사회정책학회를 더 넓은 사상사적 문맥 속에 자리매김하는 데 도움이 될 것이다.

우선 자유주의 경제학자의 비판으로서는 다구치 우키치의 비판을 들 수 있다. 1901년 일본 사회민주당의 결성이 금지된 후, 사회정책학회가 사회주의와 사회정책의 차이를 명확히 하기 위한 「변명서」(와다가키 겐조, 가나이 엔, 구와타 구마조의 연명)를 발표한 데 대해 다구치는 「사회정책학회의 변명서를 읽는다(社會政策學會の辯明書を讀む)」를 『동양경제잡지(東京經濟雜誌)』(1090호, 1901년 7월 20일)에 기고했다. 그는 "자본과 노동은 자유경쟁 하에서 이미 조화를 이루고 있다. 그런데 사람들은 이를 부조화로 보고, 여기에 법제의 간섭을 가하고자 한다. 참으로 이해할 수 없는 일이다"[41]라고 했다. 왜냐하면 "자유경쟁 하에서 자본과 노동이 자연히 서로 조화되는" 것은 노동력의 수급관계에 의해, 말하자면 경제법칙에 따라 실현되는 것인데, 국가가 입법으로써 간섭하면 "노동자가 이에 힘을 얻어 점점 더 제조업주에게 반항하고, 자본 노동의 조화를

---

41) 刊行會 編, 『鼎軒田口卯吉全集』 第2卷, 발행자 大島秀雄, 1927년, p.562. 또 「辨明書」의 요지는 『東京經濟雜誌』 1089號, 1901년 7월 13일 및 『每日新聞』, 1901년 7월 9일호에 실려 있다.

해치게 될 것을 우려하지 않을 수 없"기 때문이다.[42) 다구치는 자유방임주의의 논자라도 "공공의 이익, 국가의 필요에 따라 상당한 범위에서" 자유경쟁과 사유재산에 제한이 가해지는 것을 인정하지 않는 것은 아니지만, "다만 노동 문제와 같이 자유경쟁을 방임해도 지장이 없는 것에 대해 정치 간섭을 하려는 데 대해서는, 그것이 경제의 이치에 반하기 때문에 우리는 반대하지 않을 수 없다"[43)고 했다. 실은 이 배후에 임금상승에 따른 생산비 증대, 그에 따른 수출 부진을 두려워하는 제조업자의 이해관심이 있었다는 것은 노동시간 제한 입법에 관한 다음과 같은 반대의견을 보더라도 명백하다.

"만약 밤 작업을 금지한다면 우리 일본 수출무역은 외국 제품 때문에 얼마나 압도될 것인가. 이것은 실로 중대한 사건이 아닌가."[44)

이러한 다구치의 비판에 대해, 사회정책학회측에서는 구즈오카 노부토라(葛岡信虎, 나중에 나카지마로 改姓)가 『경제총서(經濟叢書)』에 「도쿄경제잡지와 사회정책(東京經濟雜誌と社會政策)」이라는 제목의 반론을 실어, 사회주의와 사회정책의 차이를 거듭 강조했다. 요컨대 자신들은 자유방임을 반대하고 공장법(工場法: 1911년에

---

42) 『鼎軒全集』第2卷, pp.562~563.

43) 위의 책, p.561.

44) 田口卯吉, 「全國製造業者に檄す」, 『東京經濟雜誌』1106號, 1901년 11월 9일, 『鼎軒全集』에서는 찾아볼 수 없음.

제정된 일본 최초의 노동자 보호법. 연소자와 임산부의 취로 금지, 여자·나이 어린 직공의 밤작업 금지 및 노동시간 제한 등을 규정—역자 주), 여공, 나이 어린 직공의 보호, 노동시간 제한의 필요성을 주장하나, 사회주의와 같이 사회재산제도를 폐지하려는 것은 아니라는 취지이다. 다구치는 이에 대해 거듭 반론하였으나,[45] 이 논쟁을 상세히 검토할 필요는 없을 것이다.

여기서 더 중요한 문제는 앞에서 소개한 다구치의 견해는 어떤 의미에서 경제계의 이익을 지지하는 셈이 되었다는 점이다. 단, 이는 결과적인 것일 뿐 논리 자체가 경제계와 같은 것은 아니다. 실업계의 한 견해로서 미쓰비시(三菱) 합자회사의 쇼다 헤이고로(莊田平五郎)의 다음과 같은 발언을 보도록 하자. 그는 『동양경제신보(東洋經濟新報)』(1910년 3월 5일호)에 실린 「공장법 제정 이유 여하」라는 글에서, 일본 고래의 '미풍'인 '주종관계'의 유지 강화를 주장한다. 그는 '주종관계'는 "가족제도에 뿌리를 둔 것으로, 가족제도가 붕괴되지 않는 이상 소멸되지 않"으며, 바로 이 관계가 있기 때문에 "고용주는 피고용자를 사랑하고, 피고용자는 주인을 존경하며, 서로 의지하고 도와 공업상의 평화를 유지하는" 것이라 본다.[46]

이 견해는 노사간의 관계에 국가가 사회입법의 형태로 개입하

45) 葛岡의 반론과 그에 대한 田口의 재론에 대해서는, 田口, 「社會政策學會の答辯を讀む」, 『東京經濟雜誌』 1114號, 1902년 1월 11일, 『鼎軒全集』 第2卷, pp.563~570 참조; 住谷, 『一齣』, p.293 이하도 참조.

46) 池田信, 『日本社會政策思想史論』, p.195.

는 것을 반대한다는 점에서 다구치의 견해와 같은 결론에 이르고 있다. 그러나 '주종의 정의(情誼)'에 의해 노동과 자본의 조화를 이루고자 하는 보수적 실업가의 논리와 다구치가 말하는 자본과 노동의 조화는 내용이 다르다는 것을 분명히 해야 하겠다. 다구치가 말하는 자본과 노동의 조화는, '주종의 정의'에 의한 것이 아니라, 양자의 자유경쟁의 결과 실현되는 것으로, 이 경쟁을 위해서는 노동자가 '직공동맹'을 만들어 "고용주가 임금을 낮추려고 하는 데 저항하여 임금 하락을 막고, 또는 고용주로 하여금 임금을 인상하도록 하는" 것은 당연한 일로 간주된다.[47] 나아가 "고용주들이 과도한 이익을 얻으려 하는 데 저항하여 이를 노동자에게 나누어 줌으로써 조속히 경제상의 원칙에 맞게 하기" 위해서는 '동맹파업' 조차도 인정된다. 다만, "만약 임금을 인상할 이유가 없고 오히려 인하할 이유가 있을 때 동맹파업을 하면, 그 목적을 달성할 수 없고 직공은 더욱 곤란해져, 결국 사회에 불이익을 주"는 결과가 된다.[48] 따라서 동맹파업을 일으켜야 할 시기를 판단하는 것이 중요해진다. 여기서 다구치는 다음과 같은 대담한 제언을 한다.

"우리는 내외의 형세 및 상황(商況)의 변천 등을 통찰하는 능력이 있다. 그런데도 아무 일도 못하고 괴로워하는 무수한 지식인들에게 바라는 것이 있다. 그것은 여러분이 솔선해서 노동계에 몸을

---

47) 田口, 「同盟罷工」, 『東京經濟雜誌』 第636號, 1896년 8월 13일, 『鼎軒全集』 第2卷, p.535.
48) 위의 책, pp.536~537.

던져, 동맹파업을 일으켜야 할 시기를 가르쳐 주고 나아가 이를 지휘하는 것이다."[49]

다구치의 이러한 측면은 사회정책학회와 다구치의 논쟁을 다룬 많은 연구에서 간과되고 있기 때문에, 주변적인 논의이지만 주의를 촉구하고 싶다.

자본과 노동 간의 주종관계는 공장법을 주제로 한 사회정책학회 제1차 대회에서도 중요한 쟁점이 되었다. 공장법 제정을 촉구하는 분위기가 형성된 이 대회에서, 공장법 찬성론자들 사이에서도 '주종의 정의' 론이 제기되어 논쟁이 일어났다. 예를 들어 소에다 주이치(添田寿一)는 다음과 같이 말하였다.

"일본에 있는 구래의 미풍, 이것은 봉건의 폐해가 아니라 봉건의 혜택인 주종관계—사용되는 사람과 사용하는 사람 사이에 존재하는 서로 경애하는 마음, 즉 윗사람은 아랫사람을 불쌍히 여기고, 아랫사람은 윗사람을 존경하는 이 미풍을 노동과 자본을 조화시키는데 가미하는 문제는 크게 흥미있는 문제라고 믿는다. 지금 어느 나라든지, 경제학자는 자본과 노동의 갈등에 당혹스러워하고, 실제가(實際家)는 이 문제로 골치아파하며, 자선가도 거의 어찌할 바를 모를 경우, 이 노동 문제—노동과 자본의 조화를 이를 통해 이룰 수

---

49) 앞의 책, p.537.
50) 社會政策學會 編, 同學會論叢 第1冊, 『工場法と勞働問題』, 同文館, 1908년, p.96.

있음을 증명하고, 또 성공한다면, 학설적 측면에서도 일본의 지위를 높일 수가 있다."[50]

이렇게 '주종의 정의'를 중시하는 것은 노동입법에 반대하는 실업계의 보수파로부터 나중에는 협조회의 일종인 '개명파'에 이르기까지 광범위하게 볼 수 있는 태도였으나, 이에 대한 비판도 이미 제1차 대회 때부터 제기되었다. 후쿠다 도쿠조는 이렇게 반박했다.

"주종관계가 있기 때문에 노동 상태를 개선하여 향상시키기가 곤란한 것입니다. … 이 생각을 근본적으로 버리지 않으면, 어쩌면 공장법이 제정되더라도 제대로 운용되지 못하는 것이 아닐까 심히 걱정되는 바입니다."[51]

그 밖에 다카노 이와사부로, 오노쓰카 기헤이지가 후쿠다와 같이 소에다의 견해에 반대하는 의견을 표명하였다. 더욱이 다카노는 "공장법의 실시에 대해 실제로 유력한 감독 기관이 될 수 있는 것 … 그것은 곧 노동자의 단결입니다"라고 하여,[52] '직공조합'의 역할을 강조하였다. 한편, 오노쓰카는 '노동자의 자각 분기(奮起)'를 환영하는 '인격존중주의'를 주장하였다.[53]

'주종관계'를 극복할 필요가 있다는 의식은 사회정책론자에 대

---

51) 앞의 책, pp.99~100.
52) 앞의 책, p.150.
53) 앞의 책, pp.118~119.

한 좌익진영으로부터의 비판을 낳는 계기가 되기도 했다. 예컨대 가타야마 센(片山潜)은 바로 그러한 '주종관계'를 극복하기 위해 조합과 파업이 필요하다고 주장했다. 1899년 7월 9일 간다(神田) 청년회관에서 열린 연설회에서 구와타 구마조가 「개량주의」라는 제목으로 사회주의 반대 노사협조의 사회정책론을 이야기한 데 대해 가타야마가 제기한 반론에서 이를 볼 수 있다.[54] 구와타는 이렇게 말한다. "노동자와 자본가는 경제의 진보를 위해 더욱 조화를 이루고 서로 돕지 않으면 안 된다는 것은 경제상의 원칙이라고 생각한다. 분명히 사회주의 일파의 노동 운동을 하는 사람은 자본과 노동의 관계에 대해 심히 그릇된 생각을 갖고 있다. 자본가는 쓸모 없는 것이다. 자본가를 절멸시켜 일국의 자본을 국가의 소유로 삼는다 … 이렇게 자본가를 절멸시켜서, 천하의 인민을 모두 노동자로 만드는 국가가 실현될지 어떨지."

이에 대한 가타야마의 반론은 다음과 같다.

---

54) 이하에 인용되는 桑田 및 片山의 논점은 石川旭山 編, 幸德秋水 補, 「日本社會主義史」(『平民新聞』, 明治 40년 1월 20일 第2號부터 같은 해 3월 24일 57號에 실림)에 의함. 따라서 요약이다. 明治文化硏究會 編, 『明治文化全集』第21卷, 『社會篇』, 日本評論社, 1929년, pp.361~362 수록. 또, 片山은 社會政策學會의 회원으로서 例會에는 1897년 10월부터 1899년 2월까지 5회 출석, 2회 결석일 정도로 열심이었다. 더욱이 마지막 2월10일 예회에서는 발표까지 했다. 그 후 退會로 되어 있기 때문에(이상 坂本武人, 「社會政策學會の成立と發展」, 「付表 2」에 의함), 7월 9일 연설회 때 회원이었는지 여부는 분명치 않다.

"노동과 자본의 조화는 필요하다. 그러나 오늘날과 같은 양상은 도저히 노동자와 자본가의 조화라고 할 수 없다. 현재와 같은 조화는 아니다. 이런 형태로 가자고 하기에는 결국 주인과 가신의 관계라고나 할까, 아니 주인과 노예의 관계다. … 진정한 조화를 이루기 위해서는 우리가 노동자로 하여금 깃발을 들게 하지 않으면 안 된다. … 그러므로 조합은 필연이다. 동맹파업도 필요하다."

어쨌든 이론적으로는 가타야마의 이 반론의 논지는 명쾌하며, 시대가 바뀜에 따라 실현되어 간다. 그러나 그의 논지가 실현되는 것은 제1차 세계대전 후 급속한 공업화와 더불어 공장노동자가 증대한 시대의 일로서, 사회정책학회가 발족한 당시에는 아직 노동조합은 사회적 세력으로서 자기주장을 할 정도로 성숙하지는 못한 상태였다. 따라서 '메이지의 사회주의'는[55] '사회주의'의 대의를 널리 펼치려 한 일군의 지사들에 의해 주도된 데 불과하다고 할 수 있다. 사회민주당의 창립에 관여한 아베 이소오(安部磯雄)가 사회정책학회의 변명서를 보고 다음과 같이 사회주의와 사회정책이 밀접함을 주장했는데, 이것은 반드시 탄압을 회피하기 위한 전술이었다고는 생각되지 않는다. 아베는 『마이니치신문』에서 이렇게 말했다.

---

55) '明治의 사회주의'의 성격 규정에 대해서는, 松沢弘陽, 『日本社會主義の思想』, 筑摩書房, 1973년, 제1장 참조.

"나는 본래 제군과 마찬가지로 사회주의가 사회정책과 같은 것이 아님을 믿지만, 그 둘이 결코 서로 배타적인 것이라고는 생각하지 않는다. 적어도 우리 사회주의자의 관점에서 보면, 사회정책은 사회주의에 도달해 가는 한 단계이기 때문에, 이에 대해 조금도 악의를 품지 않고, 오히려 이를 환영하고자 한다. 단, 우리가 제군과 일치하지 않는 점은 사회정책을 사회문제에 대한 마지막 해석법으로 삼지 않는다는 데 있다. 비유적으로 말하자면, 제군은 교토까지 여행해야 한다고 하고, 우리는 고베까지 가야 한다고 하는 것과 같다."[56]

다구치 우기치는 즉시 아베의 이 논점을 들어 "우리는 아베 씨의 이런 희망이 무리라고 본다"라며, 사회정책을 비판하기 위해, 아베가 지적한 사회주의와 사회정책의 밀접함을 다시 한 번 강조했다.[57] 물론 사회주의자와 자신을 구별함으로써 존재 이유를 과시하고 세간의 비난을 피하려 하는 사회정책론자의 입장에서는, 아베의 이러한 주장은 마땅찮은 것이었으리라. 당시의 사회주의 운동의 정치적 힘은 사회정책과 함께 갈 것을 희망할 수 있는 정도에 머물러 있었다. 자유주의 경제학자 다구치와 사회주의자 아베가 똑같이 사회정책과 사회주의가 밀접함을 주장하고, 사회정책론

---

56) 安部磯雄, 「社會政策學會會員に質す」, 『毎日新聞』, 1901년 7월 12일(投稿); 田口, 「社會政策學會の辯明書を讀む」, 『鼎軒全集』 第2卷, p.560의 인용은 정확하지 않다; 주 58)에 있는 河上의 인용 쪽이 옳다.

57) 田口, 앞의 논문, 앞의 책, p.560 이하.

자가 이 두 사람의 견해에 반대하여 오로지 자신들과 사회주의의 차이를 강조한 것은 이 같은 현실의 반영이었다. 가와카미 하지메는 사회정책을 환영한다는 아베의 앞 문장을 인용한 후, 비꼬는 투로 이렇게 말하고 있다. 사회정책학회의 "박사 등의 논의에 아이들 다툼 같은 것을 즐기는 분위기가 있는 데 반해 사회주의자의 문장에 화합하여 싸우지 않는 어른스런 태도가 보이니 좀 의외이다. … 평민사 일파와 동일시되어 그들처럼 정부의 압박을 받고 가택수색을 받는 신세가 되는 것은 저 박사, 학사님들이 아주 귀찮아하지만, 적어도 학자는 학설로써 세상에 서는 것, 필히 당당하게 옳은 것을 옳다 하고, 잘못된 것을 잘못되었다 하며 너그럽게 사람을 포용할 수 있기를 바라마지 않는다."[58]

이 당시에는 아직 사회주의자가 사회정책론자를 같은 방향을 지향하는 동행자로 간주하여 호의를 표하고 있었으나, 다이쇼기 들어 노동 운동이 전개된 후에는 사회정책학회가 시대에 뒤떨어진 존재로서 사회주의자로부터 버림받는 시기가 온다. '사회주의자' 아사오 히사시(麻生久)를 회원으로 받아들이는 것은 사회정책학회의 취지에 반하지 않는가 하는 의문이 제기되어 논쟁이 벌어진 일이 있는데, 이 사건은 결과적으로 사회정책학회가 시대착오적이라는 인상을 심어 주었다. 다이쇼 후기 사회주의 운동이 고양된 가운데 열린 제18차 대회(1924년 12월)를 끝으로 활동을 정지함으로써,

---

58) 河上,『社會主義評論』,『著作集』第1卷, p.33.

사회정책학회는 '노쇠사(老衰死)'를 하게 된다.[59] 그러나 그 사이에 이 학회에서는 초기의 지도자들 밑에서 새로운 세대가 육성되어, 이들이 각자 다른 길을 걷기 시작했다. 다카노 이와사부로 밑에서는 많은 마르크스주의 경제학자가 자랐고, 후쿠다 도쿠조 밑에서는 나카야마 이치로(中山伊知郎)가 성장하여 슘페터(Joseph A. Schumpeter)에게로 간다. 같은 히토쓰바시대학에는 독일에서 돌아와 사회정책학회에서 '가치철학'을 논하여 당당하게 데뷔한 소다 기이치로(左右田喜一郎)도 있었다. 그 외에 이 학회에서 활약한 사람들로서는, 게이오대학의 다카하시 세이이치로(高橋誠一郎), 고이즈미 신조(小泉信三), 호리에 기이치(堀江歸一), 기가 간주(氣賀勘重), 미나베 긴조(三辺金藏) 등이, 와세다의 기타자와 신지로(北沢新次郎), 이토 시게지로(伊藤重治郎), 교토대학의 다지마 긴지, 가와카미 하지메, 가와다 시로(河田嗣郎), 간베 마사오(神戸正雄), 오가와 고타로(小川郷太郎), 요네다 쇼타로(米田庄太郎) 등 많은 인사들이 있다. 이들은 사회정책학회라는 하나의 둥지에서 다양한 영역, 그리고 서로 다른 방법으로 나뉘어 떠나갔다.

---

59) 이 '노쇠사'라는 표현은 大內兵衛 『經濟學五十年』上, 東京大學出版會, 1959년, p.89에서 빌려 왔다. 또 麻生의 입회에 관한 문제 등에 대해서는 같은 책 p.87 이하에 자세히 나와 있다.

제3장 '민중'의 등장과 시민 사회의 자기주장

1. '민중'의 등장

앞 장에서 보았듯이, 19세기 말부터 1910년 무렵까지 '사회'라는 용어는 일반화되었지만, '국가'의 입장에서는 이것을 질서를 혼란시키는 요소로서 주목했을 뿐이며, 이 말을 저항의 상징으로 사용하려는 측에서도 '사회'를 현실적으로 새로운 질서를 형성할 구체적인 주체를 포함하는 것으로서 의식하고 있었던 것은 아니다. 이 주체적 요소는 다이쇼 정변(大正政變)을 계기로 '벌족타파 헌정옹호'의 주체로서 등장한 '민중'에 의해 제시된다.

메이지국가에 의해 위로부터 만들어진 '신민(臣民)'이라는 범주에 대항해서 밑으로부터 '사회'를 형성해 가는 주체로서는 일찍이 도쿠토미 소호가 '평민'을 상정한 바 있다. 그러나 기대가 무너짐

에 따라 그의 평민주의는 변질된다. 이렇게 해서 그는 『다이쇼의 청년과 제국의 앞날(大正の靑年と帝國の前途)』(1916년)의 「서언(緒言)」에서 "안으로는 평민주의를, 밖으로는 제국주의를 행하는데, 황실중심주의로 그 둘을 일괄 통제"하는 것을 이상으로 삼기에 이른다.[1] 소호 자신이 인정하듯, 이러한 입장은 청일전쟁을 계기로 "개인적 평민주의보다 국가적 평민주의가 되고, 자유평화를 추구하는 이상가보다 힘의 복음을 믿는 신자가 되며, 종국에는 제국주의자로서, 동양자치론의 창도자가 되"는 귀결[2]을 잘 표현하는 것이었다.

소호에 의해 변질되어 제국주의적 통합의 대상이 된 '평민'에 대항해서 '평민'에 새로운 의미를 부여하고자 한 것은 '평민사'의 사람들이었다. 1903년 11월 비전론(非戰論)을 주장하여 『만조보(万朝報)』에서 물러난 고토쿠 슈스이, 사카이 도시히코 등은 '평민사'를 결성하여 주간 『평민신문(平民新聞)』을 발간하였다. 여기에 발표한 「선언」에서 "우리는 인류의 자유를 실현하기 위해 평민주의를 지지한다. 따라서 문벌의 높고 낮음, 재산의 많고 적음, 남녀의

---

1) 德富猪一郎, 『大正靑年と帝國の前途』, 民友社, 1916년, 神島二郎 編輯解說, 『近代日本思想大系第八卷德富蘇峰集』, 筑摩書房, 1978년 수록, p.65. 이하의 서술에 대해서는 太田雅夫, 『大正デモクラシ一研究』, 新泉社, 1975년, 특히 제2장「デモクラシ一譯語考」를 참고한 부분이 많다.
2) 蘇峰, 위의 책, 같은 쪽.

차별 등에 의해 만들어지는 계급을 타파하고, 모든 압제와 속박을 제거하고자 한다"고 하고, 이 '평민주의'를 평화주의, 사회주의와 함께 '3대 요강'의 하나로 삼았다. 그러나 이것은 그들 평민사 사람들이 '평민'을 사회변혁의 주체로 상정하고 있었음을 뜻하지는 않는다. 그들이 기대할 수 있었던 것은 바로 '평민주의'라는 대의를 따르는 소수의 뜻있는 사람들이었다. '대역사건'으로 평민사 사람들은 시련을 겪게 되었고, 뜻있는 사람들이 간신히 '매문사(賣文社)'에 살아남게 된다.

그리고 오스기 사카에(大杉榮), 아라하타 간손(荒畑寒村) 등이 1914년 9월에 월간 『평민신문』을 발행했는데, 분명히 이는 평민사의 전통을 이어가려는 의지를 표현한 것이었다. 그러나 '평민'이라는 말은 새로운 의미를 부여받아 사회변혁의 주체로서 널리 인식되기에 이르지는 못했다. 오히려 다이쇼의 새로운 현상으로서, 자생적으로 등장한 존재로서 의식된 것이 '민중'이었다.

메이지천황의 죽음으로 연호가 다이쇼로 바뀌자 사람들은 "왠지 새로운 시대라는 느낌"을 갖게 되었는데, 새로운 시대라는 느낌을 느끼게 한 요소는 바로 '민중적 경향'이었다. 1913년 1월 1일호의 『일본 및 일본인(日本及日本人)』에 마루야마 간도(丸山侃堂, 幹治)가 「민중적 경향과 정당」이라는 논문을 실었는데, 그 가운데서 "우리는 메이지 말에 발흥한 민중적 경향이 다이쇼에 들어 한층 선명한 색채를 띠고 정치상에 나타나는 것을 간과할 수 없다"고 하고, 이 경향에 대한 정치의 대응에 대해 다음과 같이

논했다.[3]

"민중적 경향에 적응하는 정치는 정당내각의 수립을 필연적인 조건으로 하고 관료적 세력의 타파를 필연적인 흐름으로 한다. 본래 민중적 정치는 극단적인 위험 사상에 대한 국가적 안전판이 되므로, 보수와 급진이 무사히 시대적으로 지나가도록 하는 가교가 된다. 민중적 이상을 점진적으로 실현하면, 헌정은 지식인의 인정을 받을 수 있다. 관료의 민정적 타협 같은 것은 도저히 민중적 요구에 맞는 것이 아니며 오히려 불난 집에 부채질을 하게 될 우려가 있다."

1913년(다이쇼 2)에는 아직 '다이쇼유신'이라는 표현밖에 사용하지 않았던 『중앙공론(中央公論)』도[4] 이듬해 4월호에서는 「민중세력에 의해 시국을 해결하려는 풍조를 논한다」라는 특집을 기획하여, 요시노 사쿠조, 우키타 가즈타미, 하야시 기로쿠(林毅陸), 나가이 류타로(永井柳太郎)의 논문을 싣고 있다. 이 특집은 가쓰라(桂)내각을 무너뜨린 1913년의 민중 운동에 이어, 또다시 같은 해 2월에 야마모토 내각의 이른바 '지멘스사건' 혹은 '해군수뢰문제'에 반대하는 민중 운동이 일어난 것을 계기로 마련된 것이었다. 요시노는 이 특집에 실린 「민중적 시위 운동을 논한다」라는 제목의 글

---

3) 이 丸山侃堂의 논문은, 太田雅夫 編, 『資料大正デモクラシー論爭史』上, 新泉社, 1971년, p.203 이하에 수록되어 있다. 또 이 문단의 첫 부분에서 인용부가 붙어 있는 것도 이 丸山 논문의 표현임.

4) 예를 들어 永井柳太郎, 「大正維新の實を擧げよ」, 『中央公論』, 1913년 3월호.

에서 다음과 같이 말한다.[5]

"무릇 민중의 시위 운동은 정계의 폐풍이 심하여 보통 수단으로 는 이를 없애기 어렵기 때문에 불가피하게 일어난 것이다. 이것이 더욱 활발해지면, 한편으로는 정계의 암류(暗流)에서 부침하고 있 는 것에 경종을 울리고, 다른 한편으로는 민중으로 하여금 정치에 더욱 흥미를 갖도록 하므로, 이 점이 헌정 발달에 공헌한다고 생각 한다. 말하자면 이것은 민중의 자각의 결과이며, 동시에 그것을 촉 진하는 원인이다."

그렇다면 당시 '민중'이라는 말로 표현된 구체적인 실체는 무엇 이었을까?[6] 그것은 2개 사단의 증설을 둘러싼 사이온지(西園寺) 내

---

5) 吉野作造, 「民衆的示威運動を論ず」, 『中央公論』, 1914년 4월호, 松尾尊兌 編輯 解說, 『近代日本思想大系第一七卷吉野作造集』, 筑摩書房, 1976년 수록, p.25.

6) 또, '민중'이라는 말은 '민중예술'을 둘러싼 논쟁에서는, 여기서 문제로 삼 고 있는 정치적 영역과는 다른 문맥에서 등장하고 있다. 『早稻田文學』, 1917 년 2월의 「民衆藝術に就て」라는 특집에서 島村抱月은 「民衆藝術としての 演劇」이라는 제목의 글을 통해 "민중이라는 말 속에는 적어도 다수라는 것, 富가 빈약할 것, 지식이 저급할 것, 등이 포함되는 것이 틀림없다"고 말했 다. 이에 대해서는 역시 『早稻田文學』 같은 해 10월호에 大杉榮가 「新しき 世界のための新しき藝術」이라는 글에서 비판을 하고 있다. 그는 이 글에서 "환희와 원기와 理智, 이것이 민중예술의 주된 조건이다"라고 말했다(南博 編, 『大正文化』, 勁草書房, 1965년, pp.107~111). 이로부터 미루어볼 때, '민중'의 양의성, 즉 사회적 하층으로서 비하하는 의미와, 이를 역으로 새 로운 사회적 세력으로 보는 의미 등 양면이 있었다고 할 수 있다.

각의 사직(1912년 12월) 이후 각지에서 열린 대중집회에 모인 사람들이었다. 이들은 1905년의 강화반대 방화사건이나 1906년의 시전(市電) 요금인상반대 시민대회에 모인 사람들과 어느 면에서는 연속성을 지니면서도, 새로운 요소를 내포하고 있었다. 연속성을 지니는 것은, 우선 사회층의 면에서는, 원외단(院外團)에 의해 동원되고, 때로는 그 동원을 넘어서서 '민중적 시위'에 가담한 도시 하층민(인부, 차부, 직인, 직공 등)[7]이며, 의식의 측면에서는 널리 번벌전제(藩閥專制:메이지유신에서 중심적 역할을 한 4개번의 지도자층이 유신 이후 출신 번에 따라 파벌을 만들어 정치권력을 독점한 것—역자주)로 대표되는 '국가'에 대한 부정형의 불신과 불만을 표현하는 사람들이었다. 새로운 요소는, 일시적 · 비일상적으로 불만을 폭발시키는 것이 아니라, 분명하게 이익에 대한 일상적 · 항상적인 요구를 갖고 있는 사회층이었다. 좀더 구체적으로는 러일전쟁 후 상업회의소를 중심으로 급속히 고양된 영업세 폐지 운동에 참가한 상공계층이었다.

다이쇼민주주의는 교순사(交詢社)의 난롯가 담화에서 시작되었다고도 전해지듯,[8] 교순사계로 대표되는 신흥 시민계급이야말로

---

7) 이들이 다이쇼(大正) 후반의 보통선거 운동 당시까지의 대중 운동에서 잡혀 구류된 사람들 가운데서 큰 비중을 차지하고 있었던 점에 대해서는 石田 雄, 『近代日本政治構造の研究』, 未來社, 1956년, p.191 참조.

8) 木堂先生傳記刊行會, 『犬養木堂傳』中, 東洋經濟新報社, 1938년, p.12. 또, 이 점에 대해서는 石田, 위의 책, p.159 참조.

다이쇼민주주의 운동을 지지·추진한 중요한 요소였다. 메이지 14년 정변으로 농상무성을 그만둔 후 입헌개진당에 참가했고 실업계에서도 중요한 위치를 차지한 나카노 부에이(中野武營)가 시부사와 에이이치(澁沢榮一)를 대신해서 도쿄상업회의소 회장이 된 1903년 무렵은, 실업계가 일종의 독자성을 보이기 시작한 전환기이기도 했다. 그 독자성은 다이쇼정변 때 명확한 반정부적 태도를 보일 정도로 성숙했다. 1911년 도쿄에서 열린 제19차 전국상업회의소 대회에서는 최종일인 10월 20일에 내각의 행·재정 정리의 성과를 기대한다는 결의가 이루어졌다.[9] 다음날 협의회에 출석한 나카노 부에이는 전력을 다해 사단 증설 반대 투쟁을 하고, 필요하다면 전국 실업가 임시대회를 개최해서 대대적으로 내각에 요구를 하자고 연설했다. 그러자 이에 호응하여 각지의 회의소에서도 운동이 전개되었다.

반세(反稅)라는 일상적인 경제적 이익과 관련된 이 운동은 '벌족 타파 헌정옹호' 라는 적극적인 슬로건과 연결되어, 당시 영향력이 증대한 신문, 잡지로 대표되는 여론의 지지를 받았다. 이제는 더 이상 이를 '정치' 의 세계에 편입시켜 일시적인 질서문란 요인이라고 호도할 수는 없게 되었다. 즉 그 동안 '국가' 의 중추적 역할을 해 왔던 '벌족' 으로서도 이제는 '초연주의' 의 입장에서 이를 무시하거나 억압할 수는 없으며, 스스로도 정당을 형성하여 이 같은 운동의

---

9) 山本四郎,「大正政變」,『岩波講座日本歷史』, 現代 1, 岩波書店, 1963년,
   p.267.

요소를 늘 자신의 편으로 끌어들일 필요가 있다고 느끼게 되었다.

주목해야 할 것은, 반대 운동측의 입장에서 볼 때 이것은 1905년의 히비야(日比谷) 방화사건과 같은 일시적 폭발이 아니라 영속적이고 나름대로의 질서형성력을 가진 것이었다는 점이다. 본래 의기투합되는 상대로서 완전히 정치의 세계에 편입되었던 '정우회(政友會)'라는 주체가, 이 운동의 압력 때문에 가쓰라와 타협하지 못한 것도 바로 그 때문이다. 사이온지 긴모치(西園寺公望) 총재에 대한 불신임안을 철회하라는 '정쟁완화의 우정'(優諚: 천황의 말―역자주)도, 이전 같으면 최후의 결정에 영향을 끼쳤겠지만, 이번에는 사이온지의 총재직 사임을 불가피하게 만들었을 뿐, 정우회와의 타협을 끌어내지는 못했다. 도리어 "옥좌를 방패로, 조칙을 탄환으로 해서 정적을 저격하려 하는"(오자키 유키오〈尾崎行雄〉의 비판) 가쓰라의 방식은 여론의 맹공격을 받았다.

분명히 이 운동은 가쓰라 내각을 무너뜨리기에는 충분한 힘을 발휘했지만, 스스로 내각을 창출할 수 있을 만큼 질서를 창출할 힘은 없었다. 따라서 가쓰라 다로를 대신하여 야마모토 곤노효에(山本權兵衛)로, 바꾸어 말하자면, 조슈로부터 사쓰마로, 육군으로부터 해군으로 지도부를 바꾸는 정도에서 그쳤다. 하기는, 그 후 곧 지멘스 사건으로 야마모토 내각 또한 똑같은 민중 운동의 대상이 되었지만.

메이지 '국가'의 식산흥업 정책에 따라 부국강병이라는 국가 목적을 위해 급속히 추진된 일본의 공업화는, 정경유착적 특혜 자본을 살찌운 한편, 상업회의소에 결집된 많은 상공업자를 배출했다.

그리고, 이들 비특권 부르주아는 우선 세금 문제를 통해 '국가'에 요구를 했고, 필요한 경우에는 저항까지 하게 되었다. 즉, 그들은 '국가' 정책에 의해 육성되었으면서도, 이제는 '시민 사회'의 주체로서 그 독자성을 '국가'에 대해 주장하기 시작한 것이다.

메이지 말기에서 다이쇼에 이르기까지의 이러한 변화는, 사상계 전반의 동향과도 조응하는 것이었다. 당시 사상계는 '사회소설'과 자연주의문학의 시대, 그리고 회의와 번민의 시대로부터 "사상계에 그 기상을 드높인" 『백화(白樺)』(1910년 창간)나 『근대사상(近代思想)』(오스기 사카에, 아라하타 간손 등이 1912년 창간)의 시대로 변화되고 있었다. '자아'가 전개되는 시대의 개막은 오스기의 「생의 창조(生の創造)」(1914년 『근대사상』), 다나카 오도(田中王堂)의 『해방의 신조(解放の信條)』(1914년), 또는 도모나가 산주로(朝永三十郎) 『근대 我의 자각사(近代における我の自覺史)』(1916년) 등으로 상징된다.

그러나 동시에 1917년에 가와카미 하지메의 명저 『가난이야기(貧乏物語)』가 많은 독자들의 관심을 끌고, 1919년부터 가와카미의 개인 잡지 『사회문제연구(社會問題硏究)』가 발간되었다는 것은, 일본에서 '시민 사회'의 성숙이 그 모순의 심화와 함께 진행되었음을 시사한다. 가와카미의 『사회문제연구』에서 '사회문제'는, 메이지 후기와 달리 더 이상 국가질서로부터 벗어난 잉여 부분으로 치부해 버릴 수 없는 것, 즉 성숙되어 가는 '시민 사회'에 구조적으로 내재하는 문제로서의 '사회문제'였다. 다음 절에서는 이 같은 특수

한 형태로 발전한 사회 속에서의 지식인 집단의 형성을 살펴보기
로 한다.

2. 지식인의 집단 형성—여명회(黎明會)를 중심으로—

다이쇼데모크라시기에 지적 활동과 정치·사회운동을 매개한
것으로서 언론기관 및 이와 연결된 집단 형성이 지닌 의미는 대단
히 크다. 메이지에서 다이쇼로 연호가 바뀐 직후에 일어난 '다이쇼
정변' 때의 헌정 옹호 운동에서 '정론(政論)기자'가 수행한 역할에
대해서는, 도리이 데루오(鳥居赫雄, 素川) 편집국장 밑에 강력한 논
설기자진을 갖춘 『오사카아사히신문(大阪朝日新聞)』의 활약을 상
기하는 것만으로도 쉽게 이해할 수가 있다. 호헌 운동에서 서쪽의
『오사카아사히(大阪朝日)』는 동쪽의 『중앙공론』과 더불어 언론의
중심을 이루었다. 동쪽의 『중앙공론』에 실린 요시노 사쿠조의 논문
에 필적하는 것이 서쪽의 『오사카아사히』에 1916년 1월 1일부터 19
일까지 18회에 걸쳐 연재된 사사키 소이치(佐々木惣一)의 「입헌 비
입헌(立憲非立憲)」이라는 긴 논문이다.

그러나 1918년의 '필화사건'으로 『오사카아사히』의 성격은 크게
변화되었다. 쌀소동(1918년 쌀값 등귀로 인해 일어난 민중 폭동. 7~9
월에 걸쳐 전국적으로 발전했음—역자주)이 한창이던 1918년 8월 25
일 오사카에서 개최된 관서신문통신사대회에서 86사를 대표하는

166명의 기자가 쌀소동 보도기사를 탄압하는 데라우치(寺內) 내각을 공격했다. 이 모습을 전한 그날 『오사카아사히』석간 기사의 "흰 무지개가 해를 꿰뚫다(白虹日を貫く: 과거 중국에서 나라에 병란이 일어날 징조로 간주했던 하늘의 모습 혹은 상태―역자주)"라는 표현이 우익으로부터 공격을 받아, 집필 기자 오니시 도시오(大西利夫)와 신문 서명인 야마구치 노부오(山口信雄)가 기소되었다. 또한 사장 무라야마 류헤이(村山龍平)가 우익의 폭행 협박을 받아 사임했고, 편집국장 도리이 데루오(鳥居赫雄)를 비롯하여 하세가와 만지로(長谷川万次郎, 如是閑), 오야마 이쿠오(大山郁夫), 마루야마 간지(丸山幹治), 하나다 다이고로(花田大五郎) 등이 신문사를 그만두었다.

『오사카아사히』는 1915년에 25만 부, 1919년에 50만 부로 발행 부수가 증가했고, 그 후에도 부수가 늘어났으나, 이것은 이미 정론적인 성격이 약화된 상업신문으로서의 발전이었다. 1924년 요시노 사쿠조가 추밀원을 비판하는 논설(「樞部와 내각」3월 28일~4월 3일)과 메이지헌법 제정의 내막을 폭로한 강연(「현대 정국의 사적 배경」2월 25일, 고베청년회관) 때문에 입사 직후 퇴사하지 않을 수 없게 된 것은 『오사카아사히』의 성격변화와 관계가 있는 것으로 생각된다.

『오사카아사히』를 퇴사한 도리이, 마루야마, 하나다 등은 오사카에서 1919년 11월 『다이쇼일일신문(大正日日新聞)』을 발간하여 민주주의사상의 보급에 힘썼으나, 신문이 정론을 주도하는 시대는 이미 지나간 듯했다. 신문을 대신해서 지식인들 사이에 영향력이 커진 것은 잡지로서, 다키타 조인(瀧田樗蔭, 哲太郎)의 편집에 의해 많은 주목할 만한 논문을 실은『中央公論』, 메이지 후기부터 계속 주요한 종합잡지였던 우키타 가즈타미 주필의『태양(太陽)』, 그리고 경제에 역점을 둔 미우라 데쓰타로(三浦鉄太郎)가 주간의『동양경제신보』, 유니테리언을 중심으로 하는『육합잡지(六合雜誌)』, 에비나 단조(海老名彈正)가 주재한『신인(新人)』등이 있었다. 나아가 1919년부터는 가와카미 하지메의『사회문제연구』(社會問題研究)『오사카아사히(大阪朝日)』퇴사 그룹인 하세가와, 오야마 등의『우리(我等)』, 신인회 기관지『데모크라시(デモクラシイ)』, 야마모토 사네히코(山本實彦) 사장의『개조(改造)』, 사카이 도시히코, 야마카와 히토시(山川均)의『사회주의연구(社會主義研究)』, 후쿠다 도쿠조를 고문으로 한『해방(解放)』등이 나왔다.

『중앙공론』,『개조』등은 시대사조를 민감하게 반영하는 것이었지만 어디까지나 상업출판으로서 종합잡지였던 데 비해,『우리』는 '언론의 자유', '집회결사의 자유' 및 '보통선거의 결행'을 '3대 목표'로 한 정론지(政論誌)였으며,『데모크라시』같은 조직의 기관지는 아니었지만 지식인의 집단화와 관련이 있었다.

또 이 시기『국민강단(國民講壇)』(1915년 6월 15일부터 9월 1일까지 6호 간행. 요시노, 사사키 소이치, 나카자와 린센〈中澤臨川〉, 이치노헤 나오조〈一戶直藏〉등 4명이 주간)과『대학평론(大學評論)』(1917년 1월 창간. 1920년 7월 말까지)의 잇단 간행도 주목할 만한 현상이다.

전자는 요시노 사쿠조의 '유니버시티 익스텐션'이라는 발상에 의한 것이고, 후자도 호시지마 지로(星島二郎)가 대학의 보급을 목표로 간행한 것이다.[10] 강의록 『국민강단』을 발행한 '대학보급회'는, 우선 '개방된 자유국민대학'(누구라도 들어갈 수 있다!)이라는 점을 내세웠고,[11] 『대학평론』은 표지에 '사회는 대학의 연쇄'라는 부제를 붙였다.[12] 단, 양자의 차이는 '대학보급회'가 교수, 기술자 등 이른바 완성된 지식인들로 구성된 데 반해, '대학평론사'는 중심인물인 호시지마 지로 자신이 당시 도쿄대학 법과생으로서 학생들로 이루어진 조직이었던 점이다. 어떤 의미에서 후자는 나중에 결성되는 신인회(新人會), 건설자동맹(建設者同盟) 등에서 볼 수 있는 학생들의 지적 집단화의 선구라 할 수 있다.[13]

이상과 같이 지적 세계에서 출판활동과 연계되는 형태로 나타난 집단화는, 횡적으로는 대학이나 전문 영역, 이데올로기를 넘어선 연대, 종적으로는 대중으로의 침투라는 두 방향으로 확산되고 있었다. 신인회의 기관지가 『데모크라시』(1919년 3월부터 12월까지 8호), 『선구(先驅)』(1920년 2월부터 8월까지 7호), 『동포(同胞)』(1920년

---

10) 『國民講壇』및 『大學評論』에 대해서는 太田雅夫, 『大正デモクラシ─研究』第2部, 第1章 및 第2章에 의함.

11) 위의 책, p.181.

12) 위의 책, p.204.

13) 뒤에서도 말할 '新人會'에 대해서는 石堂淸倫・堅山利忠 編, 『東京帝大新人會の記錄』, 經濟往來社, 1976년; H.スミス, 松尾尊兌(외) 譯, 『新人會の研究』, 東京大學出版會, 1978년 참조.

10월부터 1921년 5월까지 8호), 『인민』(ナロドオ, 1921년 7월부터 1922년 4월까지 9호) 등으로 이름을 바꾸어 간 데서 알 수 있듯이, 즉 대중에의 침투를 지향하는 방향은 점차 강화되고 급진화되어, 횡적인 확산과 모순되고, 충돌하게 되었다. 그러나 그런 모순, 충돌이 결정적이 된 것은 주로 그 다음 시대, 즉 '계급'이 주요한 쟁점이 되는 시대에 이르러서이다. 이 시기에는 아직 두 방향이 상호 보완적인 관계에 있는 것으로 간주되고 있었다. 그리고 대학교수들의 통일전선이라고도 할 수 있는 여명회(黎明會)는 이 시기에 가장 주목되는 집단이다. 이제 여명회를 중심으로 고찰해 보기로 하자.

요시노 사쿠조는 1918년 『중앙공론』 11월호에 「언론자유에 대한 사회적 압박을 배척한다(言論自由の社會的壓迫を排す)」라는 논문을 발표하여, 낭인회(浪人會: 1908년에 조직된 우익단체―역자주)계의 황국청년회(皇國青年會) 사람들이 『오사카아사히』의 무라야마 사장을 폭행한 것을 비판했다. 이에 대해 낭인회로부터 항의가 들어오자, 요시노는 공개토론회를 제안했다. 이렇게 해서 11월 23일 간다(神田)의 난메이(南明)클럽에서 요시노와 낭인회의 대결 공개토론회가 열려, 요시노의 이론적 승리로 끝났다. 며칠 후 요시노는 애제자인 아사오 히사시를 통해 당시 언론계에서 활약하고 있던 도쿄고등상업학교(현 히토쓰바시대학) 교수 후쿠다 도쿠조를 만났고, 이어서 12월 4일 학사회관에서 요시노, 후쿠다, 이마이 요시유키(今井嘉行, 변호사), 아사오, 나카메 나오요시(中目尚義) 등 7명이 모여 모임을 만들고 대강 3칙을 정했다. 그리고 미야케 유지로

(三宅雄二郎, 雪嶺), 소다 기이치로, 아베 히데스케(阿部秀助), 다카하시 세이이치로(高橋誠一郎), 우라베 모모타로(占部百太郎), 다나카 스이이치로(田中粹一郎), 기무라 규이치(木村久一), 니토베 이나조(新渡戶稻造), 아네자키 마사하루(姉崎正治), 와타나베 데쓰조(渡辺鉄藏), 모리토 다쓰오(森戶辰男) 등에게 입회 권유장을 보냈다. 이중 아네자키를 제외한 모두가 입회를 승낙하여 12월 22일 여명회의 창립회를 개최하게 되었다.[14] 대강 3칙은 다음과 같다.[15]

1. 일본의 국본(國本)을 학리적으로 천명하고, 세계 인문의 발달에 일본의 사명을 발휘할 것.

2. 세계의 대세에 역행하는 위험한 완명(頑冥) 사상을 복멸할 것.

3. 전후 세계의 새로운 추세에 순응하고, 국민생활의 안정과 충실을 촉진시킬 것.

12월 23일의 창립회에서는 이 3칙을 승인하고, 매월 한 번씩 강연회를 개최하여 이를 팸플릿으로 만들어 발매할 것 등을 정했다. 제1회 강연회는 1919년 1월 18일에 열렸는데 청강료 10전을 받았음에도 불구하고 강연회장이 가득 찼고, 2월 26일의 제2회 강연회

---

14) 黎明會의 창립에 대해서는 「黎明會記錄」, 『黎明講演集』 第4輯, 大鐙閣, 1919년, p.67 이하(합본판, 전체 쪽수 p.363 이하) 참조; 또 住谷悅治(외) 編, 『講座日本社會思想史 第二卷 大正デモクラシーの思想』, 芳賀書店, 1967년, p.124 이하에도 이 「黎明會記錄」이 수록되어 있다.

15) 위의 『黎明講演集』第1輯, 1919년 3월, 속표지.

때는 1천 7백 명의 청중이 모여들었다. 5월 4일의 오사카마이니치 신문사 주최 강연회는 청중이 5천 명에 이르러 더 이상 청중을 받지 못할 정도였다.[16]

창립 후 몇 개월 사이에 회원은 43명에 달했는데, 입회 인정 여부는 회원 전체의 투표에 의해 결정하는 엄격한 절차를 정해, '소수의 견실한 회원'을 유지하는 데 힘썼다. 『여명회강연집(黎明會講演集)』제1집의「잡기(雜記)」에서 "여명회 조직이 한 번 신문지상에 보도되자 반향이 아주 커서, 전국 각지로부터 지부의 설치를 희망하거나 회원이 되어 운동에 참가하겠다고 신청하는 열성적인 사람들이 적지 않았다" 쓰고, 그러나 "당분간 현재와 같이 소수의 그러나 견실한 회원 조직을 유지하는 데 머물러 회원 한 사람 한 사람이 운동가로서 활동하는 것으로 뜻을 정하고 있다"라고 여명회의 입장을 적고 있다. 나아가 "여명회 회원은 각자 붓이 주어진 한 힘을 발휘하여 "사상은 사상에 의해서만 대결하고, 언론은 언론에 의해서만 대결해야 한다"라는 신조에 입각하여, 하나같이 오로지 언론에 의해서만 애국적 선전을 속행하고, 국가를 위험하게 할 우려가 있는 위험하고 완고하며 사리에 어두운 모든 사상에 도전하여 이를 이길 때까지 멈추지 않을 것을 꾀한다"라고 그 결의를 표명하였다.[17] 소수정예주의의 이 조직은 1920년 해산할 때의 회원수가

---

16) 앞의 책, 第1輯, p.108, 第2輯, p.87(통권, p.195). 이하 黎明會의 활동에 대해서는 『黎明講演集』 각집 권말의 기사 참조.

17) 앞의 책, 第1輯, p.106.

42명이었다. 또한 하세가와 뇨제칸을 입회시키자는 제안이 있었으나, 연구자가 아니라 신문기자라는 이유로 받아들이지 않았을 만큼 엄선주의를 취하고 있었다. 그래서 뇨제칸은 여명회를 '교수 데모크라시'라고 비꼬았다고 한다.[18]

사람 수는 한정되어 있었지만, 미리 입회 권유를 받은 사람들 외에 처음부터 회원이 된 사람으로는 호즈미 시게토(穗積重遠), 도모나가 산주로(朝永三十郎), 오바 가게아키(大庭景秋, 柯公), 오야마 이쿠오, 오시마 마사노리(大島正德), 다키다 데쓰로, 고라이 긴조(五來欣造) 등이 있으며, 나중에 가입한 사람으로는 구와키 겐요쿠(桑木嚴翼), 가와이 데이이치(川合貞一), 미나베 긴조, 오코우치 마사토시(大河內正敏), 우치가사키 사쿠사부로(內ヶ崎作三郎, 제4차 예회에서 승인) 등이 있다. 여명회는 도쿄제대의 틀을 넘어서 도쿄고상이나 양대 사학인 와세다, 게이오의 교수도 포함시켰을 뿐 아니라, 세쓰레이와 같은 언론인이나 다키다와 같은 편집자도 포함하고 있었다. 어쨌든 여명회는 당시 최고의 지식인으로 간주되고 있었던 사람들을 '대강 3칙'이라는 극히 느슨한 원칙에 의해 통일전선으로 결집시키려 한 것이었다. 단 거기에는 제1차 세계대전 후 세계의 새로운 추세에 순응하고자 하는 낙관적인 분위기가 있었던 것도 부정할 수 없다. 처음에 모임가입을 권유하기 위해 보낸 권유장에는 다음과 같은 내용이 있다.[19]

---

18) 住谷悅治(외) 編, 앞의 『大正デモクラシーの思想』, p.149.
19) 『黎明講演集』 第4輯 수록, 「黎明會記錄」, 同輯, pp.67～68, 통권

"세계대전도 드디어 종결되어 가니 경하, 축하합니다. 말씀드릴 필요도 없이 이번 전쟁은 전제주의, 보수주의, 군국주의에 대한 자유주의, 진보주의, 민본주의의 전쟁으로서, 향후 전 세계의 국민들은 이 빛나는 전쟁의 승리와 평화로 인해 처음으로 진정한 문명 생활에 들어갈 희망을 가질 수 있게 되었습니다.

이 희망에 찬, 그러나 동시에 여러 가지 위험을 내포한 강화 시기에, 우리 사회의 일부에는 위험하게도 오히려 이 세계적 대세에 역행하는 보수적이고 완고한 전제주의 찬미자, 군국주의의 신봉자가 있어, 다수 국민이 절실히 요구하는 언론 사상의 자유를 멸시하고, 감히 불합리하고 불법적인 압박을 가하려 하는 징후가 뚜렷하니 이는, 여러분께서 간과할 수 없는 일이리라고 생각합니다."(이하 생략)

세계의 대세에 순응한다는 이 같은 낙관주의적 경향은, 1918년 (다이쇼 7) 12월에 결성된 도쿄대학의 신인회나 이듬해인 1919년 2월에 결성된 와세다대학 민인(民人)동맹회에도 공통적으로 나타나고 있다. 신인회는 "세계의 문화적 대세인 인류 해방의 새로운 기

pp.363~364. 또 第1回 강연회 때 청중에게 배포된 인쇄물에서 모임의 취지를 설명할 때에도, 표현은 다르지만, 여기서 인용한 것과 거의 같은 논지를 반복하고 있다. 이 인쇄물의 내용은 『講演集』第1輯, pp.107~108에 수록되어 있다.

운에 협조"하면서 "현대 일본의 합리적 개조 운동"을 펼 것을 지향하였으며, 민인동맹회는 "새로운 시대의 흐름은 국민의식이 높아지고 계급의식이 고조됨으로 말미암아, 불가항력으로 일체의 민주주의화로 나아가고 있다"면서 "민주주의를 보급하고 이를 철저히 함으로써 신시대의 진두에 설" 것을 목표로 하였다.[20] 아사오는 회고소설 『여명(黎明)』에서 『데모크라시』제2호가 발매 금지된 것은 전혀 예상 밖이었다고 술회하고 있는데, 그것도 이 같은 낙관주의에 기인하는 것이었다.

여명회에는 이러한 젊은이들의 낙관주의적 태도와 공통된 요소도 있었고, 그로 인해 안이한 전망을 하는 측면도 있었다. 그러나 『강연집』제5집에 마키노 에이이치(牧野英一)의 「치안경찰법 제17조」라는 비판적 강연을 수록하고, 제6집을 조선 문제 특집으로 해서 요시노 사쿠조의 「조선통치의 개혁에 관한 최소한의 4가지 요구」외에 다섯 편의 강연을 싣고 있는 것은,[21] 여명회가 극히 느슨한 원칙의 범위 내에서 가능한 한 정부를 비판하려고 했음을 보여준다.

---

20) 住谷(외) 編, 앞의 책, p.123.
21) 吉野가 말한 「조선 통치의 개혁에 관한 최소한도의 요구」는 그 자신의 요약에 의하면, "(1) 조선인에 대해 차별적 대우를 철폐하라는 것. (2) 무인정치를 그만두라는 것. (3) 통치의 방침으로서 동화정책을 버리고 (4) 언론의 자유를 부여할 것"이었다. 『黎明講演集』第6輯, p.41, 합본 전체 쪽수, p.541.

여명회는 다이쇼자유주의자, 다이쇼민주주의자들이 민주주의를 옹호하기 위한 자발적 계몽단체로서 발족시켰고, 강연 및 그 내용의 출판을 통해 큰 영향력을 지녔으나, 1년 넘게 활동한 후 소멸했다. 그것은 사회정책학회가 사회주의를 둘러싼 대립으로 활동을 중지한 것보다도 빨랐다. 그러나 이 두 단체 소멸의 배후에는 아마도 같은 지적 상황의 변화, 즉 계급의 의식화와 사회주의를 둘러싼 지적 세계의 내부 변화가, 정도의 차는 있지만, 영향을 끼치고 있었던 것으로 생각된다. 이 새로운 상황에 대해서는 다음 장에서 논할 것이나, 그에 앞서 다이쇼시대의 학문의 방법적 특질을 살펴보기로 하자.

3. 다이쇼민주주의와 사회 이론의 방법

20세기에 들어서면서 도쿄대학(법과)에도 대학교수를 전업으로 하는 학자가 탄생하기 시작했다는 것은 앞에서 언급했다. 이 같은 경향의 연장선상에서, 제1절에서 고찰한 사회적 변화를 배경으로 하여 법학적 사고가 독자적으로 전개된다. 이를 보여 주는 획기적인 사건이 1912년부터 전개된 미노베 다쓰키치, 우에스기 신키치 두 교수의 헌법론을 둘러싼 논쟁이다. 이 논쟁의 전말은 호시지마 지로(星島二郞) 편 『우에스기 박사 대 미노베 박사 최근헌법론(上杉博士對美濃部博士 最近憲法論)』이라는 약 5백 쪽에 달하는 논쟁집에 정리되어 있다.[22] 여기서는 상세한 점은 생략하고, 그 방법적 의의를 중심으로 살펴보겠다.

미노베는 대일본제국헌법에 내포되어 있는 세습적 요소 때문에 종래의 헌법론에 비법학적인 '국체론'이 끼어드는 경향을 비판하고, 일단 법학 이론에서 '국체론'을 배제함으로써, 법 이론으로서의 일관성을 확립하고자 하였다. 논쟁 때 우에스기가 공격 대상으로 삼은 『헌법강화(憲法講和)』(1912)의 내용을 미노베 자신이 요약하고 있는 다음 문장은, 그의 법 이론의 골자를 간단명료하게 보여 준다.[23]

"1. 국가는 하나의 단체로서 법률상의 인격을 지니는 존재이다.

2. 통치권은 이 단체적 인격자인 국가에 속하는 권리이다.

3. 국가는 단체적 인격자(법인)이기 때문에 모든 단체와 같이 항상 기관으로서 활동하며, 국가의 활동은 즉 국가기관의 활동이다.

4. 국가기관의 조직은 국가에 따라 많은 차이가 있다. 그 차이에 따라 정체가 구별된다.

5. 국가기관 중에는 반드시 하나의 최고기관이 있다. 통상 주권자라는 것은 정확하게 말하자면 곧 최고기관을 뜻하는 것으로, 이 최고기관의 조직 여하에 따라 군주국과 공화국의 차이가 생긴다.

6. 군주국, 공화국, 입헌국, 전제국, 봉건국 등의 구별은 모두 정체의 구별이다. 하나를 국체의 구별이라 하고, 하나를 정체의 구별

---

22) 星島二郎 編, 『上杉博士對美濃部博士 最近憲法論』, 實業之日本社, 1914년.

23) 美濃部達吉, 「國家及政體論」, 『國家學會雜誌』 第26卷 8~10號, 星島 編, 앞의 책에 수록, pp.371~372.

이라 하여, 완전히 종류가 다른 것으로 보는 것은 학문상 정당하지 않다.

7. 군주국에서도 군주는 자기의 권리로서 통치권을 갖지 않는다. 군주는 국가의 최고기관으로서 국가의 통치권을 총람하며, 통치권을 실현하고 행사하는 최고의 권력은 본래 군주에게 속하지만 그 권력은 군주가 자기의 권리로서 향유하는 것이 아니다. 권리의 주체는 군주가 아니라 국가이다."

여기서 분명히 드러나듯, 미노베는 국가에 관한 법학적 일반 이론에 의거하여 입헌군주제로서 일본의 정체를 자리매김하고자 하였다. 그것은 동시에, 일본 국체의 특수성을 주장하여 헌법론을 법학의 일반 이론의 외부로 끌어내리려고 했던 우에스기에 대한 비판이었다.

미노베는 "공통의 요소가 없다면 '입헌제도'라는 보통명사는 생겨날 리가 없다. '입헌제도'라는 보통명사가 있는 이상은, 어느 정도까지는 각국 공통의 존재라는 것을 전제로 한 것이다 … 일본의 헌법을 논하는 경우에도, 일본이 입헌제도를 채용한 이상 어느 정도까지는 외국의 입헌제도와 동일한 이론으로써 설명하는 것은 당연한 일이며, 일본 특유의 헌정은 있을 수 없다"라고 말한다.[24] 그리고 이런 입장에서 우에스기를 보면, "전문 학자로서 헌

---

24) 美濃部,「近時の政界における憲法問題」(憲政研究會における講話), 星島

법 문제를 논하는 사람들 사이에서조차, 항상 말이 국체로 돌아가 오로지 전제적인 사상을 고취하고 국민의 권리를 억압하여 절대 복종을 요구함으로써, 입헌정치라는 허상 하에 실은 전제정치를 하려는 주장을 종종 듣는다"라는 비판을 하게 되는 것이다.[25]

이 인용문을 통해서도 드러나듯이, 미노베의 설은 국가법인설이라는 일관성이 있다. 그리고 이 방법에 의하여 밝혀진 '입헌제도' 의 법 원리를 보편적인 것으로 인정함으로써 법에 의한 권력의 제한이라는 근대 입헌주의의 원칙을 일본에서도 주장할 수 있게 되었다.

미노베가 국체론에서 법 이론을 해방시킴으로써 법 이론의 자립성과 일관성을 확립한 데서 일본 사회과학의 의의를 찾는다면, 요시노 사쿠조의 공헌은 '주권의 운용' 이라는 개념을 도출하고, 그에 초점을 맞춤으로써 법률학으로부터 독립된 정치 이론의 영역을 확립하려고 한 점에서 찾을 수 있다. 헤겔 국가론으로부터 연구를 시작한 요시노의 첫 저서는 『헤겔 법률철학의 기초(ヘーゲル法律哲學の基礎)』(有斐閣, 1905)인데, 이때만 해도 아직 국가유기체설의 영향을 받고 있어 국가와 사회의 구별이 명확하지는 않았다. 그는 헤겔의 업적을 "개인의 생활은 본래 사회국가를 떠나서 존재하지 않는다"는 것을 밝혀 "유기체로서 국가를 고찰해야 한다는 것을 창

編, 앞의 책에 수록, pp.207~208.

25) 美濃部, 『憲法講話』, 序文, 星島 編, 앞의 책에 수록, p.14.

도"하는 데 있다고 보았다.[26] 또 같은 해『신인』에 쓴「기시타 나오에 군에게 답한다」라는 논문에서도 그는 "우리의 소위 '국가'는 일국 민족의 단체를 말한다…우리는 국가(즉 사회)를 떠나서 하루도 생존할 수 없다"고 '국가'와 '사회'라는 두 용어를 전혀 구별 없이 사용하고 있다.

그 후 요시노는 법률학으로부터 독립된 정치학의 수립이라는 오노즈카의 노선을 이어받아『국가학회잡지』(1905년 4월호)에「'국가위력'과 '주권' 관념에 대해」라는 논문을 발표하여, 법학상의 '주권'과 구별되는 '국가위력'을 정치학의 대상으로 삼고자 했다. 즉 '주권'이란 "각 개인이 국가적 행동을 명령할 수 있는 힘"이며 이것은 "법률학적으로 논의되어야 할 관념"이지만, 그에 대해 '국가위력'이란 "각 개인을 통제, 지도하여, 그들로 하여금 스스로 원해서 행동하도록 만드는 것"으로서, 이것이야말로 "국가학 · 정치학 혹은 사회학적으로 논의되어야 할 관념"이라고 주장했다.[27]

이러한 주권과 국가위력의 구별이라는 연장선상에서 구상된 것이 '주권의 소재'와 '주권 운용'의 구별이다. 즉,『중앙공론』(1916

---

26) 이하 吉野의 국가론에 대해서는 飯田泰三,「吉野作造―"ナショナルデモクラット"と『社會の發見』―」, 小松茂夫 · 田中浩 編,『日本の國家思想』下, 青木書店, 1980년에 의거한 곳이 많다. 이 부분의 인용은 같은 책 p.11에 의함. 또 헤겔 자신의 법철학에서는 '시민 사회'와 '국가'는 명료하게 구별되어 있으나, 일본에서의 헤겔 해석에서는 종종 이 측면이 간과되고 있다.

27) 吉野作造,「『國家威力』と『主權』との觀念に就て」,『國家學會雜誌』第19卷 4號(통권 218호), 1905년 4월, p.134.

년 1월호)에 쓴 너무도 유명한 논문 「헌정의 본의를 말하여 그 유종의 미를 거둘 길을 논한다」에서, 요시노는 "국가의 주권은 법리상 인민에 있다"는 의미에서의 데모크라시가 '주권의 소재'를 문제로 삼는 데 대해, '국가의 주권 활동의 기본 목표는 정치상 인민에 있어야 한다'는 것이 '주권 운용'에 관한 데모크라시로서, 양자는 구별되어야 하며, 번역어도 전자를 '민주주의', 후자를 '민본주의'로 구분해야 한다고 주장했다.[28] 이 같은 구별을 전제로 해서 '주권의 소재'를 당분간 분석 과제로부터 제외함으로써 미노베가 국체론을 법학의 세계에서 배제한 것과 비슷한 효과를 갖게 되었다. 그것이 데모크라시에 대한 국체론자와 군주주권론자의 공격으로부터 자신의 이론을 지키는 실제적인 효과를 본 것은 사실이나, 이 책의 과제인 사회과학의 발전이라는 관점에서 보면, 그보다도 대상 영역을 명확히 함으로써 보편적 이론을 일본에 적용할 때 논리적 일관성을 높일 수 있었던 점에 주목해야 할 것이다. 미노베가 법 이론에서 입헌제의 보편적 의미를 발견한 것과 마찬가지로, 요시노는 정치 영역에서 "근대국가들의 입헌정치에는 하나의 공통된 정신적 근거가 존재한다는 것은 이론의 여지가 없다"고 하고, 그것을 '민본주의'에서 찾고 있다.[29]

이 같은 요시노의 민본주의론에는 여러 입장에서 비판이 제기

---

28) 吉野,「憲政の本義を說いて其有終の美を濟すの途を論ず」, 『中央公論』, 1916년 1월號, 松尾尊兌 編, 『吉野作造集』수록, p.69.

29) 吉野, 앞의 논문, 松尾 編, 위의 책, pp.67～68.

되었다. 그중 하나는 가야하라 가잔(茅原華山)의 비판으로, 그는 「데모크라시를 구분해서 쓴 요시노 박사(デモクラシイを使ひ分けたる吉野博士)」(『洪水以後』, 1916년 2월 1일호)에서 데모크라시라는 서구어를 민주주의와 민본주의로 구분해서 번역한 데 대해 의문을 표시했다.[30] 그러나 더욱 신랄한 비판은 사회주의자 야마카와 히토시에 의해 제기되었다. 그는 「요시노 박사 및 기타 교수의 민본주의를 비판한다―데모크라시의 번민―(吉野博士及北教授の民本主義を難ず―デモクラシ-の煩悶―)」(『新日本』, 1918년 4월호)에서,[31] "요시노 박사는 소위 민본주의의 요새를 적의 습격으로부터 방어하기 위해, 우선 민주주의와의 사이에 철조망을 쳤다"고 하여, 민주주의가 압박을 받은 결과 민본주의로 후퇴한 것이라 분석하고, 결국은 "현행 헌법을 영구 기정사실로 하여 거기서부터 출발"하는 것이라고 그 계급성을 지적하였다. 그리고 "계급투쟁을 수반하지 않는 데모크라시는 단지 '과학적 정치학자'의 해부대 위에만 있는 것"이라고 규정했다.

그러나 전술한 바와 같이 민본주의를 민주주의와 구별한 것은

---

30) 茅原華山, 「デモクラシーを使い分けたる吉野博士」, 『洪水以後』, 1916년 2월 1일호. 전문이 太田雅夫, 『資料大正デモクラシ―論爭史』 上, 新泉社, 1971년, pp.320~323에 수록되어 있음.

31) 山川均, 「吉野博士及北教授の民本主義を難ず」, 『新日本』, 1918년 4월호. 뒤에 山川均, 『社會主義の立場から』, 三田書房, 1919년에 수록. 이 논문도 전문 太田 編, 위의 책, 下, 1971년, pp.174~192에 수록되어 있음.

적의 공격을 회피하는 수단이었을 뿐 아니라, 일정한 영역에서 민주정치론의 보편성을 주장하기 위한 유리한 조건이 되었다. 그리고 야마카와의 비유를 사용한다면 이 '철조망으로 구별된 곳'에서 보통선거를 요구하고 귀족원, 추밀원을 비판하는 것도 가능했던 것이다.

또, 가야하라는 '같은 단어를 편의적으로 다르게 썼다'고 비판했지만, 민주주의와 민본주의 개념을 유효하게 구분함으로써 그 범위에서 보편타당성을 확립하려 한 적극적인 면이 있었음을 간과해서는 안 될 것이다. 요시노가 하나의 개념을 보편적으로 적용한 예로서, '인종평등'이라는 개념을 일본 자신에게 적용함으로써 조선통치를 비판한 경우도 있다. 파리평화회의에서 일본대표가 「인종평등결의안」을 제출한 것과 관련해서 요시노는 다음과 같이 말했다.

"인종차별 철폐 운동을 하는 사람은 조선통치책이 합리적인가에 대한 관심을 소홀히 하지 않기를 바란다. 오늘날 우리 일본의 법제가 조선인에 대해 심한 차별대우를 하고 있음은 숨길 수 없는 사실이다 … 일례를 들자면, 조선인의 자제는 일본인의 학교에 전혀 들어갈 수가 없다 … 취학아동 문제에 관해 샌프란시스코 당국의 처사가 잘못되었음을 주장한 일본 민족이 공공연히 이런 태도를 보일 수 없는 일이다."[32]

---

32) 吉野, 「人種的差別撤廢運動者に與ふ」, 『中央公論』, 1919년 3월호, p.73.

나아가 요시노는 1920년 1월부터 시작된 모리토사건(森戸事件: 1920년 도쿄대 경제학부 잡지에 게재된 도쿄대 조교수 모리토 다쓰오〈森戸辰男〉의 논문 「크로포트킨의 사회사상 연구」를 둘러싼 필화사건—역자주) 공판에서 특별 변호인으로서 활약한 무렵을 전기로 해서, 이다 다이조(飯田泰三)가 말한 '사회의 발견'을 한다. 그때까지 '민본주의'를 주장할 때는, 「국가중심주의와 개인중심주의, 두 사조의 대립, 충돌, 조화(國家中心主義と個人中心主義, 二思潮の對立, 衝突, 調和)」(『중앙공론』, 1918년 9월호)라는 논문 제목에도 나타나듯이 국가와 개인의 이원적 대립을 중심으로 논하고 있어, 사회가 끼어들 여지가 없었다. 그런데, 1920년 2월에 발표한 「언론의 자유와 국가의 간섭(言論の自由と國家の干涉)」(『我等』) 및 「국가적 정신이란 무엇인가(國家的精神とは何ぞや)」(『중앙공론』)라는 두 논문에서 요시노는 "국가와 사회를 혼동하는 것은 잘못된 것"임을 지적하고, "우리 국민의 공동생활체"를 지시하는 말로서는 '국가'는 이제 부적당하며 "대신 공동단체 혹은 사회라는 말을 사용해야" 한다고 하였다. 그리고 이것과 구별하여 "국가라는 문자"는 "우리의 공동생활이 강제 명령의 권력에 의해 통제되고 있는 방면"을 가리키는 것으로 재정의되어야 한다고 하였다.[33] 이 같은 요시노의 '사회의 발견'이야말로 요시노로 하여금 "'신국가관'을 모색하고, 나아가서는 '문

---

33) 이 吉野의 '사회의 발견'에 대해서는 飯田泰三, 앞의 「吉野作造―"ナショナルデモクラット"と '社會の發見' ―」에 의함. 같은 논문, p.10 이하 참조.

화과학으로서의 정치학'을 구상"할 수 있도록 한 것이다.[34]

덧붙여서 '사회의 발견'이 1920년 무렵에 가졌던 의의에 대해 언급하면 다음과 같다.[35]

스기모리 고지로(杉森孝次郞)는 1921년(다이쇼 10)에 「사회의 발견」(『중앙공론』 7월호)이라는 논문에서 "국민으로서 죽고, 사회인으로서 재생하는" 데서 "인류의 신기원"을 발견했다. 후쿠다 도쿠조가 저서 『사회정책과 계급투쟁(社會政策と階級鬪爭)』(1922)의 기초가 된 사회정책 강의안의 첫머리를 「'사회'의 발견」이라는 제목으로 다시 쓰기 시작한 것도 같은 1921년이었다. 또 1919년 『사회학 원리(社會學原理)』에서 '부분 사회로서의 국가'라는 시점을 제시한 다카타 야스마(高田保馬)는 나카지마 시게루(中島重)가 맥키버, 콜, 라스키 등의 '다원적 국가학설'을 소개한 데 자극을 받아서, 1921년에는 『사회와 국가(社會と國家)』를 저술하였다.[36]

이 당시의 '사회의 발견'과 관련하여, 요시노와 같은 정치학 영역에서 1921년에 『현대국가비판(現代國家批判)』을 저술한 하세가와 뇨제칸과 『정치의 사회적 기초(政治の社會的基礎)』(1923)를 출간한 오야마 이쿠오에 대해서도 거론할 필요가 있다. 원래 재야 사

---

34) 인용은 飯田, 앞의 논문, p.60에서. 상세한 내용에 대해서도 같은 쪽 이하 참조.

35) 1920년경의 논단에서의 '사회의 발견' 현상에 대해서는 모두 飯田, 위의 논문, p.53에 의함.

36) 또, 이 시기의 高田 사회학에 대해서는 河村望, 『日本社會學史』 下, p.22 이하 참조.

상가로서 독일학을 싫어하는 뇨제칸은 『현대국가 비판』에서 "독일류의 철학적 국가관"을 비판하고 "영국 등의 실험적 국가관"에 의해 "국가를 현실적으로 보"고자 하였다. 다시 말하면 '국가의 신화학(Mythology)'이 아니라 '국가의 박물학(Natural History)'을 추구했다(서문). 그리고 '투쟁본능과 국가의 발생'(제1장)부터 쓰기 시작하여, '국가악'과 '산업악'을 지적하는 데까지 이른다(제5장). 즉, "개인이 국가를 위해서라면 아무렇지도 않게 죄악을 행하는 것은, 요컨대 국가라는 집합체가 관념적 숭배물이 되었기 때문이며, 그러한 진화는 인간성으로부터의 괴리가 아니라, 오히려 필연인 것이다"라고 지적했다.[37]

덧붙이자면, 독일학의 영향이 지배적이었던 전전의 일본에서는 영국적인 정치학은 충분히 뿌리를 내릴 수가 없었다. 기껏해야 도시샤(同志社)대학의 나카지마 시게루의 『다원적 국가론(多元的國家論)』(1922) 정도가 있을 뿐이었다.[38] 그것은 일본의 아카데미즘이 독일 국가학의 영향에서 벗어난 뒤에도, 신칸트파 등 독일학의 또 다른 흐름이 지배적이었던 점, 그리고 근대 일본에서 드디어 '시민사회'의 발견이 이루어지자 곧 마르크스주의에 의해 이를 부정하

---

37) 長谷川如是閑, 『現代國家批判』, 弘文堂, 1921년. 宮地宏 編集解說, 『近代日本思想史大系第一五卷長谷川如是閑集』, 筑摩書房, 1976년 수록, p.254(편자가 신가나용법으로 고친 것으로 생각됨).

38) 中島重, 『多元的國家論』, 1922년, 전후에 改正版을 二條書店에서 출간. 1946년.

는 경향이 등장한 점 등에 기인하는 것이라 생각된다. 이러한 과정을 혼자서 표현하고 있는 것이 오야마 이쿠오이다.

오야마는 1910년부터 14년 동안 해외유학을 했는데, 그 전반(前半)을 시카고에서 지내면서 워드(Loster Frank Ward), 스몰(Albion Woodbury Small) 등의 영향을 받았고, 후반(後半)을 뮌헨에서 라첸호퍼(Gustav Ratzenhofer), 굼플로비츠(Ludwig Gumplowitz), 오펜하이머(Franz Oppenheimer) 등의 영향을 받으며 연구했다고 한다. 그는 와세다대학에서 정치학을 가르쳤고, 1923년에는『정치의 사회적 기초(政治の社會的基礎)』를 출간했다. 이 책의 부제「국가권력을 중심으로 한 사회투쟁의 정치학적 고찰」에서도 알 수 있듯이, 그는 이 책에서 주로 굼플로비츠의『국가 이론의 역사(Geschichte der Staatstheorien)』(1905)에 의거해서 국가에 관한 사변적 방법을 비판하고, 귀납적 방법을 취해야 한다고 주장했다. 이 책 서문에서 그는 "저자는 일체의 정치 현상에 작용하는 '사회법칙'의 탐구를, '과학으로서의 정치학'의 가장 중요한, 그리고 가장 마지막 작업이라고 본다"고 하였다.[39] 그리고 이 입장에서 "정치학을 그 자체가 넓

---

39) 大山郁夫,『政治の社會的基礎』, 同人社, 1923년,『大山郁夫全集』第1卷, 中央公論社, 1947년. 단『全集』판에는 서문이 수록되어 있지 않다. 이 인용은 蠟山政道,『日本における近代政治學の發達』, p.128에 의거했다. 또 大山에 대해서는, 內田繁隆,「大山郁夫―實證主義政治學の建設」, 早稻田大學;『近代日本の社會科學と早稻田大學』, pp.77~91; 田部井健次,『大山郁夫』, 進路社, 1947년; 丸山眞男 외,『大山郁夫(評傳·回想)』, 新評論社, 1980년 참조.

은 의미의 사회과학의 한 부문을 구성하는 사회학의 한 분과로 보"
려 한다.[40] 이 책은 아직 소개 부분이 많고 문제제기에 머물러 있
어, 현실 정치의 분석에까지 이르지는 않았지만, 정치를 사회군 사
이의 투쟁으로 보고, 거기에서 법칙성을 발견함으로써 정치를 사
회과학의 대상으로 삼고자 한 점이 주목된다. 그러나 그 후 오야마
는 급속히 마르크스주의에 빠져[41] 실천가로 변신 노농당의 '빛나
는 위원장'이 된다.

오야마가 『정치의 사회적 기초』를 공간한 1923년에 가와카미 하
지메는 『자본주의 경제학의 사적 발전(資本主義經濟學の史的發展)』
을 저술하여, 그 나름의 방법으로 '자본주의 경제학' 발전사를 총
괄적으로 분석하였다. 가와카미는 그 후 1927년에 오야마와 함께
『마르크스주의 강좌(マルクス主義講座)』의 공동 감수자가 되었고
1928년 일본 최초의 보통선거에서는 오야마의 정치적 동지가 되기
도 했다. 『자본주의 경제학의 사적 발전』에서 가와카미는 이론적으
로는 사회주의 지향성을 띠면서도 '이기적 활동'의 옳고 그름이라
는 독자적인 관점에서 경제학사를 정리했는데, J. S. 밀(John Stuart

---

40) 『大山郁夫全集』第1卷, p.105.

41) 마르크스주의에 대해서는 大山는 이론적인 저작을 별로 남기고 있지 않
다. 겨우 1923년 刊, 『民族鬪爭と階級意識―現代政治に於ける民族と階級
との關係―』의 보론으로서 하인리히 크노우, 『マルクスの歷史・社會・及
び國家學設』(Heinrich Cunow, *Die Marxsche Geschichts, Gesellschafts, und
Staatscheorie*, Berlin, 1921)의 일부를 소개하고 있는 것이 눈에 띄는 정도
이다. 이 소개는 『大山郁夫全集』第2卷, pp.269~286에 수록되어 있다.

Mill)의 이기주의와 이타주의의 긴장으로부터 카아라일(Thomas Carlyle), 러스킨(John Ruskin)의 이타주의로의 발전을 평가하고, 러스킨의 "대담하게 닻을 올려라. 빛을 향하여"라는 구절로 마무리를 짓고 있다. 이것이 구시다 다미조(櫛田民藏)에 의해 "인도사적(人道史的) 유물사관"이라는 날카로운 비판을 받아,[42] 그 후 가와카미는 "경제학으로부터 철학으로의 새로운 여행"을 시작하게 된다.[43]

이 시대 사회과학의 철학적 기초에 관해서는 신칸트파의 영향을 간과할 수 없다. 관학 아카데미즘에서 독일학의 우위는 여전히 계속되고 있었으나, 이미 낡은 국가학의 영향은 소멸되고, 신칸트파의 방법적 기초가 여러 가지 형태로 중요한 의미를 갖기 시작했다. 마르부르크 학파의 슈타믈러(Rudolf Stammler)의 이론을 법학 영역에서 최초로 소개한 것은 미노베 다쓰키치의 「'슈타믈러' 씨의 법리학설 개관('スタムラ'氏の法理學說梗概」(1913)으로 간주되고 있다.[44] 그 후 교토대학의 요네다 쇼타로가 「비판적 법리학과

---

42) 櫛田民藏,「社會主義は闇に面するか光に面するか——河上博士 著,『資本主義經濟學の史的發展』に關する一感想—」,『改造』1924년 7월호, 末川博 編,『河上肇硏究』, 筑摩書房, 1965년 수록, p.243.

43) 河上肇,『自敍傳』I, 岩波書店, 1953년, p.150. 河上에 관한 연구 문헌은 너무 많아서 전부 들 수는 없다. 우선 內田義彦 編集解說,『近代日本思想大系 第一八卷河上肇集』, 筑摩書房, 1977년,「參考文獻」을 참조. 나 자신의 河上 상(像)에 대해서는 石田雄,「河上肇における異端への途」,『思想』, 1979년 10월호 수록 참조.

44) 原秀男,「新カント派」, 野田良之(외) 編,『近代日本法思想史』, 有斐閣, 1979년, p.272. 이하 법학의 영역에서 신칸트파에 관해서는 주로 이 논문에 의함.

사회학(批判的法理學ト社會學)」(1913~1914)에서 슈타믈러를 소개했고,[45] 역시 교토에서 쓰네토 교(恒藤恭)가 에밀 라스크(Emile Lask), 슈타믈러 및 프리즈(Jacob Friedich Fries)를 소개한 논문이 1910년에 『비판적 법률철학의 연구(批判的法律哲學の硏究)』라는 책으로 나왔다. 쓰네토는 그 후 1923년에 『짐멜의 경제철학(ジンメルの經濟哲學)』을 출간했는데, 동시에 가와카미 하지메의 영향을 받아서 마르크스주의에 경도되어 프레하노프의 『마르크스주의의 근본 문제(マルクス主義の根本問題)』를 번역하기로 했다(岩波書店, 1921). 이마나카 쓰기마로(今中次麿)도 슈타믈러의 방법에서 배운 것에 의거하여 『정치학 상권 국가론(政治學 上卷 國家論)』(1924)을 발표하였으나 나중에 마르크스주의로 경도된다. 1925년에는 로야마 마사미치가 『정치학의 임무와 대상(政治學の任務と對象)』을 저술하여 슈타믈러를 비판하면서 주로 리케르트(Heinrich Rickert)에 의거해서 신칸트파의 방법적 기초 위에 정치학의 개념 구성을 시도했다.

또한 법학의 영역에서 이 시기부터 라드브루흐(Gustav Radbruch)의 소개가 시작되어, 그 영향이 점차 강화된다. 모리구치 시게하루(森口繁治)는 라드브루흐를 처음 일본에 소개했는데, 그는 1919년에 *Grundzüge der Rechtsphilosophie*, 1914의 일부인 das Wesen der

---

45) 米田庄太郎, 「批判的法理學ト社會學」, 『京都法學會雜誌』(1913~1914년 연재), 原秀男, 앞의 논문, pp.272~273.

Rechtsphilosophie의 요약을 『법학총론(法學叢論)』에 실었다.[46) 이어서 기무라 가메지(木村亀二)는 「라드브루흐의 상대적 법률가치론」(1922~1923)에서 라드브루흐의 이론을 상세히 소개하면서 그에 대한 주된 비판도 다루었다. 그 이후 기무라는 그에 대한 많은 소개 논문을 썼고, 1935년 「법률철학에서의 상대주의」에서는 라드브루흐의 나치 비판을 소개했다.[47)

경제학 영역에서의 신칸트파 방법론에 관해서는, 서남학파 리케르트 문하의 제자였던 소다 기이치로(左右田喜一郞)의 이름을 빼놓을 수 없다. 그의 『경제철학의 제문제(經濟哲學の諸問題)』(1917), 『문화가치와 극한개념(文化價値と極限槪念)』(1922) 등에는, 고도로 추상화된 방법 논의가 포함되어 있어 간단히 소개하기는 어렵다. 그러나 그의 가치철학이 다이쇼데모크라시의 시대와 관련되어 있었음은 후자에 실린 「가치철학에서 본 생존권론(價値哲學より觀見たる生存權論)」에서도 어느 정도 헤아릴 수 있다.[48) 본 장에서는 그

---

46) 森口繁治, 「ラードブルフ『法理學ノ本質』(一)(二)」, 『法學論叢』 第1卷 1, 2 號, 1919년.

47) 木村亀二, 「ラードブルフの相對的法律價值論(一)(二)」, 『國家學會雜誌』 第36卷 12號, 1922년, 第37卷 1號, 1923년; 「法の社會的機能に就て――ラードブルフの法律哲學――その第3版(1933年)を讀む」, 『法學志林』 第34卷 8號, 1932년; 「ラードブルフ『フォイエルバッハ傳』」, 『國家學會雜誌』 第49卷 7 號, 1935년; 「法律哲學における相對主義」, 『法律時報』 第7卷 5號, 1935년.

48) 左右田喜一郞, 「價值哲學より觀たる生存權論」, 『國民經濟雜誌』 第25卷 6 號, 나중에 『左右田喜一郞全集』 第3卷, 岩波書店, 1930년, pp.543~574에 수록.

가 여명회 제1차 강연회에서 말한 「문화주의의 논리」에 대해 살펴보도록 하겠다. 우선 그는 '문화주의' 란 "논리상의 보편타당성을 구유하는 문화가치의 내용적 실현을 꾀하는 형이상학적 노력"이라고 규정한다. 그리고 그 문화주의는 "바꾸어 말하면 문화가치의 철학을 기초로 해서 일체의 인격, 일체의 문화를 승인하고자 하는 '휴머니즘' 이자 인격주의이다"라고 한다. 나아가 이 같은 문화주의의 입장에서 "일부의 인생관을 전체에 강제하려는 군벌주의, 관료주의를 배척하는 동시에 진정한 민주주의는 계급적인 것이어서는 안 되며, 문화에 대해 넓고 깊은 이해를 요구하는 문화주의에 기초해야 한다"고 결론짓는다.[49] 소다는 1921년 6월에 개관한 요코하마 사회관의 초대 관장이었고, 이듬해 6월 가나가와현 사회문제연구소가 창설되었을 때 겸임소장이 되어 『사회문제연구총서(社會問題研究叢書)』를 간행했다.[50]

이상에서 너무 많은 사람들을 거론한 것 같은데, 그 전체를 통해서 왜 이 시대에 신칸트파가 융성했는지, 그리고 그것이 일본 사회과학사에서 갖는 일반적인 의미는 무엇이었는지를 정리해 보기로 하자. 우선 신칸트학파가 융성한 이유의 하나로 당시 지식인들 사

---

49) 『黎明講演集』第1輯, p.21(방점 원문), p.23 및 pp.31～32. 이 외에 다이쇼기의 칸트 연구, 휴머니즘 철학, 생명철학, 프래그머티즘 등에 대해서는 船山信一, 『大正哲學史研究』, 法律文化史, 1965년 참조.

50) 사회사업 이론에 대한 左右田의 공헌에 대해서는 吉田久一, 『社會事業理論の歷史』, 一粒社, 1974년, p.177 및 p.335 참조.

이에 퍼져 있던 다이쇼교양주의와 철학 지향이 신칸트파 방법론의 수입에 유리한 정신적 분위기를 자아내고 있었던 점을 들 수 있다. 그리고 당시 패전 후 인플레이션으로 독일의 경제 상태가 좋지 못했는데, 그런 가운데서 일본 유학생은 유리한 조건으로 생활하면서, 여전히 철학 영역에서 가장 앞섰다고 여겨지고 있던 독일에서 최신학설이었던 신칸트파 이론을 섭취할 수 있었다. 이 유학생들이 귀국하여 신칸트파 이론을 보급시켰다.

일본의 사회과학에서 신칸트파 방법론이 지닌 역사적 의의는, 우선 낡은 국가학의 틀에서 벗어나 개별 사회과학들이 발전해 가는 데 중요한 방법적 기초를 제공한 점을 들어야 할 것이다. 그리고 분화되어 가는 사회과학들에 공통의 인식론적 기초를 제시함으로써 이 개별과학들간의 교류를 가능하게 한 것도 공헌의 하나로 들 수 있다. 그러나 이러한 의의와 동시에 문제점도 있었다. 우선 다이쇼교양주의에 보이는 사변적 경향과도 관련하여, 신칸트파 방법론은 추상적 개념을 그 자체로서 소개, 해석하는 것이 선행하여, 자칫하면 실태 분석을 수반하지 않는 불모의 방법논의로 끝날 위험성이 있었다. 한편, 신칸트파 이론에 의해 자극된 방법론에 대한 관심은 이러한 불모성에 대한 비판과 결합되어 역설적으로 마르크스주의적 방법론의 앙양을 준비한 측면도 있다. 그런 의미에서 신칸트파는 마르크스주의의 변증법적 전제이기도 했다.

제4장 '계급'의 출현과 '사회과학'

1. '계급'의 의식화

앞 장에서 말했듯이, '다이쇼정변' 당시 '벌족타파 헌정옹호' 운동의 주체로서 등장한 '민중'에는 다양한 사회층이 포함되어 있었다. 세금폐지 운동 때부터 자금원이었던 상업회의소를 거점으로 한 신흥 부르주아 계급으로부터 펜과 입으로 선전을 담당한 정론(政論) 기자들, 호헌파 의원들을 응원하는 '헌정 게이샤', 대중집회에 직접 참가한 '인력거꾼, 마부'에 이르기까지 '민중'의 실체는 다양했다.

한편 그때부터 이미 노동자의 조직화도 이루어지기 시작하여, 1913년에는 '노동자계급의 향상'을 목적으로 하는 우애회(友愛會)가 발족하였다. 우애회는 1919년 제7주년대회에서 '대일본노동총동맹 우애회'로, 나아가 2년 후에는 '대'와 '우애회'를 빼고 '일본

노동총동맹'으로 개칭되어 노동조합으로서의 성격을 분명히 드러내기에 이른다.

또한 그 동안에 일어났던 1918년의 쌀소동이 노동자에게 끼친 영향은 주목할 만하다. 쌀소동은 쌀 소비자인 민중이 미곡상의 투기 등으로 인한 가격 등귀에 대해 분노를 폭발시킨 것으로서, 지도와 조직에 기초한 운동은 아니었다. '계급' 운동이라고 할 수 있는 성격의 것은 더 더욱 아니었다. 쌀소동에 참가한 사람들 중 다수(특히 도시에서는 거의 반 정도)가 프롤레타리아 혹은 반(半)프로였고, 때로는 동시에 쟁의가 일어나는 경우도 있기는 했지만.

그러나 쌀소동이 비조직적이었다 해서 그 영향의 중대성을 부정할 수는 없다. 스즈키 분지(鈴木文治)는 "쌀소동은 민중의 힘에 복음을 전하고, 노동계급에게 자신감을 갖게 해 주었다. 다수가 단결해서 대응하면 천하에 이룰 수 없는 일이 없다는 생각으로 쌀소동은 무산계급의 자기비하의식을 일소시켰다"[1]고 평가하고 있다. 또, '맛쿠로부시(マックロ節)'에서는 "노동자는 하급관리(下司)요 아랫사람(下郎)이라고 바보취급한다/그것이 개화인가 문명인가/노동자가 없으면 이 세상은/캄캄할 뿐(맛쿠로케노케)"이라고 노래하고 있다.[2]

1) 鈴木文治,『勞働運動二十年』, p.163, 大久保利謙,『日本全史』第10卷, 東京大學出版會, 1964년, p.219에서 인용된 것에 의거함.
2) 啞蟬坊,「マックロ節」, 添田知道,『演歌の明治大正史』, 金原左門 編,『日本民衆の歷史』第7卷, 三省堂, 1975년, p.89에서 인용.

쌀소동 전해에 러시아에서 일어난 혁명 또한 '무산계급'을 고무시켰다. 1918년에 일본 정부는 시베리아 출병을 단행했는데, 이를 통해 러시아혁명이 가깝게 느껴지게 되었다. 이 점은 센다이(仙台)의 하라다 다다카즈(原田忠一)라는 노동자가 쓴 글에 생생하게 그려져 있다. 우애회 기관지 『산업 및 노동(産業及勞働)』 1918년 10월호에 실린 「빛나는 문명을 가져다주리(光ける文明を興)」라는 글에서 그는 다음과 같이 쓰고 있다. "청천벽력과 같이 러시아에 대혁명이 일어나 눈 깜짝할 사이에 천하는 노동자의 손에 들어왔다. 상상도 못한 일이었기에 나는 한때 어찌할 바를 몰랐다. 그러나 러시아에서는 드디어 정말로 그런 천하가 나타난 것이다. 나는 펄쩍펄쩍 뛰었다. 그리고 집으로 뛰어들어가 아이들을 끌어안고 이렇게 외쳤다. '애들아, 걱정마라, 너희 같은 사람들도 천하를 손에 넣을 수 있단다. 총리대신도 될 수 있는 거란다!' 러시아의 혁명은 우리에게 삶의 희망을 준 것이다."[3]

이렇게 해서 다이쇼 초기의 다양한 사회층을 내포하던 '민중'은 '무산계급', '노동계급'으로 특수화되어 간다. 이윽고 1922년에는 이치가와 쇼이치(市川正一) 등이 『무산계급(無産階級)』이라는 잡지를 발행하기 시작했고, 같은 해 야마카와 히토시(山川均)의 저 유명

---

3) 나는 전에 『近代日本政治構造の研究』, p.182에서는 이 문장을 野田律太, 『勞働運動實戰記』, p.73에 의거해서 인용했으나, 복자(伏字)가 많아서, 여기서는 鶴見俊輔, 「大正期の文化」, 『岩波講座日本歷史』 第19卷, 1963년, p.310에 의거했다. 여기서는 신가나용법으로 고쳤다.

한 「무산계급 운동의 방향전환(無産階級運動の方向轉換)」이 『전위(前衛)』에 발표되었다.

또 1920년대 초반에는 '무산계급'이라는 용어가 '노동자계급'보다 더 많이 사용되고 있었던 것 같다. 예를 들어 1922년 과격 사회운동취체법안 등의 '요법(要法)'에 반대하는 노동자 농민 조직이 50개 이상 결집되었을 때, 그 연합체는 '무산자동맹'이라 불리웠고, 1925년에는 『무산자신문(無産者新聞)』이 발간된 바 있다. 그러나 "노동자는 나의 애인이다"(『デモクラシイ』제3호, 1918년 「村人語」)라는 문장에서 볼 수 있듯, '노동자'가 좀더 적극적인 의미로 사용되는 경우도 있었다.

물론 지배층은 이같이 '계급'의 의식화에 따른 대립 항쟁을 극력 방지하기 위해 대책을 강구하였다. 예를 들면 1918년의 협조회(協調會) 설립, 1924년 소작조정법, 1926년 노동쟁의조정법이라는 형태로 계급대결을 회피하는 법적 장치를 마련했다. 원래 협조회는 '사업자와 노무자의 협조'를 목표로 내걸었는데, 이 목적에서도 드러나듯이 노동자와 자본가 두 계급의 대립을 인정할 수밖에 없는 사태를 전제로 하여, 대립하는 두 계급간의 협조를 꾀한 것이다. 번벌 전제에 대항하는 경우에는 시민 사회의 구성원은 내부의 계급 구분을 명확히 하지 않는 형태의 '민중'이라는 이름으로 의식되었으나, 이제는 '계급' 대립을 고려하지 않고는 '사회'를 논할 수 없게 되었다. 1922년에 『사회와 국가』를 써서 그 둘의 구별을 명확히 한 다카타 야스마(高田保馬)는 이듬해에 이미 『계급고(階級

考)』를, 1925년에는 『계급 및 제3사관(階級及第三史觀)』, 그리고 1934년에는 『국가와 계급(國家と階級)』을 발표했다.

이렇게 '계급' 개념이 등장하면서 '사회문제'의 의미도 변화되었다. 아사오 히사시(麻生久)는 자전적 소설 『여명(黎明)』 가운데서 "이 폭동(쌀소동을 가리킴.—인용자)은 지금까지 잠들어 있던 일본 땅 위에 돌연 단 하나의 문제, 그것도 사회의 근저를 토대로부터 뒤흔드는 문제를 던지고 갔다. 그 한 가지 문제란 무엇인가. 바로 '사회문제!!' 라고 하였다.[4] 앞서 말했듯이, 메이지시대의 '사회문제'는, 표현은 같지만, 국가 질서로부터 벗어난, 혹은 그 질서를 혼란시키는 요인이 되는 것, 그리고 지배층의 눈에는 (희망적으로) 일시적 현상으로 비친 것이었다. 그러나 쌀소동 이후의 '사회문제'는 그야말로 계급대립을 내포한 항구적, 구조적인 현상으로서 '사회'의 중핵적인 문제가 된 것이다. 1919년 1월부터 가와카미 하지메(河上肇)의 개인잡지로서 창간된 『사회문제연구(社會問題硏究)』나, 같은 해 2월에 설립된 '오하라(大原) 사회문제연구소'는 바로 이런 의미에서 '사회문제'를 다루기 위해 만들어진 것이었다. 그리고 그 후의 잡지 『사회문제연구』는, 가와카미가 로버트 오웬 등의 영향으로부터 점차 벗어나, 마르크스주의의 방법을 채용하기에 이르기까지의 이행과정을 명료히 보여 준다.

이렇게 '사회'의 중심 문제로서 '사회문제' 연구가 대체로 마르

---

4) 麻生久, 『黎明』, 1924년, p.191, 大久保利謙, 『日本全史』第10卷, p.219에서 인용.

크스주의적 방법에 귀착했을 때, '사회과학'이라는 명칭도 또한 마르크스주의를 뜻하는 것이 되었다. 1919년 도쿄제국대학에 신인회(新人會), 와세다대학에 건설자동맹이 조직되어 학생 민주주의 운동의 중심이 되었다는 것은 앞 장에서 살펴보았는데, 그들이 '사회문제'를 다룰 때 그 이론적 기초도 '부르주아민주주의적'인 것에서 마르크스주의적인 것으로 급속히 변화되었다. 그리고 그들은 한편으로는 이론적 기초를 공고히 하기 위해, 다른 한편으로는 연구라는 이름으로 정치활동을 위장하기 위해 사회과학연구회라는 '연구단체'를 조직하기 시작한다. 1923년 11월 29일에는 도쿄대학 사회과학연구회 발기인회가 열렸고, 12월 11일에는 동 연구회 개회 강연회가 개최되었다. 이듬해인 1924년 5월에는 교토제국대학과 와세다대학에서 각각 가와카미 하지메와 오야마 이쿠오의 지도 하에 사회과학연구회가 탄생했으며, 9월에는 전국 조직으로서 학생사회과학연합회가 만들어져, 가맹단체가 49개교(1,500명)에 이르는 것으로 알려졌다.[5] 1924년 말경까지 거의 모든 대학과 고등학교에 사연(社研)이 결성되었고, 몇몇 전문학교와 중학교에서까지 같은 조직이 만들어졌다.[6]

학생사회과학연합회는 전국 학생군사교육반대동맹에 참여하는 등의 활동을 전개했으며, 각 대학 차원에서도, 예컨대 교토대학 사연이 1924년 11월 1~3일에 불교회관에서 '무산자대학'을 주최하

---

5) 菊川忠雄, 『學生社會運動史』, 海口書房, 1947년, p.216.
6) H.スミス, 『新人會の硏究』, p.103.

는 등의 활동을 하였다. 이 '무산자대학'은 후일 설립된 교토 무산 자교육협회의 기초가 된다. 교토대학 사연의 급진화로 인해 지도 교수이던 가와카미가 얼마나 궁지에 몰렸는지는 그의 『자서전(自 敍傳)』에 상세히 기록되어 있다.

이렇게 해서 사회과학연구회는 마르크스주의의 연구단체인 동 시에, 아니 오히려 급진적인 정치활동가의 거점으로서의 기능을 했다. 이런 형태로 일반화된 '사회과학'이라는 명칭은 결코 사회 에 관한 여러 가지 과학을 의미하는 것이 아니라, 마르크스주의의 또 다른 이름이 되었다. 1927년 9월에 오쓰카 긴노스케(大塚金之 助) 등이 설립한 도쿄사회과학연구소의 경우도, 또 1925년에 개조 사에서 창간된 잡지 『사회과학(社會科學)』도 마르크스주의를 의미 했고, 그것은 경제 이론을 중심으로 세계관에서부터 모든 과학 분 야까지를 포괄하는 것이었다.

한편, 학생, 지식인들에게 '사회과학'이 마르크스주의를 의미한 것과 마찬가지로, 정부 당국의 눈에도 '사회과학'은 즉 마르크스주 의로서 위험사상의 중핵이었다. 따라서 사회과학은 '사상 문제'를 일으키는 것으로서 탄압의 대상이 되었다. 1924년 10월 고등학교 교장회의에서 각 고등학교의 '사회과학연구단체'에 대해 해산 명 령을 내릴 것을 결의한 것은 그러한 정부의 의도에 따른 조치였다. 나아가 1926년에는 오카다 료헤이(岡田良平) 문부대신이 대학에서 학생의 사회과학연구단체를 절대 금지한다는 통달을 내리기에 이 르렀다.

시민 '사회'가 국가로부터의 독립을 주장하고, '대표 없이 세금 없다'라는 시민사회의 요구가 실현되어 보통선거법이 1925년 공포되었을 때, 이와 더불어 치안유지법도 공포되었다는 사실은 이 책의 문맥상 아주 중요하다. 왜냐하면, 시민 사회가 이미 동질적인 구성원으로 이루어지는 것이 아니라 대립하는 계급으로 구성되어 있다는 것이 분명해진 이 단계에서, 국가권력은 '국체'와 더불어 '사유재산제도'의 부인을 이 법률에서의 범죄 구성요건으로 삼았는데, 이것은 계급대립에서 어느 편이 될 것인가 하는 점에서 국가의 역할을 명확히 드러내는 것이 되었기 때문이다. 히라노 요시타로(平野義太郎)의 『법률에서의 계급투쟁(法律における階級鬪爭)』이 같은 해에 출판된 것도 상징적이다.

2. 마르크스주의에 의한 '사회과학'의 독점

이 절의 과제는 이 시기, 즉 다이쇼 후기부터 쇼와 초기에 걸쳐 사회과학의 상황을 마르크스주의를 중심으로 고찰하는 것이다. 그런데, 일본의 마르크스주의의 발전에 대해서는 너무도 많은 저서와 논문이 있기 때문에 여기서 취한 시각을 미리 한정해 둘 필요가 있다. 이 책의 과제는 어디까지나 일본의 여러 사회과학 분야의 발전에서 그 특징을 규정하는 데 있으므로, 마르크스주의가 사회과학이라는 이름을 독점하게 된 원인은 무엇이며, 그것이 그 후 사회과학의 발전에 어떤 영향을 끼쳤는가 하는 점에 논의를 국한시키고자 한다.

우선 역사적 전제로서 사상 운동 혹은 운동의 사상으로서의 마르크스주의로부터 사회과학으로서의 마르크스주의로의 발전과정을 간단히 살펴보기로 하자. 마르크스주의가 처음 소개된 것은 메이지 후기로 거슬러 올라가나, 당시에는 사회과학이라기보다는 사회주의 운동의 과정에서 주목할 사상으로서 소개되었다. 오래된 것으로는 1902년 니시카와 고지로(西川光二郞)의 『인도의 전사, 사회주의의 아버지 칼 마르크스(人道の戰士, 社會主義の父 カ-ル マルクス)』가 있는데, 이 책은 마르크스를 문자 그대로 '인도(人道)의 전사'로서 소개하고 있다. 1904년에는 사카이 도시히코와 고토쿠 슈스이가 공동번역한 「공산당선언」이 『주간평민신문(週刊平民新聞)』 1주년 기념호에 실려 발매 금지 처분을 당했다. 사카이는 2년 후인 1906년 3월 『사회주의연구(社會主義硏究)』를 창간하여 그 제1호에 「공산당선언」을 모두 번역해 실었고, 제4호에는 엥겔스의 「공상적·과학적 사회주의(空想的及科學的社會主義)」의 번역을 실었다. 1907년에는 『오사카평민신문(大阪平民新聞)』 제6호에서 제9호까지 야마카와 히토시의 「마르크스의 자본론(マルクスの資本論)」이라는 소개논문이, 그리고 1909~1910년에는 가타야마 센의 『사회신문(社會新聞)』에 아베 이소오의 자본론 부분 번역이 실렸다. 이 사이에 단행본으로서는 고토쿠의 『사회주의 신수(社會主義神髓)』(1903), 가타야마의 『우리 사회주의(我社會主義)』(1903), 모리치카

운페이(森近運平)·사카이 도시히코의『사회주의강요(社會主義綱要)』가 나왔는데, 이들은 모두 마르크스주의를 소개하는 데 그치고 있으며, 그것도 어디까지나 운동을 위한 것이었다.

'대역사건' 이후 '겨울의 시대'가 지나고, 특히 러시아혁명과 쌀소동을 거친 후, 사카이의『신 사회(新社會, 賣文社)』(1915년 9월부터 1920년 1월까지), 가와카미의『사회문제연구』(1919년 1월부터 1930년 10월까지), 사카이·야마카와 주필의『사회주의연구』(社會主義硏究)』(1920년 4월부터 1923년 3월까지) 등의 잡지를 통해 마르크스주의를 소개한 것은 여기서 일일이 거론할 수 없을 만큼 양적으로 증대했다. 또한, 1919년부터 다카바타케 모토유키(高畠素之)가『자본론』의 완역을 시작하여 1925년에 완성함에 따라 마르크스주의 연구는 질적 수준도 높아졌다. 나아가 1927~1929년 사이에는『마르크스·엥겔스전집(マルクス·エンゲルス全集)』이 출판되어, 초판이 1만 5천 부에 이를 정도로 널리 읽혔다 한다. 바로 이 기간에 오야마 이쿠오·가와카미 하지메가 감수한『마르크스주의 강좌(マルクス主義講座)』도 간행되어, 사회과학으로서 마르크스주의의 융성기를 맞이하게 된다.

운동의 사상으로부터 사회과학으로서의 마르크스주의로의 전환을 보는 전제로서 아카데미즘 내부의 움직임도 살펴볼 필요가 있다. 1919년 도쿄대학과 교토대학에서 경제학부가 법학부로부터 독립했고, 도쿄, 고베의 상업전문학교는 상과대학이 되었으며, 이 무렵 사립대학에서도 경제학부가 독립하는 경향을 보였다. 이것은 국가학으로부터 경제학의 독립을 상징할 뿐 아니라, 전문직으로서 경제학을 전공하는 사람이 탄생하는 계기가 되었다. 도쿄대학의 경우, 신설된 경제학부는 대장성에서 오우치 효에를, 스미토모(住友)에서 야나이하라 다다오(矢內原忠雄)를, 농상무성에서 가와이 에이지로(河合榮治郎)를(단, 가와이의 경우 이미 관직을 그만둔 후에) 데려오는 등, 교수진의 상당 부분을 아카데미즘 외부에서 영입한 인재로 채웠다(물론 이들은 모두 법학부를 졸업했음). 이렇게 해서 그 후 신설 학부 내에서 전문 경제학자의 재생산이 이루어지게 되었다. 그와 더불어, 도쿄대학의 경제학은 가나이 엔의 시대로부터 다카노시대, 즉 학부 독립의 중심이 된 다카노 이와사부로가 지도적 역할을 하는 시대로 나아가게 된다.[7] 다카노를 중심으로 한 연구회는 동인회라 일컬어졌는데, 오카노우에 모리미치(岡上守道, 필명은 黑田礼二), 모리토 다쓰오(森戸辰男), 구시다 다미조(櫛田民藏), 곤다 야스노스케(權田保之助), 오우치 효에 등이 그 회원이었고, 뒤에 구루마 사메조(久留間鮫造) 등도 참가하여, 그 후 도쿄대학 경제학부와 오하라 사회문제연구소의 중심이 되는 사람들이 모두 모이게 되었다. 동시에 방법적으로도 '국민경제학＝사회정책학'으로부터 마르크스주의로의 이행이 진행된다.

덧붙여 말하자면, 1921년 오우치 효에가 베를린으로 유학을 갔을 때에는, 구시다, 모리토, 마이데 조고로(舞出長五郎), 그리고 도

---

7) 도쿄대학의 경제학부 독립 당시의 상황에 대해서는 大內兵衛, 앞의『經濟學五十年』上, p.56 이하 참조.

쿄상대의 오쓰카 긴노스케, 만주철도(滿鐵)의 오카노우에 모리미치가 와 있었고, 나중에 구루메가 오는 등, 실로 많은 경제학자들이 독일에서 마르크스주의를 공부하고 있었다. 미키 기요시(三木淸), 하니 고로(羽仁五郎), 야나이하라 다다오 등도 그 무렵 독일을 방문했다. 게다가 구시다는 오하라 사회문제연구소를 위해 방대한 수의 마르크스주의 문헌을 수집하여, 마르크스·엥겔스연구소 설립을 위해 러시아에서 파견된 라자노프와 경쟁적으로 헌 책을 사들였다고 한다.[8] 오우치의 회고에 따르면, 당시 독일은 패전 후 인플레가 심해 문부성의 "유학생비로는 돈이 많이 남았다. 마르크로 부푼 가방을 들고 거리의 쇼윈도를 기웃거리며 다녔지만, 헌 책이건 새 책이건 이미 모두 사 버려 더이상 사고 싶은 책이 없었다"고 한다.[9]

마르크스주의 문헌이 대량으로 구입되어 일본에 들어오게 된 것뿐이 아니다. 교수도 초빙되었다. 하이델베르크에서 '붉은 교수'라 불리던 에밀 레데러(Emile Lederer)가 오우치의 주선으로 1923년부터 4년간 도쿄대학에서 가르치게 되었다. 그는 카우츠키 문하의 "오스트로 마르크시스트(오스트리아의 마르크시스트—역자주)로서 오토 바우어(Otto Bauer)와 나란히, 힐퍼딩(Rudolf Hilferding)의 뒤를 잇는 사람이었다."[10] 이 레데러를 보살펴 준 것이 오모리 요시타로(大三義太郎), 아리사와 히로미(有沢広巳)였고, 다카하시 마

---

8) 大內, 앞의 책, p.124.
9) 위의 책, p.125.
10) 위의 책, p.151.

제4장 '계급'의 출현과 '사회과학' · 157

사오(高橋正雄), 미노베 료키치(美濃部亮吉) 등 조교도 그의 연습과목에 참가하고 있었으니, 그가 일본의 마르크스경제학 발전에 공헌한 점이 크다고 하겠다.

도쿄대학에 관해 너무 많이 썼는지 모르겠는데, 눈을 밖으로 돌리면, 마르크스경제학을 둘러싼 많은 논쟁이 당시 지식인의 주목을 끌고 있었다. 1921년 게이오의 고이즈미 신조(小泉信三)가 『개조』에서 「노동가치설과 평균이윤율의 문제—마르크스의 가치학설에 대한 비판—」이라는 논문을 통해 마르크스주의를 비판하자, 이에 대해 야마카와 히토시가 「마르크스의 노동가치설에 대한 고이즈미 교수의 비판을 읽는다」라는 반론을 『사회주의연구』에 발표했고, 가와카미도 이에 가세하여 「마르크스의 노동가치설—고이즈미 교수의 이에 대한 비평에 대해—」라는 또다시 이를 비판하는 글을 『사회문제연구』에 연재했다. 그 외에 마르크스주의 진영 내부의 가와카미와 구시다의 논쟁(1925), 혹은 히지카타 세이비(土方成美)와 가와카미 사이의 지대론(地代論) 논쟁(1928) 등이 있으나, 상세히 살펴보지는 않겠다.[11]

마르크스경제학의 보급이라는 점에서는 1928년(쇼와 3)에 발간된 가와카미의 『자본론입문(資本論入門)』과 『경제학대강(經濟學大綱)』의 의의도 크지만, 마르크스주의가 사회과학이라는 이름을 독점하기에 이르는 데 결정적인 역할을 한 것으로는 후쿠모토(福本)

---

11) 이들 논쟁에 관한 간단한 소개에 대해서는 玉野井芳郎, 『日本の經濟學』, 中央公論社, 1971년, p.144 이하 참조.

이즘의 유행과 『일본자본주의 발달사강좌』(日本資本主義發達史講座, 이하 통례에 따라 『강좌』로 약칭)를 들어야 할 것이다. 후쿠모토 이즘과 『강좌』에 대해서는 수많은 논의가 있으나, 그 대부분은 이 두 가지를 정치노선과 관련지어 논하고 있다. 즉 후쿠모토이즘은 1922년에 결성된 일본공산당의 지도이념으로서의 야마카와(山川) 이즘(야마카와〈山川〉, 「무산계급 운동의 방향전환」, 『전위』 1922년, 7 · 8합병호로 대표됨)에 대한 비판으로서, 그리고 『강좌』는 32테제의 이론적 기초 형성이라는 관점에서 논한 것이 많다. 그러나 당시 『강좌』는 일반적으로는 정치노선과 관련되어서가 아니라, 사회과학에 관한 지적 자극으로서 지식인, 학생들 사이에 의미를 지니는 것이었다. 예를 들어 1934년 무렵 『강좌』를 읽은 마루야마 마사오(丸山眞男)의 회상에 다음과 같은 내용이 있다.

"이른바 『강좌』의 영향을, 공산당이라든가 코민테른의 권위라는 것과 연결지어 설명하는 방식이 최근 유행이지만, … 내가 실제로 느끼는 것은 전혀 다릅니다. 32테제도 코민테른도 전혀 상관이 없습니다. 전적으로 일본자본주의의 과학적 분석이라는 의미에서 눈이 번쩍 뜨이는 기분이었습니다. 나같이 당이나 조직의 이미지 없이 그 영향을 받은 사람이 적지 않다고 봅니다."[12]

사회과학의 발전을 다루고 있는 이 책의 관점에서는, 이론을 정

---

12) 丸山眞男의 古在由重과의 대담. 每日新聞社 編, 『昭和思想史への証言』, 1968년, pp.44~45.

치노선과 관련지어 보지 않고 당시의 지적 세계에 끼친 영향력을 중심으로 보는 것이 필요하다. 이런 시각에서 후쿠모토이즘과 『강좌』가 왜 특히 중시되지 않으면 안 되는가에 대해, 과감히 결론을 먼저 말하도록 하겠다. 후쿠모토이즘과 『강좌』가 결정적인 영향력을 가졌던 것은, 이들이 마르크스주의 이론의 보편성, 체계성, 비판성을 인상깊게 보여 준 점이라고 생각한다. 그러한 인상이 정확한 이해에 기초하는 것이었는가, 아니면 단지 환상에 불과했는가는 나중에 다시 문제삼기로 하고, 여하튼 그러한 특징을 가진 것으로서 결정적인 매력을 지녔다는 사실에 우선 주목하기로 하자. 마루야마 마사오는 '일본에서의 마르크스주의의 사상사적 의의'를 두 가지 점에서 찾고 있다.[13] 첫째, "일본의 지적 세계는 이로 인해 처음으로 사회적 현실을 정치, 법률, 철학, 경제 등과 같이 개별적으로 파악하는 데 그치지 않고, 그것들을 상호 관련지어 종합적으로 고찰하는 방법을 배운" 점. 둘째, "과학자는 일정한 가치를 선택하고 이에 기초해서 지적 조작을 행하는 것임을 밝힌" 점. 후쿠모토이즘은 이 같은 마르크스주의의 특질을 선명하게 보여 주었다. 후쿠모토 가즈오(福本和夫)가 일본의 현실을 세계자본주의와 관련하여 파악하고, 이것을 일관된 방법적 기초 위에서 분석하고자 경제학, 철학으로부터 조직론에 이르는 통일적인 체계를 구성하고자 한 것, 그리고 이론과 실천의 문제를 포함한 '변혁'의 문제를 제기

---

13) 丸山眞男, 『日本の思想』, 岩波書店, 1961년, pp.55~56.

하고 여기서 특히 이론의 역할과 이론투쟁의 필요성을 주장한 점에서 그의 이론이 준 지적 충격은 놀라운 것이었다.[14]

1922년 3월 마쓰에(松江)고등학교 교사로서 문부성 재외연구원이 되어 독일로 건너간 후쿠모토는, 칼 코르슈(Karl Korsch)와 게오르그 루카치(György Lukács) 등의 이론을 통해 마르크스주의를 공부했다. 1924년 귀국한 지 2개월 후에 그는 야마카와 히토시가 주필을 맡고 니시 마사오(西雅雄)가 편집하던 잡지『마르크스주의』에「경제학비판에서의 마르크스『자본론』의 범위를 논한다(經濟學批判のうちに於けるマルクス『資本論』の範囲を論ず)」를 투고했다. 당시 이 잡지의 편집을 맡고 있던 신인회의 이론적 지도자 하야시 후사오(林房雄)는 그때의 인상을 다음과 같이 회상하였다.

"논문을 읽고 나는 깜짝 놀랐다. 인용된 문장은 나 같은 사람은 한 번도 읽어 본 적이 없는 중대한 구절뿐이었다. 사카이 도시히코, 야마카와 히토시, 이노마타 쓰나오(猪俣津南雄), 사노 마나부(佐野學), 사노 후미오(佐野文夫), 아오노 스에키치(靑野季吉), 그 어느 누구도 인용한 적이 없다. 일본의 마르크스주의자가 얼마나 공부한 것이 없는지를 알게 해 주는 신선한 내용이 있었다. … 완전히 압

---

14) 藤田省三은 후쿠모토이즘(福本イズム)의 사상적 특징을 다음과 같은 3가지 점으로 본다. "(1) 'ズルズルベッタリ'의 상황 추종주의로부터의 벗어남.… (2) 초월주의…스스로를 일본 사회로부터 단절시켜 초월시켜 감…(3) 일원방법적 비판주의 · 분열주의", 藤田,『轉向の思想史的研究―その一側面―』, 岩波書店, 1975년, pp.7~19.

도되어, 나는 니시 마사오에게 무조건 발표하도록 권했다."[15]

이 논문으로 홀연히 데뷔한 후쿠모토는 1925년 말까지 1년 동안에 15편의 논문을 발표하여 일거에 후쿠모토이즘의 시대를 이루었다. 그때까지 일본에 알려지지 않았던 문헌의 인용과 "과정을 과정한다"와 같은 특이한 문체, 그리고 그 난해함까지도 학생과 젊은 지식인에게 매력이 되었다.[16]

그러한 심리적 요인은 잠시 젖혀두고, 그 이론에 대해 전술한 보편성, 체계성, 비판성에 관한 점을 지적하기로 하자. 우선 그는 자신의 체계 구성의 "근거와 이유를, 나는 일본의 무산자 운동이 당면하고 있는 사회의 특수성 속에서 발견합니다"라 하고,[17] 또 "우리 무산자 계급 운동의 '방향전환'은 세계자본주의의—따라서, 뒤늦게 발달하면서도 그것과 몰락을 함께하는 우리 자본주의의— 몰락기에 이루어지고 있다"며[18] 세계의 역사발전과정의 관계에서 일

---

15) 林房雄,「文學的回想—狂信時代」,『新潮』1953년 10월호. 渡辺寛,「福本和夫」, 日高普(외) 編,『日本のマルクス經濟學』上, 靑木書店, 1967년, p.153 인용. 渡辺의 이 논문에는 福本에 대한 상세한 분석이 되어 있으므로 참조하기 바람.

16) 그 난해함에 관해 말하자면, 내가 오래 전부터 가지고 있는 福本和夫,『社會の構成= 變革の過程』, 白揚社, 1926년에는, "1926년 3월 31일 다 읽음 /1926년 4월 3일 재독/京都형무소에서 林房雄/4월 6일 3독(점차 이해가 되는 듯)/4월 12일 4독"이라고 적혀 있다.

17) 福本,『社會の構成…』, p.1.

18) 北条一雄(福本의 필명),『方向轉換』, 白揚社, 1926년, p.11.

본의 특수성을 지적한다. 그리고 그 특수성 때문에 "발전과정의 각 단계가 (일본에서는 선진자본주의 국가들의 소위 '정상적인 단계'를 밟지 못하고) 혹은 합류하고, 혹은 압축되고, 혹은 위축되고, 혹은 단축되면서 전개된다"고 한다.[19] 따라서 일본에서는 유럽과 같이 '조합주의'적 운동으로부터 사회주의 운동으로 장기간의 '정상적인' 발전과정을 거치지 않고 '사회주의적 정치투쟁주의'로 들어갈 수밖에 없다. 그러기 위해서는 야마카와이즘으로부터 벗어나 "일단 스스로를 강한 결정체로 만들어 내기 위해 '결합하기 전에 우선 깨끗하게 분리되지 않으면 안 된다'(Bevor man sich vereinigt, muss man sich reinlich scheiden— "Was tun"?)."[20]

또, 「유물사관의 구성과정(唯物史觀の構成過程)」[21](1925) 및 『사회의 구성＝병(並)변혁의 과정(社會の構成＝並變革の過程)』[22](1926) 등에서 자본주의 사회의 현실과 그 변혁과정을 전체적으로 파악하는 것이야말로 유물사관의 과제라 하고, 경제과정, 정치과정, 의식과정의 연관을 밝히려 한다.

동시에 그는 결합 전의 분리를 위한 '이론투쟁'의 의미를 강조하여, 지식인층이 노동자에 대한 열등감을 극복하고 변혁과정에서

---

19) 앞의 책, 방점 원문.

20) 위의 책, p.30. 말할 것도 없이 "Was tun?"은 레닌의 『何を爲すべきか』, 1902년을 가리킨다.

21) 福本, 「唯物史觀の構成課程」, 『マルクス主義』, 1925년 2월호, 뒤에 『唯物史觀と中間派史觀』, 希望閣, 1926년 수록, p.8～9 등.

22) 福本, 『社會の構成…』, p.48 이하.

의 이론의 역할을 재발견할 수 있게 했다. 그리고 그 자신은 이 '이론투쟁'의 실천으로서, 야마카와, 가와카미, 고노 미쓰(河野密) 등의 사회주의자로부터, 후쿠타 도쿠조, 고이즈미 신조, 다카타 야스마 등에 이르기까지 당시의 이론적 지도자들에 대해 철저한 비판을 전개했다. 예를 들면 야마카와에 대해서는 "야마카와 씨의 정당조직은 조합의 연장이자 종합이고자 한다"라고 지적하고,[23) 그것은 야마카와가 보고 있는 '부분'이 "전체성에서 고찰될 수 없는 '부분'이기" 때문이라고 비판한다.[24) 또 가와카미에 대해서는 「경험비판주의의 비판(經驗批判主義の批判)」(1925)에서, 가와카미가 말하는 유물사관은 마르크스주의적이 아니라 마하류의 경험비판론이라고 비판하여,[25) 가와카미에게 강한 충격을 주었다.

1926년 말 공산당이 재건되었을 때, 격렬한 야마카와 비판에 의해 당의 이론적 지도자가 되고 간부가 된 후쿠모토는, 1927년 코민테른의 「일본에 관한 테제」(이른바 「27테제」)에서 당을 대중조직으로부터 고립시키는 이론적 오류를 범하고 있다고 비판받아 일거에 실각했고, 이론적 영향력 또한 상실했다. 그러나 후쿠모토의 이론에 대해 어떤 평가를 내리든, 일시적이라고는 해도 그것이 지적 세계에 준 충격이 컸다는 사실은 인정할 수밖에 없다. 왜 그 정도로

23) 北条一雄, 『理論闘争』, 白揚社, 1926년, p.17.

24) 앞의 책, p.24.

25) 福本, 「經驗批判主義の批判」, 『マルクス主義』 1925년 3월호, 앞의 『唯物史觀と中間派史觀』, 수록, p.31 이하 참조.

충격을 주었는가 하는 것 자체가 일본의 사회과학 발전사에서 생각해야 할 문제를 내포하고 있으며, 그의 이론적 영향의 긍정적·부정적 유산은, 그의 이름이 잊혀지고 그의 책이 읽히지 않게 되어도 나름대로 남아 있다고 생각한다.

후쿠모토의 출현이 갑작스러웠고, 그 실각도 급속했던 데 비해, 『강좌』에는 상당한 전사(前史)가 있으며, 그 영향력 또한 장기간에 걸쳐 지속되었다. 1982년에 『간행 50주년 기념 복각판』이 나온 데서도 알 수 있듯이, 『강좌』의 영향은 오늘날까지 지속되고 있다.

그 전의 역사로는 노로 에이타로(野呂榮太郎)의 「일본자본주의 발달사」(『社會問題講座』 제11, 13권, 新潮社, 1927) 이후 일련의 업적을 정리한 『일본자본주의 발달사』(鐵塔書院, 1930)가 있으며, 『강좌』 편집의 중심 역할을 한 히라노 요시타로는 그 이전에 『법률에서의 계급투쟁(法律における階級鬪爭)』(改造社, 1925)을 낸 바 있고, 또 산업노동연구소('산로')의 『무산자정치필휴(無産者政治必携, 希望閣)』(1926)의 집필도 담당하였다. 또 다른 중심 인물 야마다 모리타로(山田盛太郎)는, 이미 『재생산과정 표식 분석서론(再生産課程表式分析序論)』(改造社, 1931)의 집필을 시작하고 있었다. 하니 고로는 1928년 「반역사주의 비판(反歷史主義批判)」(『史學雜誌』 6월호)에서 유물사관을 주장하고, 미키 기요시와 함께 『신흥과학의 깃발 아래(新興科學の旗の下に)』의 편집을 맡고 있었으며, 이듬해 10월 프롤레타리아과학연구소('프로과') 창립에도 참가하였다. 집단으로서도, '프로과'를 중심으로 한 각종 연구회와 '산로' 중심의 연구도 있으

며, 이들을 기초로 해서 『강좌』를 위한 연구회가 조직되었다.[26]

1932년 5월부터 1933년 8월에 걸쳐 간행된 『강좌』의 특징은, 그 '내용 견본'에 제시된 다음과 같은 '특색'을 통해 알 수 있다.[27]

1. 일본에서의 자본주의의 역사적 발전을 세계자본주의 전체의 일환으로 파악하고, 그 발전의 여러 특징으로 인해 제약된 근본적 모순을 분석하며, 그 근본적 해결의 제 조건을 특히 전후 자본주의의 일반적 위기라는 계기에서 천명한 것.

2. 종래의 막말사 · 메이지유신사 · 메이지다이쇼사 · 자본주의 발달사 · 정치사 등에서 보이는 훈고고증적 · 부분전문적 · 관념론적 방법과 외국의 제 과정으로부터의 단순한 유추를 배척하고, 어디까지나 과학적 사관에 입각해서 경제 · 정치 · 문화의 모든 영역을 그 역사적 발전의 구체적 상호 연관성 위에서, 과학적 · 체계적 · 변증적으로 인식하는 것.

이것은 본래 광고로서, 이 모두가 실현된 것은 아니다. 오히려 이것은 『강좌』 발간의 의도를 선언한 것이라고 보아야 한다. 더욱이 편집과정에서 오쓰카 긴노스케가 집필중에 체포되고, 노로가 비합법활동을 위해 지하로 잠입하는(이 때문에 그의 담당분은 집필

---

26) 이 『講座』 편집에 이르게 되는 상세한 경위에 대해서는 『日本資本主義發達史講座刊行五十周年記念復刻版』 別冊1, 『解說 · 資料』, 岩波書店, 1982년, pp.15~16 참조.
27) 이 '內容見本'은 위의 책, 資料篇에 수록.

을 할 수 없게 되었다) 등의 특수한 상황도 발생하여, 그 의도는 일부만 달성될 수밖에 없었다.

그럼에도 불구하고, 『강좌』는 역사와 현상의 통일적 파악을 시도한 점, 경제 · 정치 · 문화 등의 모든 영역을 종합적, 비판적으로 분석하고자 한 점에서 분명히 획기적인 업적이었다. 가와카미는 『자본론입문』(1932)에서 "자본주의의 일반적인 운동법칙이 일본에서 어떻게 구체화되는가를 알고자 하는 사람들에게, 이 강좌는 최선의 참고서가 될 것"이라 하였다.[28] 『강좌』는 제1회 배본 1만 2천 6백, 가장 적은 제7회 배본도 7천 7백이라는 발행부수를 기록했다.[29] 나아가, 여기에 실린 논문들로 이루어진 야마다 모리타로의 『일본자본주의 분석(日本資本主義分析)』(岩波書店, 1934), 히라노 요시타로의 『일본자본주의 사회의 기구(日本資本主義社會の機構)』, 핫토리 시소의 『메이지유신사연구(明治維新史研究)』(白揚社, 1933) 등의 영향까지 포함한다면, 이 『강좌』가 일본의 사회과학사상 지닌 역사적 의미는 결정적으로 크다고 하겠다. 『강좌』의 영향을 생각할 경우, 이로 인해 야기된 논쟁을 언급하지 않을 수 없다. 상세한 고찰은 생략하지만, 1935년 10월 사키사카 이쓰로(向坂逸郎)의 「『일본자본주의 분석』에서의 방법론(『日本資本主義分析』における方法論)」(『개조』)을 계기로 전개된 이른바 '강좌파' 대 '노농파'의 '일

---

28) 河上肇, 『資本論入門』第1分冊, 靑木文庫版, 1951년, 序言, p.5.
29) 『講座』復刻版 別冊1, p.43.

본자본주의 논쟁' 또는 메이지유신사를 둘러싼 '매뉴팩처 논쟁'
등은 당시 사회과학계에 강한 지적 자극을 주었다. 이 논쟁들은 앞
으로 후술하게 될 불모성을 내포하게 되지만, 한편으로는 사회과
학의 연구를 진전시킨 면이 있었다는 것도 부정할 수 없다.

또, 여기서는 후쿠모토이즘과 『강좌』를 중심으로 논했지만, 그것
은 이들이 이른바 공산당의 정통 이론을 뒷받침하기 때문이 아니
라, 당시 영향력이 지극히 컸기 때문이다. 따라서 이론적으로 노농
파가 가지고 있던 의미를 무시하는 것은 아니다. 노농파는 어떤 의
미에서는 강좌파 이상으로 보편 지향성이 강하여, 마르크스 경제
이론을 더욱 직접적으로 일본자본주의의 발전에 적용시키려 한 측
면이 있다. 강좌파는 이에 대응하여 일본의 특수성을 마르크스주
의 이론이라는 보편 이론을 사용해서 해명하려 한 것으로서, 강좌
파 이론도 노농파와의 논쟁 속에서 단련된 면이 있음은 분명하다.

3. 일본에서의 마르크스주의의 문제점

앞 절에서는 후쿠모토이즘과 『강좌』를 중심으로 마르크스주의
가 일본의 사회과학에 준 충격의 비밀을, 그것이 지닌 보편성 · 체
계성 · 비판성이 인상적이었다는 점에서 찾아보았다. 단 그러한 인
상이 당시의 지식인, 학생의 이미지상 현실이었음을 강조하고, 그
이미지가 정확한 것이었는가 여부에 대해서는 논의를 유보하였다.

그 점을 포함해서 일본에서의 마르크스주의의 문제성을 요약해서 살펴보기로 하겠다.

분명히 후쿠모토 및 '강좌파'는 일본의 현실을 세계자본주의의 발전과 관련지어 파악하고, 마르크스주의라는 보편성을 지닌 일원적인 방법으로써 분석하고자 했다. 그것도 종래의 부분적 · 전문적인 개별과학과 같은 것이 아니라, 전체의 '상호연관'을 밝히는 체계적인 이론을 구축하고자 했으며, 그 분석의 기저에 "우리가 하려고 하는 것은 역사의 해석이 아니라 그 변혁"(「內容見本」, 『강좌』)이라는 비판성을 견지하여, 처음으로 천황제 국가에 대한 종합적 · 비판적 분석을 시도했다. 그러나 그 반면에 갖가지 문제점도 내포하고 있었다.

첫째는, 보편성에 관한 문제이다. 이와나미 시게오(岩波茂雄)는 "봉건제도 하에서 우물 안 개구리처럼 자라 온 이 편협한 국민에게, 인민사상계의 한 조류라 할 마르크시즘을 소개하는 것은 절대로 필요하다고 믿고" 『강좌』의 간행을 받아들이기로 했다고 회상하였다.[30] 사실, 어떻게 하면 지적 고립 상태에서 벗어날 수 있는가 하는 것이 당시 일본 지식계의 큰 과제였다. 그리고 마르크스주의는 천황제 국가를 그 신화적 베일 속에서 꺼내어 세계사의 문맥 속에서 가차 없이 비판했다. 그러나 만약 '보편적'인 이론이 단지 외

---

30) 岩波茂雄, 「回顧三十年」, 『日本讀書新聞』, 1946년 3월~5월, 『岩波茂雄遺文抄』, 岩波書店, 1952년 수록, p.24.

부에서 오기만 하는 것이라면 거기에는 갖가지 어려운 문제가 생기며, 그에 대한 반동은 무서운 것이다. 후쿠모토는 자서전 『혁명은 즐겁지 않다(革命はたのしからずや)』 가운데서 학교 성적은 "맡아 놓고 1등"이었음을 자랑하고 있는데, 이 우등생주의자 후쿠모토가 '현지' 직수입된 마르크스주의를, 다른 사람이 모르는 문헌을 이용하여, 사람들을 경악시킨 난해한 표현으로, 속속 소개해 가는 방식은 일시적으로 유행 현상을 일으킬 수 있었다. 그러나 그것은 "우리는 세계의 문화적 대세인 인류 해방의 신기운에 협조"한다는 신인회의 낙관주의적 대외의존과, 당연히 그에 수반되는 허약함을 공유하고 있었다. 외부로부터 부여된 권위에 의존하는 것은 외부의 권위에 의해 쉽사리 뒤집어진다. 코민테른의 비판으로 인한 후쿠모토의 실각은 바로 그 상징이었다. 보편을 외부로부터 빌리는 것에 대한 반동이 '민족'의 특수성을 주장하는 것으로서 나타나는 점에 대해서는 다음 장에서 고찰할 것이다.

두 번째, 체계성이라는 점에 대해서도, 보편적 체계가 외부로부터의 이론적 권위를 빌어 주장되는 경우, 그것은 교조주의가 된다. 후쿠모토는 현실의 자본주의라는 '재료'로부터 여러 가지 규정을 추상화하여 가장 단순한 범주에 이르는 과정을 '하향 운동'이라 부르고, 거기서 제 규정이 전개되어 구체화시키는 과정을 '상향 운동'이라 불렀는데, 그의 이론 구성에는 독일에서 배운 이론체계를 교조주의적으로 해석, 적용하는 면이 강했고, 일본의 현실로부터 개념을 추상화하는 측면은 극히 약했다. 다카하시 사다키(高橋貞

樹)는 이를 다음과 같이 비꼬았다. "변증법이라 쓰고 뭐라고 해석하는가.—두레박이라고 해석한다—그 마음은—상향·하향 하지만 진리는 길어올리지 못한다."[31] 후쿠모토 이론이 유행하여 점차 아류로 전해짐에 따라, 그 교조주의적 경향은 점점 심화되었다. 노다 리쓰타(野田律太)에 의하면, 일본 노동조합 평의회 내의 마르크스주의 투사는 "조합원이 참수되고 있는데"도 스트라이크는 하지 않고 '이론투쟁'에 힘쓰고자 하는 일까지 있었다고 한다.[32]

후쿠모토이즘에서는 보편성이 수입성이 되고, 체계성이 교조주의가 되는 부정적인 면이 너무도 분명히 나타난 데 비해,『강좌』는 원래 일본자본주의의 분석을 목표로 한 것이었던 만큼, 이러한 결함은 없었던 것처럼 보인다. 그러나 마르크스주의의 '정통'을 둘러싸고 전개된 논쟁에서 후쿠모토이즘에 나타난 체질을『강좌』도 이어받고 있음을 느끼지 않을 수 없다. 또 그 후『강좌』와 노농파의 아류가 선배 이론가들의 업적을 조술(祖述)하거나 마르크스주의 문헌의 훈고해석학에 치우치는 과정에서 앞에서 말한 후쿠모토이즘의 결함과 공통된 것을 찾아볼 수 있다.

마지막으로 비판성이라는 요소에 대해서도, 후쿠모토는 그 부정적인 면을 극단적으로 보여 준다. 즉 국가권력에 대한 비판이라는 기본적인 비판성보다, '이론투쟁'은 자기 진영 내부를 향하고 있

---

31) 渡辺漫寛,「福本和夫」, p.163.
32) 野田律太,『評議會鬪爭史』에서 藤田省三이 인용하고 있는 것에 의거. 藤田,『轉向の思想史的研究』, p.15.

어, "결합 전의 분리"는 분파주의적인 고립을 가져오기 쉬웠다. 이 점에 대해서도 『강좌』는 본래의 비판성, 즉 천황제에 대한 비판이 전면에 드러났으나, 권력의 탄압으로 이 비판성을 관철하기가 곤란해질수록 비판은 같은 진영의 동료들을 대상으로 하게 되어, 강좌파와 노농파의, 또는 강좌파 내부의 논쟁이 점차 말초화된다. '매뉴논쟁'이 점차 불모화되어 가는 것을 깨달은 핫토리 시소는, 방법론적 논쟁의 종식 선언을 겸한 「매뉴팩처시대의 역사적 조건」(1934)[33]의 말미에서 다음과 같이 썼다. "방법이 빈곤한 자료로부터 결론이 나오지 않듯이, 자료가 빈곤한 방법으로부터는—걸핏하면 논의만 나오기 쉽다."

어쨌든 마르크스주의는 1930년 전후에 일본에서 사회과학이라는 이름을 독점할 정도로 영향력을 가졌고, 그 때문에 메이지 초기에 한 번 존재했다가 그 후 전문분화로 인해 소멸되어 간 일종의 '지적 공동체'를 재구성하는 데 큰 역할을 할 수 있었다.[34] "일본의 마르크스주의가 하나의 지적 운동(intellectual movement)으로서, 직장과 세대에 따라 분단된 지식인에게 기성의 지식 양태를 반성하고 지성의 공통 기반을 의식하도록 한 발자취는, 근대 일본 역사의 페이지에서 지울 수 없을 것이다"라는 마루야마 마사오의 평가

---

33) 服部之總,「マニュファクチュア時代の歷史的條件」, 1934년, 『服部之總著作集』第1卷, 理論社, 1957년 수록.

34) 이 '지적 공동체'의 재형성에 대해서는 丸山眞男,「近代日本の知識人」,『後衛の位置から』, 未來社, 1982년, pp.106~107.

는,[35] 일본의 사회과학의 역사를 고찰할 경우에도 그대로 적용될 수 있다. 따라서, 이 시기 이후 일본의 사회과학자는 마르크스주의에 반대하는 입장에 있는 사람이라도 마르크스주의가 제기한 문제—방법론과 종합적 이론체계의 중요성, 비판적 가치전제 등—를 고려하지 않고는, 사회과학을 논할 수 없게 된다. 이 특징은 마르크스주의의 영향이 훨씬 적었던 북아메리카의 경우와 비교해 보면 명확히 이해될 것이다.

이상과 같이 장기적으로 마르크스주의가 가졌던 의의에도 불구하고, 단기적으로는 1930년대에 탄압이 강화되어 마르크스주의자의 국가권력에 대한 비판이 곤란해지자, 오히려 통일전선을 형성해야 할 상대로서 자유주의자나 사회민주주의자에 대한 비판을 강화함으로써, 파시즘화하는 체제에 대한 저항을 한층 더 어렵게 하는 악순환을 초래했다. 이것은 물론 상당 부분 코민테른의 방침이 잘못된 데 기인한다. 코민테른의 방침이 통일전선을 중시하는 방향으로 수정되었을 때는, 사태는 이미 돌이킬 수 없는 국면에 와 있었다.

어쨌거나 마르크스주의자가 권력적 규제에 의해 발언을 봉쇄당함에 따라, 사회과학자 사이에서 비마르크스주의적인 입장에서 양심적인 비판이 더욱 중요한 몫을 하게 된다. 다만 그런 비판들은 점차 하나씩 개별적으로 억압되어 간다. 그런 비판으로서 주목할 만한

---

35) 앞의 책, p.109.

업적은, 야나이하라 다다오의『제국주의 하의 타이완(帝國主義下の 台灣)』(1929),[36]『만주 문제(滿洲問題)』(1934),[37]「조선통치의 방침(朝 鮮統治の方針)」(1926년 6월『중앙공론』)[38] 등 일련의 식민정책 비판 과, 가와이 에이지로의『파시즘 비판(ファシズム批判)』(1934), 미노 베 다쓰키치의『현대헌정평론(現代憲政評論)』(1930),『의회정치의 검토(議會政治の檢討)』(1934) 등에 실린 논문들이다. 발전단계설을 취하는 마르크스주의자 중 많은 사람들은 탄압에 직면해서 전향하 여, 헤겔을 '거꾸로 세운' 마르크스를 다시 한 번 '거꾸로 세워', '현실적인 것은 이성적'이라는 헤겔의 논리로 돌아와, 현실적인 것 을 더욱 발전된 것으로서 긍정하는 방향으로 나아갔다. 그에 대해 방금 말한 광의의 자유주의적 사회과학자는, 자기의 자유주의적 가치를 기초로 해서 이론의 보편성과 불변성을 고집함으로써, 현 상이 악화되면 될수록 현상에 대한 신랄한 비판을 전개할 수가 있 었다. 그들의 역할에 대해서는 다시 한 번 다음 장의 제3절에서 논 하게 될 것이다.

---

36) 矢內原忠雄,『帝國主義下の台灣』, 1929년,『矢內原忠雄全集』第2卷, 岩波 書店, 1963년 수록.

37) 矢內原,『滿洲問題』1934년, 후에『全集』第2卷 수록.

38) 矢內原,「朝鮮統治の方針」,『中央公論』1926년 6월호,『植民政策の新基 調』, 1927년에 수록,『全集』第1卷, 1963년 수록.

제5장 위기의식과 '민족' 협동체

1. '비상시'와 '민족'

　일단 분명하게 확립된 '계급'이라는 관념이 '민족'이나 '국민' 협동체라는 관념에 의해 극복되기 위해서는, 커다란 사회적 충격이 필요했다. 그 충격이 된 것은, 국내의 경제적, 정치적, 사회적 위기와 일본의 국제적 고립화에 따른 곤란, 그리고 그러한 제반 상황에 의해 광범위하게 형성된 위기의식이었다.

　경제적, 사회적 위기로서는 우선 실업 문제가 있었다. 1929년 11월 내무성 사회국은 전국의 실업자가 30만 명이라고 발표했으나, 그 후 세계공황의 영향으로 실업이 심화되어 1930년에는 실업자가 40만에 육박했으며, 1932년에는 50만을 돌파했다. 특히 '대학은 나왔지만'으로 표현된 '지식인 실업 문제'는, 지식인의 위기감을 부채질하였다. 주지하는 바와 같이 세계공황이 농촌에 미친 영향은 특히 두드러져서, 1932년 7월의 정부 발표에 따르면 농촌의 결식아동은 20만 명에 이르렀다. 또, 농촌 여성의 인신매매가 문제가 되었다.

나아가 미쓰이(三井)의 '달러매수' 및 잇달아 폭로된 뇌물수수 사건으로 증대된 정치불신과, 식민지에서 빈발하는 민중반란(1929년 타이완의 '제1차 무사(霧社)사건', 조선의 '광주학생사건', 이듬해 간도에서 일어난 '조선인 폭동', 1931년 '제2차 무사사건' 등)으로 인해 정치적 위기가 심화되었다. 한편, 1928년의 3·15, 이듬해의 4·16사건과 공산당에 대한 탄압이 잇달았으며, 좌익의 비판이 봉쇄된 가운데, 사회적 불만은 우익에 의한 정치 테러(1930년 하마구치〈浜口〉 수상 저격, 1932년의 5·15사건에 의한 정당정치의 종언)로 폭발하여, 사회 불안은 점점 심화되었다.

이 같은 막연한 불안을 일반적 위기감으로 전화시키는 데 결정적인 영향을 끼친 것은 국제적 긴장감의 증대였다. 1931년에 개시된 중국 동북지구(이른바 '만주') 침략은 일본의 국제적 고립을 초래했으며, 나아가 일본이 국제연맹을 탈퇴하기에 이르러 고립은 더욱 심화되었다. 이 같은 대외고립감 때문에 국민들은 위기감을 특히 대외적인 것으로서 의식하게 되었다. 그리고 이는 '비상시'라는 표현에 의해 강화되었다.

'만주사변'이라는 이름으로 15년 전쟁이 시작된 직후의 오타루(小樽)의 정경을 그린 고바야시 다키지(小林多喜二)의 「지구 사람들(地區の人びと)」(1933년 3월 발표)에 다음과 같은 석간 기사를 발견

하게 되는 구절이 있다. "언제나 거리 풍경을 해치는 존재로 구박받던 밤의 여인도 국가 비상시임을 자각하여 적극적으로 천인침(千人針: 출정 군인의 무사함을 기원하기 위해 천 명의 여성들이 한 뜸씩 바느질을 해서 보낸 복대 등—역자주)을 꿰매 주거나, 위문금을 기부하는 거리 풍경은 참으로 눈물겨웠다."[1]

『일본경제연보』제11집은, 1932년을 회고하여 '문자 그대로 비상시대'라 하고, 노동 운동조차도 1932년에는 "비상시적 색채를 농후하게 반영"하고 있었다고 하였다.[2] 그러나 그러한 '비상시'라는 의식은 그저 자연발생적인 것은 아니었다. 위기감의 배후에 미하라산(三原山)의 자살붐이나, "요요도 잠시나마 인생의 괴로움을 잊는 데 도움이 되니까 이렇게 유행하는 것이 아닌가"라고 말해지던 '요요시대'[3]로 상징되는 불안이 있었던 것은 사실이다. 이 같은 불안이나 '에로·구로(grotesque)·난센스'에서 벗어나기 위해, 긴장감 같은 것을 원하는 욕구가 '비상시'라는 말의 배후에 있었던 것은 부정할 수 없다. 그러나 이렇게 일반화된 '비상시'라는 말은, 나아가 정부나 우익세력에 의해 대외 위기감을 부채질하는 빌미로 이용되었다.

1932년 5·15사건 직후에 열린 62임시의회의 시정 방침 연설에

---

1) 小田切秀雄,「戰時體制下の文化」,『岩波講座日本歷史』第20卷, 1963년, p.327.
2) 『日本勞働年鑑』, 1933년판, 緒言. 이 '비상시'의 정황에 대해서는 藤原彰,
   『戰爭と民衆』, 三省堂, 1975년, p.38에 의거.
3) 高田保,「ヨーヨー時代から」,『中央公論』, 1933년 4월호.

서 사이토 마코토(齋藤實) 수상은 "현재 시국은 세인이 이를 '비상시'라는 형용사로 표현할 만큼 중대하다고 생각합니다"라고 하였다.[4] 나아가 우익은 해군군축조약의 기한이 끝나는 '1935, 6년의 위기' 설을 퍼뜨렸으며, 1935년에는 육군성 신문반이 「비상시에 대한 우리 국민의 각오」를 발표하여 '비상시'라는 슬로건을 군의 주도권 강화에 이용하려 하였다.

1935년 3월에 창간된 잡지 『사회평론(社會評論)』은 「창간사」에서 이 같은 정치 동향을 다음과 같이 비판하였다.

"현재 우리 나라 일부에서는 '비상시'라는 슬로건 하에서 당면한 위기를 벗어나고자 애쓰고 있다. 이렇게 해서 만들어진 비상시적 분위기야말로 지금 전 근로대중에게 '비상시'를 만들어 내고 있는 것은 아닐까."[5]

국내의 경제적, 사회적 곤란에 의한 불안, 국내 정치에 대한 불만이, 국제적 긴장이 격화되는 가운데서 군부에 이용되어 대외 위기감으로 유도되었다는 것은, '파시즘시기'의 일본[6]을 독일과 비교하는 데에도 중요하다. J. 홀(John W. Hall)의 다음과 같은 일본과 독일 비교는 이 점에 관해 날카로운 지적이다.

---

4) 吉屋哲夫, 「日本ファシズム論」, 『岩波講座日本歷史』第20卷, 1976년, p.108.

5) 藤原, 『戰爭と民衆』, p.76.

6) '일본 파시즘'이라 부르지 않고 '파시즘期 일본'이라 한 것의 의미에 대해서는 石田雄, 『現代政治の組織と象徵』, みすず書房, 1978년, p.274. 원주(1) 참조.

"독일에서는 나치당이 우선 정부의 지배권을 장악하고, 전체주의 국가를 만든 후에 전투를 개시한 반면, 일본의 '국방국가'는 진행중인 전쟁과 증대하는 국가적 불안정감에 대한 반작용으로 탄생했다."[7]

1931년 5월의 「만몽 문제 사견(滿蒙問題私見)」에서 이시하라 간지(石原莞爾)(당시 중좌, 관동군 참모)는 다음과 같이 노골적으로 그 특징적인 과정의 청사진을 제시하고 있다.

"우리 일본의 현실을 볼 때, 전쟁시 거국일치를 기대하기는 어려울 것이다. 따라서, 국내 개조를 최우선 과제로 하는 것은 일견 극히 합리적인 것 같지만, 소위 내부 개조와 거국일치를 행하는 것은 아주 어렵고 정치적 안정을 이루기에는 상당한 시간이 걸릴 우려가 있다 … 만약 전쟁 계획을 확립하고 자본가로 하여금 우리의 승리를 믿도록 할 때는 현재의 정권을 격려하여 적극적인 방침을 취하게 하는 것도 결코 불가능한 것은 아니다. 특히 전쟁 초기의 군사적 성공이 민심을 북돋고 단결시키는 것은 역사가 보여 주고 있다 … 우리 일본의 형편은 조속히 국가로 하여금 대외 발전에 돌진하도록 하여 상황에 따라 국내의 개조를 단행하는 것이 타당하다고 본다."[8]

---

7) J. ホール, 尾鍋輝彦 譯, 『日本の歴史』 下, 講談社, 1970년, p.165.
8) 角田順 編, 『石原莞爾資料—國防論策編—』, 原書房, 1971년, p.78; 吉屋, 「日本ファシズム論」, p.107.

이시하라는 후에 전쟁 지도세력의 본류에서 배제되었으나, 적어도 이 글을 쓴 당시의 그의 전망은 정확했다고 해야 할 것이다. 왜냐하면 현지의 군인들이 일으킨 '만주사변'과 그에 따른 국제긴장은, 국민의 주된 관심을 밖으로 향하게 함으로써, '고도국방국가' 건설을 위해 군부의 주도권을 인정하는 여론을 형성했기 때문이다.

이런 대외긴장감 속에서 '계급'에 대한 관심은 '민족'에 대한 관심으로 바뀌어 간다. 1933년 사노 마나부, 나베야마 사다치카(鍋山貞親)가 옥중에서 정리하여, 나중에 집단전향을 일으키게 되는 문서가 「긴박한 내외 정세와 일본 민족 및 그 노동자계급―전쟁 및 내부 개혁의 접근을 앞두고 코민테른 및 일본공산당을 자기비판한다―(緊迫せる內外の情勢と日本民族及び其勞働者階級―戰爭及び內部改革の接近を前にしてコミンターン及び日本共産黨を自己批判する―)」(『思想硏究資料』 제36집)라는 제목이었던 것은 실로 상징적이다. 여기에는 아직 '계급' 개념은 남아 있으나, '그' 즉 '일본 민족'의 노동자계급은 천황제를 지지하고 일본 민족의 팽창을 기대하는 특수한 노동자계급인 것이다.

사노, 나베야마는 이 전향 성명을 6월 10일에 신문에 발표하고, 이어서 「공동 피고 동지에게 고하는 글(共同被告同志に告ぐる書)」이라는 제목으로 『개조』 7월호에 게재했다. 그는 여기서 "민족과 계급을 대립시키는 코민테른의 정치 원칙은 민족적 통일의 강고함이 사회적 특징인 일본에서는 특히 통하지 않는 추상적인 것이다. 가장 진보적인 계급이 민족의 발전을 대표하는 과정은 특히 일본

에서 잘 이루어질 것이다"[9]라 하였다. 여기서 사용된 '계급'은 이제 고유의 의미를 잃고 민족 내부의 존재, 좀더 단적으로 말하자면 '민족'을 대표하고, 이윽고 '계급'에서 '민족'으로 전면적 이행을 하기 위한 매개물로 사용되고 있는 데 불과하다. 시대의 추이에 민감한 사회학자 다카타 야스마는 그의 이름을 널리 알린 『국가와 계급』(1934년 간행)에 이어 1935년에는 『민족의 문제』를, 1942년에는 『민족론(民族論)』, 『민족내핍(民族耐乏)』을 저술했으며, 1943년 문부성에 '민족문제연구소'가 설치되자 소장에 취임했다.

그러면, 이렇게 해서 '계급'을 대신하게 된 '민족'이란 무엇이었는가. 종종 '민족협동체(또는 공동체)'라는 단어가 Volksgemeinschaft의 번역어로 사용되었고, 나치즘의 유행과 더불어 일반적인 게마인샤프트론이 보급되면서 '민족협동체' 내지 '국민협동체'라는 개념의 중요성은 증대하였다. 그러나 여기서도 일본과 나치 독일의 차이가 지적되어야 한다. 그것은 '민족'과 '국가'의 관계라는 측면에서 나타나는 차이이다. 물론 칼 슈미트(Carl Schmitt)의 『국가 · 운동 · 민족』(國家 · 運動 · 民族)[10]에서는 '국가'와 '민족'은 명확히 구별된다. 즉 '정치적=정적 부분'인 '국가'와 '비정치적 부분'인

---

9) 佐野學 · 鍋山貞親, 「共同被告同志に告ぐる書」, 『改造』, 1933년 7월호, 松田道雄 編集解說, 『近代日本思想大系第三五卷昭和思想集 I』, 筑摩書房, 1974년 수록, p.373.

10) Carl Schmitt, *Staat, Bewegung, Volk: Die Dreigliederung der politischen Einheit*, 1933, Dritte Auflage, Hamburg, Hanseatische Verlagsanstalt, 1936.

'민족'이 구별되기 때문에 이 둘을 매개하는 '정치적=동적 요소'로서 '운동'의 의미가 중요하다.

그런데 일본의 경우에는, '민족' 또는 '국민협동체'와 '국가'는 이렇게 뚜렷한 구별이 없었다. 실은 '계급'이 '민족'에 의해 대치되는 과정에서 '국가'와 '사회'의 구별도 점차 애매해져서, '국가'와 '민족'의 개념이 종종 애매한 형태로 포개진다. 로야마 마사미치의 경우에는 '국민협동체'가 '국가'를 포섭하여 이를 대신하게 되는데, 그 논리에 대해서는 다음 절에서 상세히 검토하기로 하고, 이 애매한 '민족' 및 '국가'라는 개념과 당시의 정치동향과의 관계를 계속해서 살펴보기로 하자.

군부 내부의 쿠데타 계획은 1931년의 3월사건, 10월사건 모두 불발로 끝났고, 1936년의 2·26사건은 철저한 탄압으로 종식되었다. 그러나 1931년의 만주사변으로부터 이듬해의 상하이사변, 나아가 1937년의 중일전쟁으로 대외전쟁이 끝없이 확대되면서, 군부는 대외 긴장을 강조함으로써 성내(城內)평화(ブルクフリーデン)를 위해 '계급'에서 '민족' 내지 '국가'로 역점을 이행시키는 데 성공했다. 이렇게 해서 군 주도 하에 '고도(高度)국방국가'가 성립된다.

한편, 1937년 유키 도요타로(結城豊太郎) 장상(藏相) 하의 재정이 '군재포합(軍財抱合)'으로 특징지어진 이후, '총력전'에 대응한 경제 재편이 추진되었다. 1938년 국가총동원법이 성립되는 등 전 국민생활에 대한 국가 통제가 강화되자, 국가 권력은 전 사회적 규모로 침투하여 '국가'와 '사회'의 경계는 불분명해졌다.

이와 병행해서 1935년에는 이른바 '국체명징' 운동(國體明徵運動:군부·우익을 중심으로 일어난 천황기관설 배격 운동. 이 사건을 계기로 파쇼적 사고와 언론 통제가 강화됨—역자주)이 일어나 미노베 헌법론이 사회적 압력과 국가권력에 의해 말살되었다. 이로써 국가를 제도나 기구로 보는 관념은 부정되고, 국가의 유기적 협동체로서의 성격이 다시 강조되었다. 1934년 10월에 나온 악명 높은 육군 팸플릿『국방의 본의와 그 강화의 제창(國防の本義と其強化の提唱)』에서는 "'국방'은 국가 생성발전의 기본적 활력의 작용이다"[11]라고 함으로써 국가는 생성발전의 활력을 지닌 유기체라는 관념이 성립되기에 이른다. 이런 관념 하에서는 '국가'가 '민족'이나 '사회'와 구별되기 어려운 것이 당연하다.

메이지시대에 볼 수 있었던 국가유기체관이 이 시기에 재현된 것은[12] '파시즘시대' 일본에서의 정치적 통합과정의 특징과 연관된다. 대공황 후의 계급대립 회피 및 사회통합의 강화과정을 농촌과 도시로 나누어 보면, 대개 다음과 같은 특징이 발견된다. 우선 농촌에서는 1932년에 농촌구제 청원 운동 등 아래로부터의 압력에 의해 '시국광구의회(時局匡救議會)'가 열려, 토목사업과 저리융자

---

11) 陸軍省新聞班,『國防の本義と其強化の提唱』, 1934년, 橋川文三 編集解說, 『近代日本思想大系第三六卷昭和思想集 Ⅱ』, 筑摩書房, 1978년 수록, p.5, 방점 원문.

12) 메이지 후기의 국가유기체관에 대해서는, 石田雄,『明治政治思想硏究』, 未來社, 1954년, 前篇 참조.

를 중심으로 한 임시 구제책이 취해진 동시에, 농산어촌경제 갱생 운동이 전개되었다. 이것은 상당 정도 정신주의적인 '갱생 운동'이 었으나, 1933년 초부터 시작된 산업조합 확충 5개년계획과 연결되어 부재 기생지주의 영향력을 감퇴시켰다. 또한 반산(反産: 반산업조합) 운동에 참가한 소상인층에 대한 반감을 부채질하면서 재촌 중소지주와 부유한 자작농(이른바 '황국 중견농민')을 중심으로 촌락 질서를 재편하고자 한 것이다. 농촌의 지주 소작 계급 대립에 대신해서 '인보공조(隣保共助)'의 전통을 강조한 점을 특징으로 한다.

한편 노동자에 대해서는, 쟁의와 조합활동을 탄압하는 동시에, 종종 경찰이 개입하여 산업보국회(産業保國會: 전시체제 하에서 만들어진 산업보국을 목표로 한 노동단체. 1939년 산보가 관제화되면서 노동조합은 강제 해산됨—역자주)로 노동조합을 대치하는 운동을 전개했다. 그리하여 1938년에는 전국 조직인 산업보국연맹이 만들어졌고, 1940년에는 대일본산업보국회로서 제도화가 완성된다. 이 시책은 명백히 나치의 노동전선을 본뜬 것이었으나, 산보(産保)의 강령에도 나타나 있듯이 '사업일가(事業—家)'의 관념을 중심으로 하고 있는 데에 일본적 특징이 있었다. 예컨대 그 강령의 두 번째에는 다음과 같이 기술되어 있다.

"우리는 산업의 사명을 실현하고 사업일가 직분봉공의 성심을 다해 황국산업의 흥륭에 총력을 기울일 것이다."[13]

---

13) 大河內一男, 「『産業報國會』の前と後と」, 長幸男・住谷一彦 編, 『近代日本經濟思想史 II』, 有斐閣, 1971년, p.93.

이렇게 '파시즘시기' 일본의 국민 편성은 '인보공조'의 전통과 협동조합주의를 연결함으로써 농촌을, 그리고 노자협조주의와 '사업일가' 이념을 연결해 노동자를 조직함으로써 달성된 것으로, 독일과 같이 노골적인 폭력에 의한 강제 획일화는 아니었다. 이러한 통합과정의 특징을 반영해서, 1938년 '일본경제의 재편성'을 제창한 류 신타로(笠信太郎)는 "새로운 국민 운동으로서의 산업보국회, 농업보국회, 혁신농촌협의회(이상 둘은 모두 산업조합을 기초로 하는 것—저자) 등. 적어도 새로운 협동체제에 대한 시사를 제공하고 있다고 해도 좋을 것이다"[14]라고 하였다.

'신일본의 사상원리'[15]를 '협동주의'에서 구하는 쇼와연구회의 사고방식은 이러한 방향의 연장선상에 있다. 쇼와연구회에 참가한 사람들의 사상 경향은 다양했고, 그런 만큼 '협동주의'의 내용도 반드시 동일하지는 않았지만, 개인주의 반대, 자유주의 반대, 영리주의 및 그 외의 자본주의의 해악에 대한 반대와 동시에 계급관에 기초한 대립에 반대한다는 소극적인 면에서는 공통점이 있었다.

---

14) 笠信太郎,「日本經濟の再編成」,『中央公論』, 1938년 12월호. 橋川 編,『昭和思想集 Ⅱ』수록, p.102. 이 논문은 그 후 1939년 같은 제목의 단행본 속에 수록되어 큰 영향력을 지녔다. 또, 여기서도 거론되고 있는 '국민 운동'의 문제에 대해서는, 石田雄,「ファシズム期 日本における,「國民運動」の組織とイデオロギー」, 石田,『近代日本の政治文化と言語象徵』, 東京大學出版會,1983년, 수록 참조.

15) 昭和研究會,「新日本の思想原理」, 1939년 1월 발표. 이것은 三木淸의 집필에 의한 것이다.『三木淸全集』第17卷, 岩波書店, 1968년 수록.

그리고 단적으로 그 이데올로기적 기능을 요약하자면, '협동주의'는 국내에서 유기적·조화적 질서를 강조하고, 대외적으로는 동아협동체론과 같이 대립이 아니라 협력이라는 이름 하에 일본이 아시아에서의 주도권을 갖는 것을 정당화하는 역할을 했다고 할 수있다.

이상과 같은 사상적 동향은 실제로 나치의 이데올로기에서 자극을 받은 면이 많아, 존트하이머(Kurt Sontheimer)가 바이마르기의 반민주주의적 사상의 특징으로 말한 것은 조금만 수정하면 상당정도 일본의 경우에서도 찾아볼 수 있다.[16] 단 한가지 전혀 다른점은, 일본의 경우에는 '결단'을 중시하는 요소가 결여되어 있다는 점이다.

일본에도 나치 이데올로기 중의 지도자 원리(Führerprinzip)가 수입되었으나, 그것은 다수결적 민주주의에 대한 반대, 즉 '중의통재(衆議統裁)'라는 결정 방식을 의미한 것으로서, 유일한 지도자의 결단에 역점이 있는 것은 아니었다. 1938년 73제국의회에서 당시 사회대중당 간사 니시오 스에히로(西尾末広)는 고노에 후미마로(近衛文麿) 수상을 격려하며 "무솔리니와 같이, 히틀러와 같이, 혹은 스탈린과 같이" 확신에 찬 지도자가 되라고 했다가, '스탈린과 같이'라는 한마디 때문에 의원직에서 제명되었다. 그러나 고노에는 결

---

16) Kurt Sontheimer, *Antidemokratisches Denken in der Weimarer Republik*, Studienausgabe, Nymphenburger Verlagshandlung, München, 1968, 河島幸夫·脇圭平 譯, 『ワイマール共和國の政治思想』, ミネルヴァ書房, 1976년.

코 그런 지도자가 되지 못했다. 그 해 겨울 사회대중당 서기장 아사오 히사시와 독일방문중 나치 이론의 영향을 강하게 받고 귀국한 가메이 간이치로(亀井貫一郎) 등은 나치당을 본뜬 일국일당을 목표로 고노에를 옹립해서 신당을 만들고자 했다. 그 외에도 산청련(산업조합 청년연맹)을 배경으로 한 아리마 요리야스(有馬賴寧) 등의 '국민 운동' 그룹, 정·민(政·民: 입헌정우회와 입헌민주당) 양당 내부에서의 '혁신파' 그룹 등, 다양한 구상의 일국일당안이 모두 고노에를 내세우려고 생각하고 있었다. 이것은 그들이 고노에를 결단력 있는 지도자로서 신뢰했기 때문이 아니라, 고노에가 바로 천황과 가장 가까운 귀족 집안 출신이라는 '상속 카리스마'를 지닌 가장 유력한 '가마'(おみこし: 신위를 모신 가마라는 뜻—역자 주)였기 때문이다.[17]

유럽의 전황이 독일에 유리하게 전개되는 가운데, 구체적으로는 1940년 파리함락이 가까워짐에 따라, 신당 운동도 급속히 진전되었다. 그러나 실제로 출현한 것은 바로 대정익찬회(大正翼賛會)라는 관료적 지배기구의 보조 조직이었다. 고노에라는 간판을 내걸고 신체제 운동에 참가한 우에서 좌까지의 다양한 사람들은 이 운동으로 자신들의 기대가 실현되리라고 믿고 있었다. 그 기대가 너무도 컸기 때문에 많은 사람들은 자신의 기대가 배반당했다고 실

---

17) 'おみこし' 개념에 대해서는, 丸山眞男, 『増補版 現代政治の思想と行動』, 未來社, 1964년, pp.129~130 참조.

망했다. 고노에는 처음부터 끝까지 지도력을 발휘하지 못했으며 미일교섭에도 실패해서 퇴진하고 말았다. 이어서 도조(東) 내각이 성립된다. 수상, 육상, 내상을 겸하고, 대정익찬회도 장악했으며, 후일 군수상(軍需相), 참모총장까지 겸한 도조 히데키(東 英機)였지만, 그도 결단력을 지닌 강력한 지도자는 아니었다. 자신은 단지 불가피한 역사의 흐름에 따랐을 뿐이라 믿고, 마치 유기체로서의 '국가'의 '기본적 활력'이 자연적으로 발양된 것인 양 '결단'의 의식 없이 태평양전쟁에 돌입하게 된다. 이 같은 과정에서 사회과학자가 행한 역할은 어떤 것이었는가. 일견 두드러진 것은, 결단력이 전혀 없는 약한 지도자 고노에의 주변에 쇼와연구회가 형성되어, 거기에 모인 일류 사회과학자를 포함한 지식인들이 적극적으로 정책 결정에 '참여'하고자 하였으며, '협동주의'의 제안을 중심으로 특수한 지적 분위기를 만들어 내고 있었다는 사실이다. 우선 이 점을 다음 절에서 검토하기로 하자.

2. '참여'하는 사회과학자─쇼와연구회를 중심으로─

사회과학이라는 이름을 독점한 마르크스주의가 거듭되는 탄압과 전향으로 괴멸했을 때, 그 후의 공백을 메꾸기라도 하듯 지식인들의 관심을 모은 것이 고노에 후미마로의 두뇌 집단으로 여겨지던 쇼와연구회 구성원들의 발언이었다. 실은 당시 보통 사람들이 생각한 만큼 이 집단의 두뇌가 정책 결정에 영향을 끼친 것은 아니었다. 그렇지만 최고 수준으로 평가되던 학자, 저널리스트, 그리고 '혁신관료' 등이 모인 쇼와연구회가 지적 세계에서 차지하는 비중은 컸다. 그것은 특히 고노에 '신체제'가 주목을 받을 무렵의 종합잡지에 실린 중요 논문의 과반수가 쇼와연구회 관계자들의 글이라는 점에서도 쉽게 추측할 수 있다. 이하에서 간단히 쇼와연구회의 발전과정을 살펴보고,[18] 이 집단에 참가한 몇 명의 사회과학자의 이론적 특징을 살펴보도록 하자.

고노에의 친구로서 당시 일본청년관(1921년부터 13년간 이사장은 고노에)에 있던 고토 류노스케(後藤隆之助)는 1933년 5월 구미여행에서 귀국한 후, 장래 고노에가 정국을 맡을 것을 염두에 두고 국책연구기관을 만들 것을 계획한다. 고토는 고노에와 의논하여 우선 가와이 에이지로에게 협력을 요청했으나, 가와이는 고사하고 대신 로야마 마사미치를 추천했다. 그래서 고토는 오랜 지인이자 전부터 청년단 본부의 농촌문제연구회 위원이었던 로야마에게 협력을 요청해, 1933년 10월 1일 고토사무소를 열고 연구회를 발족시켰다. 그 해 12월 시사문제간담회를 열고, 아리마 요리야스, 가와이 에이지로, 사토 간지(佐藤寬次), 나스 시로시(那須皓), 마에다 다

---

18) 쇼와연구회의 생성, 발전, 소멸의 경위에 대해서는 昭和同人會 編, 『昭和研究會』, 經濟往來社, 1968년; 酒井三郎, 『昭和研究會―ある知識人集團の軌跡―』, TBSブリタニカ, 1979년에 상세히 기술되어 있다. 이하의 서술은 주로 이 두 책에 의거하고 있다.

몬(前田多門), 로야마 마사미치, 고토 류노스케, 이카와 다다오(井川忠雄), 사카이 사부로(酒井三郎) 등이 모여 연구회 이름을 쇼와연구회로 정했다.

1936년 11월에는 쇼와연구회의 설립 취의서와 상임위원을 정하고, 조직으로서 체제를 갖춘다. 취의서에 의하면, 쇼와연구회는 "조야의 모든 지능과 모든 경험을 총동원하기" 위한 "초석으로서, 널리 관료, 군부, 실업계, 학계, 평론계 등 각 방면의 뜻을 충분히 소통시키고, 그 경험과 식견을 모아 종합적인 협력 하에 진정한 국책을 수립할 연구기관"을 지향하였다.[19] 상임위원은 다음과 같다. 오쿠라 긴모치(大藏公望), 가라사와 도시키(唐沢俊樹), 가야 오키노리(賀屋興宣), 고토 후미오(後藤文夫), 고토 류노스케, 사쓰사 히로오(佐々弘雄), 다카하시 가메키치(高橋亀吉), 다지마 미치지(田島道治), 도하타 세이이치(東畑精一), 나스 시로시, 노자키 류시치(野崎龍七), 마쓰이 하루오(松井春生), 야마자키 세이준(山崎靖純), 로야마 마사미치. 나중에 미키 기요시, 야베 사다지(矢部貞治), 류 신타로 등도 참여했다.

연구회는 참가자가 점차 젊어져 활발한 연구활동이 이루어지게 되었는데, 모임의 운영 담당 간사는 사쓰사(외교), 야베(정치), 류(경제), 미키(문화)였다.

1940년 11월 대정익찬회가 성립되어 고토 류노스케를 비롯해

---

19) 酒井, 『昭和研究會』, p.50.

다수의 중심인물들이 그쪽으로 옮겨 가자, 연구회는 해산하게 되었다. 그때까지 8년간 연 3천 명 가까운 사람들이 참가했다는 이 '지적 집단'은,[20] 결과적으로 그 정책 제언이—중국 문제에 관해서도, 3국동맹에 관해서도—현실정치에 미친 효과는 크지 않았지만, 당시 핵심 지식인들이 모인 집단으로 여겨지고 있었기 때문에 여론에 미친 영향은 컸다. 연구회 자체의 연구조사활동 주변에 '실천 운동의 핵으로서 쇼와 동인회'[21]가 정치가, 관료, 군인, 실업가를 중심으로 구성된 한편, '국가 사회에 봉사하여 지도적 역할을 수행할 인물의 교육'을 위한 '쇼와주쿠(昭和塾)'[22](1938년 9월부터 1941년 오자키사건으로 해산에 이르기까지)가 만들어졌고, 그 외에 연구활동을 통해 관련된 단체도 많아, 그 영향력의 범위를 획정하기는 쉽지 않다.

이 조직에 포함된 인적 요소도 극히 다양하다. 바바 슈이치(馬場 修一)의 분류에 따르면, 사상 경향, 사상 경력에 따라 다음과 같은 그룹으로 나뉜다.[23]

---

20) 참가자의 수 및 '지적 집단'이라는 표현은 昭和同人會 編, 『昭和研究會』, p.313에 의거했음.
21) 昭和同人會의 규약 및 회원에 대해서는 昭和同人會 編, 위의 책, pp.104～107.
22) 昭和塾에 대해서는, 위의 책, p.131 이하, 그리고 더 상세한 것은 室賀定信, 『昭和塾』, 日本經濟新聞社, 1978년 참조.
23) 馬場修一, 「1930年代における日本知識人の動向」, 東大教養學部, 『社會科學紀要』, 1969년, p.124.

(1) '전기 신인회(新人會)로부터 사회민주주의적 경향을 거쳐 쇼와연구회로 흘러오는' 그룹: 로야마, 사쓰사, 다이라 데이조(平貞藏) 등 학구파와 미와 주소(三輪寿壯) 등의 실천파가 있다.

(2) '공산당 및 그 지도 하에 있는 여러 문화단체에 속해 있다가, 이들 조직이 탄압받아 괴멸하기 1, 2년 전에 조직을 떠나 쇼와연구회에 참가한 그룹': 프로과(プロ科: 프롤레타리아 과학연구소―역자 주)에 있었던 미키 기요시 등, 유연(唯硏: 유물론연구회―역자주)에 있었던 시미즈 이쿠타로(淸水幾太郞) 등, 산업노동조사소에 있던 가자하야 야소지(風早八十二) 등.

(3) '어떤 의미에서든 마르크스주의의 영향을 받았다'고 생각되는 '대학관계자 및 저널리스트 그룹'으로서 '자유주의 좌파'라고 할 수 있는 사람.

(4) '혁신관료 그룹'

이 외에 초기에는 자금 원조자이기도 했던 시가 나오카타(志賀直方, 후일 고토 류노스케와의 관계가 악화되어 소원해졌다), 신일본동맹 위원장 사사이 이쓰초(佐々井一晁) 등의 우익도 참가하고 있다.

역시 바바의 연구에 의하면, 쇼와연구회는 다음과 같이 단계적으로 중점을 달리한다.

제1기(1932년 12월~1935년 3월) '고노에의 지인, 친구를 중심으로 한, 이른바 비공식적인 개인적 연구회' 단계.

제2기(1937년 6월까지) '현상분석'에 중점을 둔 단계.

제3기(1939년 12월까지) '연구의 중점이 정책 입안으로 두드러지게 이행한' 시기.

제4기(1940년 11월 해산까지) '동아협동체 실현에 장애가 되는 군부를 어떻게 해서 누를 수 있는가'를 중심 문제로 삼아 '신체제 운동', '국민조직'에 관심을 둔 시기.[24]

이렇게 회원층의 폭이 넓고 시대에 따라 성격이 변화했기 때문에 하나의 조직으로서 쇼와연구회의 성격을 규정하기는 매우 어려우며, 그것은 이 글의 과제도 아니다. 여기서는 다음과 같은 문제의식에 따라 이 복잡한 대상에 접근해 보도록 하겠다. 쇼와연구회는 언론계에서 영향력이 컸음에도 불구하고, 지식인이 과학적 분석을 통해 현실의 정책 결정에 영향을 끼친다는 본래의 뜻은 점차 무너지고, 이미 실시된 정책에 대해 사후에 이론적 정당화 작업을 하는 방향으로 변해 갔다. 따라서 연구회 관계자였던 사카이 사부로도 "지식인의 결집과 그 좌절의 역사"로 끝났다고 평한 바 있다.[25] 왜 이런 결과가 초래되었을까? 그리고 그 과정에서 사회과학자가 행한 역할은 무엇이었는가?

쇼와연구회에 큰 기대를 하면서 열심히 연구에 참가했던 지식인이 점차 실망하게 되는 과정은 사람에 따라 다르다. 그러나 전체적으로 보아 가장 비극적인 것은, 현상을 개선하고자 하는 의도에서

---

24) 앞의 책, p.100 이하.
25) 酒井三郎, 『昭和研究會』, p.289.

출발했으면서도 사실상 현상을 추인하고 나아가 그것을 정당화하는 방향으로 질질 끌려가게 되었다는 점이다. 일례로, 글을 많이 썼고 그 과정을 가장 명료한 형태로 보여 주는 미키 기요시의 경우를 보자.

우선 '만주사변' 이후의 '불안'에 대해 그는 다음과 같이 말한다.

"사변 후의 영향으로 지식인들 사이에 형성된 분위기는 바로 '불안'이다. 그것은 아마도 앞으로 점차 심화되어, 그림자가 짙어질 것이다. 불안의 문학, 불안의 철학 등은 모르는 사이에 사람들의 마음속에 숨어들어, 이윽고 그들을 지배할지도 모른다. …그리하여 지금 우리는, 지금 이미 점점 더 많은 애호자, 추종자가 생기는 불안 사상의 근본적인 성질을 이해하고 비판해야 할 필요에 직면해 있다."[26]

이 같은 '불안'을 초극하는 길을, 미키는 '능동적 참여'에서 구한다. 그가 참가한 쇼와연구회는 대체적으로 중국전선 불확대 입장을 갖고 있었지만, 1937년(쇼와 12) 노구교(蘆溝橋)사건(베이징 교외의 노구교에서 일본군이 야간 연습 중 누군가로부터 총격을 받은 사건—역자주)을 계기로 일본은 전면적인 대중국전쟁에 돌입했다.

---

26) 三木清, 「不安の思想とその超克」, 『改造』, 1933년 6월호, 『三木清全集』 第 10卷, 岩波書店, 1967년 수록, pp.286~287.

그는 「지식계급에게 보낸다」라는 논문에서 "오늘날 인텔리겐차들에게 요구되는 것은 적극적이 되라는 것이다"[27]라는 문장으로 시작하여 다음과 같이 현실 '참여'를 제언한다.

"우리가 아무리 초연하려 해도, 아무리 방관하려 해도, 언젠가는 모두 하나의 운명에 말려 들어갈 수밖에 없다. … 언젠가는 피하기 어려운 운명이라면, 그에 대해 적극적으로 일어나, 현실 문제의 해결에 능동적으로 참여하는 것이 인텔리겐차다운 행동이라 하겠다"[28]

이어서 그는 "인텔리겐차는 자신과 일본의 현실을 긍정하는 데서부터 재출발하지 않으면 안 된다. 자기의 사상적 현실에 대한 비판적 긍정으로부터, 일본의 행동적 현실에 대한 비판적 긍정으로부터"[29]라고 글을 맺고 있다.

여기서 그는 '비판적 긍정'이라 하여 비판의 요소를 아직 남기고 있다. 그러나 "대사건은 이미 일어났다. 좋고 싫음을 넘어서서 이미 일어난 것이다. 이것을 어떻게 끌고 나갈 것인가, 이 사건에 어떤 의미를 부여할 것인가가 문제이다. 역사의 이성의 의미를 밝히는 것, 그리고 그 의미 부여에 대해 적극적으로 나설 필요가 인텔리겐차에게 있다"[30]라고 할 때, 헤겔에서 따온 이 '역사의 이성'

---

27) 三木, 『全集』 第15卷, 1967년, p.237.

28) 위의 책, p.241.

29) 위의 책, p.243.

30) 위의 책, p.241.

이라는 관념은 '현실적인 것은 이성적이다' 라는 헤겔의 논리로 기정사실을 정당화하는 것을 가능케 했다.

미키 기요시는 1939년 1월 쇼와연구회의 이름으로 발표한 「신일본의 사상원리(新日本の思想原理)」에서, "시간적으로는 자본주의 문제의 해결, 공간적으로는 동아시아 통일의 실현, 그것이 이번 사변이 지니는 세계사적 의의이다"[31]라 하고, 결국은 "일본은 동아시아의 신질서 건설에서 지도적 지위에 서야 한다. … 동아시아협동체(이후 '동아협동체' 로 부름)가 일본의 지도 하에 형성되는 것은, 일본의 민족적 이기주의(egoism) 때문이 아니라, 오히려 이번 사변에 대한 일본의 도의적 사명에 기초하는 것"이라고 침략을 정당화한다.[32]

미키에 대해서는 이미 많은 사람이 논했기 때문에,[33] 여기서는 미키를 지식인의 정치 '참여' 가 어떤 과정을 거쳤는가를 보여 주는 하나의 전형으로서만 다루었다. 다음으로, 사회과학자의 정치' 참여' 과정의 논리를 '국민협동체' 와 '동아협동체' 를 두 기둥으로 하는 로야마의 이론 구성을 고찰하기로 한다.

로야마의 국민협동체론의 결정적인 문제는 '국민협동체' 를 '국가' 와 '사회' 개념을 포섭하는 것으로서 정치학의 중심적인 대상으로 삼은 점이다. 『개조』 1939년 4월호에 실린 「국민협동체의 형

---

31) 앞의 『三木清全集』 第17卷, 1968년, p.510.

32) 위의 책, p.533.

33) 三木清에 관한 연구 문헌에 대해서는, 예를 들어 住谷—彦 編集解說, 『近代日本思想大系第二七卷三木清集』, 筑摩書房, 1975년, 권말 「參考文獻」 참조.

성(國民協同體の形成)」이라는 논문에서 로야마는 통제경제와 계획경제를 필요로 하면서도 그 과제에 부응하지 못하는 "근대국가 그 자체의 위기" 상황에서 "기구와 제도의 설명원리"에 그치고 있는 '근대정치학'은 "학문적 파산"에 이르고 있다고 본다.[34] 그는 이 한계를 극복하기 위한 방법을 다음과 같이 제시한다.

"나는 근대정치학의 대상이었던 '국가' 개념에 대해, 국민협동체 개념을 현대정치학의 대상으로 삼고자 한다. 국민협동체는 '국가'보다도 한걸음 더 나아가 근원적인 의미에서 인간생활의 존재형태인 민족 내지 국민에 근접하여 그 의미 또는 목적의 충실을 확보하려는 신질서이며, 동시에 종래의 학문 또는 상식에서 '국가' 개념에 대립적인 위치에 있었던 '경제'나 '사회'도 포함한 입체적인 사회적 존재이다."[35]

나아가 로야마는 이 같은 "국민협동체의 형성이야말로 현대 일본 정치학의 가장 중요한 과제"라 하고 그 이유로 두 가지를 든다. 첫째는 "현대 일본의 정치적 과제는 어느것도 기존의 평면적인 국가기구의 개혁으로는 아무것도 할 수 없어, '거국일치', '국민정신총동원', '만민익찬', '총국력', '총친화' 등의 윤리적 도의적 의미를 함축하는 슬로건으로 이를 해결하려는 시도가 이루어지고 있"는 점이며,

---

34) 蠟山政道, 「國民協同體の形成」, 『改造』 1939년 4월호, 蠟山, 『東亞と世界』, 改造社, 1941년 수록, pp.43~45.

35) 위의 책, pp.46~47.

두 번째는 "현재 진행되고 있는 통제경제나 계획경제가 국민협동체의 합리적 건설 작용"이라 할 수 있는 것을 보여 준다는 점이다.[36]

첫 번째 이유에서 볼 수 있듯이, 로야마는 '국민협동체'를 "조직적 의미에서의 국가 … 의 배후에 잠재해 있는 보다 근원적인 국민통일체"[37]라 생각한다. 그는 또한 그것이 "전통적, 역사적"인 것임을 강조하고, 이것을 "사회학적 개념으로 파악하는 것은 불충분하다. 그것은 일본민족의 내면적 통일을 구체적으로 표현하는 정신적 협동체로서, 그 자체로서 희구하는 어떤 기대를 포함하는 것이다"라고 하였다.[38] 이렇게 해서 당위로서의 '국민협동체', 나아가 정신적 요소에 대한 기대를 내포한 존재로서의 '협동체'가 역설될 때, 실제로 존재하는 '국가'의 권력관계를 분석하는 눈은 그 기대로 인해 흐려지게 된다.

로야마는 이상과 같은 '국민협동체'를 형성하기 위해서는 "국민조직이 우선 이 국민의 도의적 · 윤리적 감정을 기초로 해서, 그것을 조직의 중대한 유기적 협동의 요소로서 도입"해야 하며, 그러한 국민조직을 전제로 해서 입헌주의도 그 성격을 변화시켜야 한다고 한다. 그는 "그 동안 운용되고 인식되었던 입헌주의는 지나치게 좁은 의미에서의, 즉 근대적인 의미에서의 입헌주의였다. … 또, 그 입헌주의는 지나치게 법률적으로 해석되고, 좁은 의미의 법률

---

36) 앞의 책, pp.47~48.
37) 앞의 책, p.48.
38) 앞의 책, p.51.

론으로 파악되어, 마치 그것이 헌법정치의 전부인 것처럼 다른 중대한 요소를 사상(捨象)시켰다. 그러나 우리 일본의 입헌주의는 일본의 국체를 중심으로 한 국민의 정치적 형성의 내재적 원리에 입각해야 한다"고 주장했다.[39] 메이지 말기부터 다이쇼에 걸쳐, 미노베, 요시노의 노력에 의해 사회과학이 '국체'로부터 해방되는 방향으로 발전해 왔으나, 이 단계에 이르러 '국체'가 사회과학 속에 들어오게 되었다. 이 선조 회귀(Atavismus)는 두말할나위 없이 사회과학의 자기부정이었다.

'국민협동체'가 최종적으로는 도의적 · 윤리적 기초를 갖는다는 관념은, 일본이 주도해야 할 '동아협동체'의 성격과도 관련 있다. 잡지 논문으로서 최초로 '동아협동체'에 대해 논한 로야마의 「동아공동체의 논리(東亞共同體の論理)」(1938년 『개조』 11월호)에서 '성전(聖戰)'은 "동아에 신질서를 건설하려는 도의적 · 이념적 목적을 지니는 것이다. 환언하면, 동양의 항구적 평화를 가능하게 하고 그것을 보장하기 위한 것이다"라고 해석된다.[40] 그리고 "인간의 도덕 윤리를 기준으로 하는 무한한 도덕적 국가"인 동양의 국가 일본이 "대조적인 법치적 기준에 의한 영토적 · 주권적 민족국가의 이론"을 극복하는 것으로 간주된다.[41] 이렇게 '협동체'에서의 도의성을 강조

---

39) 앞의 책, pp.71~72.
40) 蠟山, 「東亞協同體の理論」, 『改造』, 1938년 11월호, 『東亞と世界』, 수록, p.4.
41) 위의 책, p.12.

한 것은 침략의 현실에 대해 무비판적인 태도를 낳았다.

로야마는 "동양의 각성"을 전제로 "동양문화에서의 통일적 의의"가 형성될 때 "동양을 지역적 협동체로 만드는 동인은 우선 그 정신과 의식 … 그 민족의 지역적 운명(Raumsschicksal) 의식에서 발생하는 것"이라 하여 "지역적 운명협동체"로서의 "동아협동체"의 성립 근거를 의식에서 찾고 있는데,[42] 이는 바로 일본이 강요한 '대동아공영권'이라는 '운명공동체'에 대한 아전인수격 정당화일 뿐이다.

요컨대 일단 권력기구로서의 '국가'를 대신해서 '국민협동체'가 연구의 중심 대상이 되면, 권력 지배의 현실은 분석 대상에서 사라지고 도의적, 윤리적 당위 명제가 이를 대치하여 사회과학적 분석이 아니라 기대의 논리화가 이루어진다. 권력정치의 상황은 서구의 것이고 그에 맞는 정치학은 '도의적 국가'인 일본에는 적용될 수 없다면, 그것은 보편적 사회과학을 포기하고 특수 일본을 정당화하는 것일 뿐이다.

로야마와 더불어 쇼와연구회에서 주도적 역할을 했고 나아가 '신체제 운동'에 깊이 관여했던 야베 사다지의 경우도, 마지막에 '도의에 기초한 대동아의 자주적 공영(共榮) 건설이라는 이상'에서

---

42) 앞의 책, p.27. 蠟山政道에 관해서는 뛰어난 비판적 연구로서 松沢弘陽, 「民主社會主義の人びと」, 思想の科學研究會 編, 『改正增補轉向』 下, 1978년, p.246 이하도 참조. 또, 松沢, 『日本社會主義の思想』, 筑摩書房, 1973년, p.289 이하에 수록.

'대동아 성전의 세계사적 의의'를 발견하려고 한 점[43]에서 로야마와 일치한다. 다만 그에 이르는 과정은 '자유적 중민정'(衆民政, 데모크라시)으로부터 '공동체적 중민정'으로의 이행이라는 대중민주주의 발전단계론을 주장하고 있다는 점이 그 특징이다. 일찍이 1931년에 '중민정의 위기'에 관한 이론을 전개하기 시작한 야베는,[44] 1935년에는 "현대의 일반 문명 사회에 적합한 중민정 기구로서, 공동체적 중민정으로의 발전이 더욱 요청되고 있음을 분명히 파악해야 한다. 그러나 이러한 관점에 설 때는, 중민정과 독재정의 관련이라는 극히 흥미로운 문제가 중요한 과제로서 검토되어야 한다"고 하였다.[45] 그리고 이렇게 개인주의, 자유주의를 기초로 하는 18세기적인 '자유적 중민정'으로부터 퇴니스(Ferdinand Tönnies)로 대표되는 '공동체적 중민정'으로의 이행은, '분권적 개인'으로부터 '일체적 국민공동체'로 중점을 옮겨 감으로써,[46] 구체적으로는 다음과 같은 차이를 낳는다. 즉 '자유적 중민정'에서는 "성문헌법주의, 절대적·인권적 법치주의, 권력분립주의를 기초로 해서 대의기관으로서 의회를 중시하며, … 정당정치를 택하고 … 자유방임

---

43) 矢部貞治, 『新秩序の硏究』, 弘文堂, 1945년, pp.240~241.
44) 矢部, 「現代獨壤における衆民政諸論(一)」, 『國家學會雜誌』 第45卷 10號, 1931년, p.40. 이 논문은 12호 및 다음해 제11권 2호에 걸쳐 연재.
45) 矢部, 「獨裁政と衆民政」, 蠟山政道 編, 『吉野作造先生追悼記念政治及政治史硏究』, 岩波書店, 1935년, p.565.
46) 위의 책, p.518.

의 경제조직을 주장 또는 용인하고자 하"는 데 대해, "공동체적 중민정의 입장은, 모든 국민의 일반 의사를 최고의 원천으로 하고, 그것의 직접정치를 목표로 하여 의회정당에 의한 간접정치를 가능한 한 감소시키고자 하며…사회정의를 목표로 하는 단체주의적 통제경제조직을 중시하"는 것이다.[47]

이러한 '공동체적 중민정'의 주장은, 서구의 '자유적 중민정'으로부터 '독재정'으로의 매개항으로 자리매김되었을 뿐 아니라, 나아가 서구 근대에 대한 일본의 '공동체의 전통'의 우위성을 뒷받침하는 데 이용되었다. 1942년에 발표된 논문 「공동체와 정치」에서 야베는 다음과 같이 말한다.[48]

"오늘날 서구의 근대주의 생활원리는 지나치게 이익 사회적인 발전을 지향한 결과 정치, 경제, 사상, 문화, 신앙의 전 영역에 걸쳐 중대한 위기에 봉착하고 있으며, 이익 사회의 원리에 내재하는 '무정부' 현상이 현저해짐으로써 '서구의 몰락'이 예견되었다. 그들이 다시 그 생활원리를 바로잡을 수 있는가 여부는, 모든 생활영역에 공동체적 기초를 환기시키고, 배양, 강화시킬 수 있는가 여부에 달려 있다. 그런 의미에서 일본의 유구한 역사를 관통하여 더욱더 생명력을 발휘하고 있는 공동체의 전통은 인류문명의 광명이다."

'협동체'라는 관념은 쇼와연구회의 다양한 관념들의 공약수였

---

47) 앞의 책, pp.517~518.

48) 矢部,「共同體と政治」,『東京帝國大學學術大觀, 法學部經濟學部』, 1942년, p.408.

다고 할 수 있는데,[49] 이 관념은 사회과학자에게 종종 아킬레스건이 되었다. 왜냐하면 이런 관념 때문에 사회과학자는 사회의 관계에 대한 냉철한 관점을 상실하고 도의적 규범론에 빠지는 경향이 나타났기 때문이다. 『강좌』의 이론적 지도자 중 한 사람이었던 히라노 요시타로도 예외는 아니다. 즉 히라노는 "아시아적 경제 구성을 기초로 하는 동양 사회는, 일반적으로 그 사회구성의 기저가 가족제도·선조 숭배를 기초로 하는 농촌향토 사회이다. 그것이 아시아의 사회적 본질인 협동체적 성질을 규정하고, 화경(和敬)의 도덕을 성립시켰다" 하고, 이렇게 협동체적 특질을 공유하는 점에서 "대아시아주의의 역사적 기초"를 발견하고자 했다.[50] 나아가, 그 협동체가 본래 도의성을 지닌다는 관점에서, 일본이 주도하는 대동아공영권은 "동양도의에 기초하는 법질서"를 형성할 수 있다고 하였다.[51] 이러한 입장에서 히라노는, 일본 점령 하에 있는 아시아

---

49) 蠟山政道의 회고에 다음과 같이 기술되어 있다. "昭和硏究會가 공통적으로 가지고 있었던 것은 내외의 정책을 통해서 말할 수 있다고 생각되는데, 이른바 협동체적인 생각이 있었다. 당시의 게젤샤프트와 게마인샤프트라는, 저 독일 사회학의 영향은 상당히 강했다. 즉, 당시의 정당, 군부, 관료 혹은 산업 기업 외에 국민 전체에 무언가 공통의 연계를 지닌 협동체적인 생각이 있었던 것은 아닐까" 平貞藏·酒井三郎·蠟山正道·後藤之助·笠位太郎,「昭和硏究會の歷史的役割(一)」,『昭和同人』第6卷 11號, 1960년 11월, p.23.

50) 平野義太郎,『大アジア主義の歷史的基礎』, 河出書房, 1945년, p.8.

51) 平野,『民族政治の基本問題』, 小山書店, 1944년, p.251.

지역의 대표자들을 모은 '대동아회의'(1934년 11월 6일)에서 "대동 아헌장의 고매하고 숭고한 도의정신"을 자랑하고,[52] "대동아 법질 서의 근본이념은 황국이 팔굉위우(八紘爲宇: 보통 '八紘一宇' 전 세 계가 한 사람의 가장 밑에서 한 가족처럼 사이좋게 지내자는 것. 태평양 전쟁 당시 일본측의 지도 원리가 되었음—역자주)의 정신에 따라, 생 성발전의 영원한 건설과정에서의 나라 탄생, 수리고성(修理固成: 일본의 건국신화가 담긴 역사서 『古事記』에 나오는 말—역자주)의 대 의에 기초해서, 아시아 제 민족, 제 국가들 간의 공존공영의 법질서 를 역사적으로 전개해 나가고, 제 국가가 각각 제자리를 얻고 또한 백성들로 하여금 안도하게 하는 데 있다"[53]고 하여, 일본의 특수한 신화의 세계에까지 되돌아가게 되었다.

이상 쇼와연구회의 이론적 지도자 두 사람과 과거의 마르크스 주의 이론가의 경우에 대해, '협동체'(또는 '공동체')를 둘러싼 이 론에 의해 적극적인 '참여'를 시도한 결과 그들이 어떻게 냉철한 분석의 눈을 잃게 되었는지, 그리하여 기정사실을 추인하여 이를 정당화하는 한편, 현실분석적이어야 할 이론에 '기대'를 투사하기 에 이르렀는가를 보았다. 이런 비참한 사실에는 일본의 사회과학 자의 한 사람으로서 외면하고 싶은 마음을 금할 수 없으나, 우리는 이런 전례를 직시하여 반성의 자료로 삼아야 한다.

---

52) 앞의 책, p.6. 또, 「大東亞憲章」 전문은 같은 책, pp.253~254.

53) 앞의 책, p.244.

3. 마르크스주의 이후의 사회과학
― '제3의 길', '단 하나의 길' 등―

이 시기, 즉 15년 전쟁 시대의 사회과학을 다루면서, 우선 가장 유력한 '지적 집단'으로서 쇼와연구회부터 시작했으나, 실은 쇼와연구회에서도 있었던 문제로서 '마르크스주의 이후'에 대해 생각하지 않으면 안 된다. 즉, 한때 사회과학이라는 이름을 독점한 마르크스주의는 어떻게 되었는가 하는 문제이다.

사회과학으로서의 마르크스주의가 보편성, 체계성, 비판성을 지닌 것으로서 지식인들을 매료시켰으나 그것이 동시에 수입성, 교조성, 내부 분열성이라는 부정적인 면을 드러내는 경향이 있었음은 앞에서 지적했다. 좌익에 대한 탄압과 전향의 시기에 우선 현저하게 나타난 현상은 이 부정적인 측면에 대한 반발이 마르크스주의 그 자체를 의미하는 것으로 받아들여졌던 사회과학 일반에 대한 부정으로 표출되는 경향이었다. 이것을 가장 전형적으로 보여 준 것은 마르크스주의를 믿고 정치활동을 하던 사람이 전향하여, 사회과학을 싫어하고 대신 로망적(Roman) 문학에 관심을 갖게 된 경우이다. 일본 낭만파의 가메이 가쓰이치로(龜井勝一郎), 아사노 아키라(淺野晃) 및 이 낭만파 운동의 주변에 있던 하야시 후사오(林房雄) 등이 그 대표적인 예라 하겠다. 정치로부터 문학으로의 이행은 체계적, 합리적 이론 일반에 대한 혐오를 낳고 대신 전통, 미, 생명, 생활에 대한 관심을 불러일으킨다. 시마키 겐사쿠(島木健作)의

전향 후의 작품 『생활의 탐구(生活の探求)』(1937년)가 널리 읽힌 것도, 또 '생의 철학'이 유행한 것도 모두 마르크스주의에 대한 반동의 표현이었다. 1942년(쇼와 17)에 잇달아 출간된 다나카 아키라(田中晃)의 『생철학(生哲學)』, 도네가와 도요(利根川東洋)의 『생의 철학(生みの哲學)』, 기히라 다다요시(紀平正美)의 『긍정의 철학(なるほどの哲學)』등은 이 경향을 대표한다.

그러나 마르크스주의에 대한 이런 부류의 반동은 지식인의 사회과학 일반에 대한 관심을 약화시켰다는 점에서는 중요하지만, 이는 문학의 문제, 철학의 문제일 뿐 사회과학 내부의 문제는 아니다. 사회과학 분야에서는 민족협동체의 '생활력(Lebenswucht)'에 주목한 고틀(F.v.Gottl-Ottlilienfeld)의 경제학이 어느 정도 관심을 끈 외에는,[54] 합리적 이론에 반대하는 특수주의적 이론이 만들어진 데 그쳤다. 예를 들어 사토 기요카쓰(佐藤清勝)는 『서양정치학비판(西洋政治學批判)』(1934)에서 "일본의 국가는 순수한 도(道)의 철학을 갖고 있으며 정의(情義)의 도를 갖고 있다. 그에 반해 구미의 국가는 유리주의(唯理主義), 주지주의(主智主義)의 철학을 갖고 있고, 자연주의·개인주의의 사상을 갖고 있다. 이 같은 철학 및 사상의 차이는 실로 국가의 성립과 국민의 성격에 유래하는 것이

---

54) Gottle 경제학에 대해서는 福井孝治, 『生としての經濟學』, 甲文堂書店, 1936년이 있다. 이 점에 대해서는 長幸男·住谷一彦 編, 『近代日本經濟思想史 II』, 有斐閣, 1971년, p.221 이하 참조.

다."[55] 당시 유행하던 이런 부류의 언설은 오늘날의 관점에서 보면 도저히 사회과학 이론이라 부를 가치가 없는 것이지만, 일단 보편 이론, 합리적 체계에 대한 반동이―보편주의적, 합리주의적인 것은 외부로부터, 즉 서구로부터 오는 것이라 하여―일어나기 시작하면, 비합리주의적 자기 예찬이 어디까지 갈 수 있는지를 보여 주는 극단적인 예로서 주목할 만하다.

이상에서 말한 '반동'이 '마르크스주의 이후' 시기의 첫 번째 특징적 경향이라면, 두 번째 경향―사회과학에 더욱 중요한―은 마르크스주의의 '전진(轉進)'이라 할 현상이다. '전진'이라는 표현은 전쟁중 대본영 발표에서 패퇴(敗退)를 뜻한 용어로서, 편의상 내가 전용한 것이며 당시 사회과학자가 사용하던 것은 아니다. 당시 사회과학자의 용어로서는 가자하야 야소지가 사용한 '제3의 길'이 있다.

1938년에 간행된 『노동의 이론과 정책(勞働の理論と政策)』의 서문에서 가자하야는 다음과 같이 '제3의 길'을 제안한다. "세계사적인 만주사변(日支事變)이 발발하여 대내적으로도 강력한 통제경제 체제가 급속히 수립되었다. 노동 및 농민 전선에도 큰 이변이 있었다. 많은 인텔리겐차는 갑작스럽게 닥친 이 새로운 사태에 대처할 방법을 몰라, 어떤 자는 관료기구의 성원이 되고 또 많은 경우는

---

55) 佐藤清勝, 『西洋政治學批判』, 豊國社, 1934년. 단, 여기서는 1942년 再版에 의함. p.4.

단순히 수수방관하였다. 그러나 과연 제3의 길은 없는 것일까? 전선의 용사와 같은 결의로 임할 때, 인텔리겐차는 국민의 유력한 비판적 요소로서 독자적으로 적극적인 역할을 할 수 있는 것은 아닐까?"[56]

여기서 가자하야가 '제3의 길'로 제시한 것은 관료가 되지도 않고, 방관을 하지도 않으며 "국민의 유력한 비판적 요소로서의" 역할을 다하는 것인데, 이 경우의 비판성이란 종래 마르크스주의가 지니고 있었던 체제 전체에 대한 비판이 될 수 없음은 당연하다. 그렇다면, 체제를 인정하고 그 속에서 비판을 한다는 것은 어떤 것이었을까? 구체적인 예를 들어 말하자면 그것은 예컨대 "관료·반(半)관료의 발안에 의한 산업보국회(産業報國會) 운동에 대해서도 이를 자발성 획득의 한 계기로 삼는" 노력을 의미했다. 이러한 시도를 하는 것은 "우리 나라의 관료는 그 하반신은 '자본주의 이전'이지만 몸통은 '자본주의'에 연결되어 있고, 머리는 이를 지나서 '자본주의 이후'로 돌입한 경향이 있다"는 일본 관료제에 대한 평가에 기초하고 있다.[57]

그러나 아무리 그렇다 해도 산업보국 운동이 "어디까지나 관료·반관료의 대중 획득 운동"임은 가자하야도 잘 알고 있었다. 그는 "따라서 이와 같은 형태를 종업원 대중의 자발성 취득의 계기로

---

56) 風早八十二, 『勞働力の理論と政策』, 大洋社, 1938년, pp.1~2.
57) 위의 책, pp.263~264.

파악하는 것은 나무에서 물고기를 구하는 것과 같으며, 형식 논리로 말하면 그 자체가 모순을 내포하고 있음을 인식해야 한다. 그러나 나무에서 물고기를 구하고 있음을 아는 자만이 이 모순을 돌파할 수 있는 것이다"라고 주장했다.[58]

가자하야는 원래 사회정책을 '총자본'의 논리에 종속되는 것으로 보고, 그 논리의 합목적성에 따라, 일국의 생산력을 신장시키기 위해 사회적 조건을 합리적으로 개조할 것을 주장했다. 이러한 가자하야의 이론은 오고우치 가즈오(大河內一男)의 이론과 함께 일반적으로 '생산력 이론'이라 불린다. 물론, 같은 '생산력 이론'이라 해도 가자하야가 개조를 실현시키는 주체적 세력을 중시한다는 점(바로 그 때문에 앞에서 인용한 바와 같이 산업보국 운동에 특별히 주목을 하게 된 것이다)에서 양자의 역점에 차이가 있다. 그러나 공통적인 것은 '생산력 이론'이 양면성을 지니고 있다는 점이다.

'생산력 이론'은 전쟁 혹은 그에 수반하는 통제 경제, 노동 통제를 인정하는 현상 긍정적인 면을 지니고 있다. 가자하야의 경우 "만주사변 개시 이전에서 이후로 통제경제체제의 단계적 진전과 그 일환으로서의 강력한 노동 통제"를 인정했고,[59] 오고우치는 "전쟁은 … 올바른 것과 올바르지 않은 것을 솔직하게 걸러 나누고, 국가의 전진에 도움이 되는 것과 도움이 되지 못하는 것을 가차 없이 구별

---

58) 앞의 책, pp.265.
59) 앞의 책, 序言, p.3.

했다. … 합리적인 것이 관철된다.—그것은 필자가 감격하며 전쟁
으로부터 배운 교훈이었다"라고 하였다.[60] 이는 현상 긍정적인 면
을 보여 주는 예라 하겠다.

한편, '생산력 이론'에는 또 다른 측면이 있다. 전쟁의 수행, 생산
력 증대를 위해서는 단지 정신주의적으로 노동자를 질타 · 격려하
는 것만으로는 부족하고, 일정한 합리성을 지닌 노동 조건의 완비가
필요하다고 주장한 점에서, 이 이론은 산업보국 운동 진영에서도
비교적 합리성을 중시하는 사람들에게 이론적 기초를 제공하게 되
었다. 그러나 전세가 나빠짐에 따라 체제 내의 '기술적 비판'으로
부터 '기술적 협력'으로 전환한 사실은 부정할 수 없다.[61]

가자하야의 '제3의 길'이 일정한 저항의 의미를 내포한 '위장
전향'이었는가, 아니면 체제의 유지 강화에 봉사한 진정한 전향이
었는가 하는 문제는 '전향론'이나 운동론의 과제로 두고 이 책에
서는 논하지 않기로 한다.[62] 현재 우리의 시각에서 보면, '생산력
이론'은 마르크스주의가 사회과학의 세계로부터 표면상 말살된
이 시기에 위와 같은 양면성을 지니면서도 명백히 마르크스주의의

---

60) 大河內一男, 『社會政策の基本問題』, 日本評論社, 增補版, 1944년, 「增補版
    への序」, p.8.
61) '생산력 이론'의 비판적 검토에 대해서는 戶塚秀夫, 「社會政策論の變遷」
    長幸男(외) 編, 『近代日本經濟思想史 II』 수록, p.175 이하 참조.
62) 전향론의 시점에서 논한 것으로서는 高畠通敏, 「生産力理論」, 思想の科學
    研究會 編, 『轉向』中, 平凡社, 1960년, p.201 이하 참조.

유산을 계승하는 형태로 전개된 사회과학 이론이었다는 점이다. 그러나 동시에 마르크스주의의 비판성이 체제 내 기술적 비판이 되어 버림으로써, 이론적 분석도 무언가 영향을 받게 된 것은 아닐까 하는 의문은 여전히 존재한다. 그것은 국가의 역할에 대한 오고우치의 분석이나 일본의 사회적 전통 속에 있는 '유기적 질서'에 대한 가자하야의 분석이 모두, 날카롭지 못할 뿐 아니라 일종의 안이함마저 내포하고 있는 것은 아닌가 생각되기 때문이다.[63]

여기서 '제3의 길'과 대비해서 가와이 에이지로의 '유일한 길(唯一筋の路)'을 들어 보고자 한다. '단 하나의 길'이라는 표현은 가와이가 좋아한 말로서, 그의 사후 만년의 일기가 이 제목으로 출간된 바 있다.[64] 가와이와 가자하야는 기묘한 인연으로 한 번 만난 일이 있다. 1925년 파리에서 가와이는 가자하야를 가르쳤던 프랑스어 교사에게서 프랑스어를 배웠다. 그 후 귀국한 두 사람은 전혀 다른 길을 걷는다. 가자하야가 규슈대학을 사직하고 '프로과'나

---

63) 大河內는 '국가' 목적 달성을 위한 목적합리성을 주장하는데, 그것은 전시중에 설득력을 갖도록 하기 위해 유효한 수단이었는지는 모르겠지만, 분석으로서는 일본의 천황제 국가가 심정적인 측면, 가부장적 요소와 불가분의 관계에 있었던 점을 간과하는 결과가 되지 않을까 하는 의문이 남는다. 風早에 대해서는 먼저 인용한 부분에서의 관료에 대한 평가의 문제 외에 『全國民事慣例類集』, 日本評論社, 1944년, 해설에 있는 전통적 촌락에서의 '유기적(有機的) 질서'의 평가에는, 그와 밀접한 관계에 있었던 平野義太郎의 '協同體'의 경우와 같은 문제를 내포하고 있다.

64) 河合榮治郎, 『唯一筋の路』, 日本評論社, 1948년.

'산로'(産勞: 산업노동조사소―역자주)에서 마르크스주의자로서 활약한 데 비해, 가와이는 로야마와 더불어 1931년 문부성에 설치된 학생사상문제조사사회 위원을 지내면서 학생의 '사상 선도'를 맡았으며, 또한 마르크스주의를 비판하는 논객으로 활약했다. 이상주의적 자유주의자였던 가와이는 그런 입장에서 마르크스주의를 비판했으나, 좌익이 철저히 탄압되고 나서 그는 군부를 비판하기 시작했다. 1936년 2·26사건 직후, 「2·26사건 비판」을 3월 9일자 『제국대학신문(帝國大學新聞)』에 발표했고, 이어서 『중앙공론』 6월호에 「시국에 대해 뜻을 말한다(時局に對して志を言う)」를 써서 군부의 무력에 의한 정치 개입을 통렬히 비판했다. 이듬해인 1937년에는 이 일련의 논문을 모은 『시국과 자유주의(時局と自由主義)』가 출판되어 놀라운 판매고를 올렸다. 그러나 결국은 우익의 공격으로 인해 이 책을 포함한 4권의 저서가 1938년(쇼와 13) 10월 3일부로 발매 금지되었다. 1938년은 가자하야가 '제3의 길'을 제창한 해이기도 하다. 그 후 가와이는 1939년 1월 '히라가 숙학'(平賀肅學: 해군 출신으로 당시 도쿄대 총장이었던 히라가가 경제학부 내의 '혁신파'와 순리파〈純理派〉의 대립을 해산하기 위해 두 파의 중심이던 두 교수를 휴직 처분한 조치―역자주)에 의해 휴직되었고, 출판법 17조 "안녕 질서를 해하는 자"에 해당되어 기소당해 1943년 6월 유죄(벌금 300엔)가 확정되었다. '이상주의 체계'라는 대저서를 구상하고 있었으나 이를 달성하지 못한 채 1944년 2월15일 가와이는 병으로 쓰러지고 말았다.

이 책의 문맥상, 그의 사회과학 이론에서 주목할 점은 '협동체론'의 등장 및 기타 상황의 변화에 관계없이 다원적 국가론을 고집한 것이다. 사실 그가 1940년 4월 7일 공판에서 요약·진술한 자신의 국가관은, 1931년 『사회정책원리』에서 이미 피력한 것으로부터 조금도 변하지 않은 것이었다. 법정 진술을 좀더 요약하여 그의 국가관을 정리해 보면 다음과 같다.

(1) 나는, 국가는 한 계급이 독점하는 것이 아니라 초계급적 색채를 띤다고 생각하는 점에서 마르크시즘과 다르고, 명령 강제 권력이 인격 성장에 필요하다고 확신하므로 무정부주의의 국가관과도 대립된다. 전체 사회와 부분 사회로 나누어, 전체 사회를 국민이라 하고 부분 사회를 국가라 하는 영국의 이른바 다원적 국가관 혹은 직능 국가관은 나의 견해와 가까우나, 영국의 논자가 경험주의적, 자연주의적 철학에 입각하여 유물론에 가까운 설명을 하고 있는 데 반해, 인격으로써 설명하는 점이 나의 특징이다.

(2) 종래 일본의 전통적 국가관에서는, 내가 말하는 부분 사회와 전체 사회를 합해서 국가라고 한다. 나는 이렇게 국가라는 한 단어로 혼동되고 있는 두 측면을 분리하여, 외국과 구별되는 특수성이 역설되는 측면을 국민 또는 조국이라 칭하고, 개인과 대립하는 경우 또는 명령 강제가 작용하는 경우의 국가를 부분 사회라 칭한다.

(3) 전체 사회로서의 국민, 조국이란 공동의 언어, 감정, 풍속, 문화, 역사를 갖는 사람들의 집단이며, 부분 사회로서의 국가란 질서 유지

를 특수 목적으로 하고 명령 강제의 권력을 부여받은 사회이다.[65]

이 진술에서 알 수 있듯이, 가와이는 '부분 사회'로서의 '국가'와 '전체 사회'로서의 '국민'을 구별함으로써, '국민'의 특수성이 '국가'의 분석에 영향을 끼치는 것을 막고, '국가'에 대해 보편적인 입장에서 비판하는 것을 가능케 했다. 이에 대해 검사는 논고에서 "원래 일본 국가의 특색은 하나의 커다란 가족국가로서 황공하게도 천황을 중심으로 만민일체가 될 수 있는 융합국가라는 점"을 강조하고, "피고인 가와이같이 일본 국가를 부분 사회로서의 국가와 전체 사회로서의 조국으로 분석하고, 게다가 부분 사회로서의 국가를 명령 강제에 의해 통일된 개인의 집단이라 하는 것 자체가 이미 전술한 신념과도 같은 우리 국민의 황국관과 어울릴 수 없는 것으로서, 우리 일본과 국정(國情)이 전혀 다른 서구 여러 나라들의 국가를 대상으로 결론을 내린 국가관이라 해야 할 것입니다"[66]라고 주장하여, 일본에 서구의 국가관을 적용하는 것을 거부했다.

가와이나 미노베 다쓰키치가 자신의 이론의 보편적 성격을 고집하여 국가 권력에 의해 말살된 무렵, 그 제자들 사이에서는 새로운 사회과학을 전개할 준비가 되어 있었다. 가와이의 두 제자 기무

---

65) 東京地裁第二回公判記錄, 社會思想研究會 編, 『河合榮治郎全集』, 社會思想社, 第21卷, 1969, pp.60~64. 여기서는 山下重一, 「河合榮治郎―戰鬪的自由主義者―」, 小松茂夫·田中浩 編, 『日本の國家思想』下, p.237에서 요약된 것에 의함. 단 『全集』도 신가나로 고친 것이어서 山下의 요약 중에 구가나는 인용할 때 신가나로 고쳤다.

66) 『河合全集』 第21卷, p.169.

라 다케야스(木村健康)와 야스이 다쿠마(安井琢磨)는 슘페터가 1931년 일본에 와서 도쿄대학에서 강연을 했을 때 청중 속에 있었는데, 이 두 사람은 1936년에 슘페터의 『이론경제학의 본질과 내용(理論經濟學の本質と內容)』을 일본어로 번역 출판했다. 3주에 걸친 슘페터의 일본 체류는 직접적인 영향은 그리 크지 않았던 것 같다. 그러나 슘페터의 강연 후, 야스이가 경제학을 공부하고 싶은데 무엇부터 시작해야 하는가를 질문한 점으로 미루어 보아, 야스이에게는 이 만남이 중요했다고 생각된다.[67]

그러나 슘페터는 다른 경로로 일본의 근대경제학의 발전에 큰 영향을 미치게 된다. 1928년에 도하타 세이이치(東畑精一)가, 그리고 이듬해에는 나카야마 이치로(中山伊知郎)가 본으로 가서 슘페터에게 배웠으며, 이들은 귀국 후 정력적으로 그의 업적을 번역하고 소개하는 데 힘썼기 때문이다. 또한, 나카야마는 1933년 『순수경제학(純粹經濟學)』을 출판하여 월러스(Léon Walras), 슘페터 등의 이론을 보급했고, 도하타는 『일본 농업의 전개과정(日本農業の展開過程)』(1936년)과 『농촌 문제의 제상(農村問題の諸相)』(1938년)을 출간하여 일본 농업에서 '경제의 논리'를 분석했다.[68]

어느 면에서 순수경제학과 일종의 방법적 친근성을 지닌 켈젠

---

67) 슘페터가 일본을 방문할 당시의 사정에 대해서는 玉野井芳郎, 『日本の經濟學』, p.159 이하 참조. 이하에 기술하는 일본 근대경제학의 성장에 대해서는 같은 책에 의거했다.

68) 東畑精一, 『農村問題の諸相』, 岩波書店, 1938년, 서문, p.2의 표현.

(Hans Kelsen)의 순수 법학이 이 시기에 미친 영향도 간과할 수 없다. 켈젠 이론은 앞에서 든 야베로부터 "현대 대중 국가의 현실적인 요청에 눈을 가리는 낡은 정통론이나 다름없다"라는 비판을 받았으나,[69] 요코타 기사부로(横田喜三郎)는 바로 그 켈젠의 이론을 국제법 영역에서 전개시켰다.[70] 특히 요코타는 『국제법(國際法)』 상권(1933년)에서 켈젠의 국제법 상위설을 열성적으로 지지했을 뿐 아니라, 나아가 이를 현실에 적용하여 일본의 국제연맹 탈퇴론에 반대했다.[71] 이 때문에 그는 우익의 공격 대상이 되었다.

공법의 영역에서 켈젠의 이데올로기 비판의 방법을 발전시킨 것은 미노베의 후계자인 미야자와 도시요시(宮沢俊義)였다. 그는 스승이 의거했던 국가법인설의 이데올로기적 분석을 통해, 그 양면성을 다음과 같이 지적했다.

(1) 국가법인설은 통치권의 주체는 통치자가 아니라 법인인 국가라고 주장함으로써, 가산국가적 내지 절대군주정적 사상을 극복하려는 자유주의의 요청에 부합되었다.

(2) 국가법인설은 나아가 통치권의 주체가 구체적인 인간(또는 계급)이 아니라 추상적인 국가인이라고 주장하여 인간이 인간에

---

69) 矢部, 「獨裁政と衆民政」, p.558.

70) 横田喜三郎, 「國際組織法の理論」, 『法學協會雜誌』 第46卷 7 · 8號 , 1929년.

71) 横田, 「聯盟脫退論」 上下, 『時事新報』, 1932년 4월 6일, 7일. 横田에 대한 켈젠의 영향에 대해서는 原秀男, 「新カント派」, 野田良之 · 碧海純一 編, 『近代日本法思想史』, 수록, p.303 이하 참조.

대해 행하는 지배를 비인화함으로써, 이데올로기적 기능을 할 수 있다. 그런 의미에서 그것은 당시 발흥하던 민주적 세력에 반대하는 정치적 요청과 맞아떨어졌다.

이로써 분명히 알 수 있듯, 국가법인설은 요컨대 정치적으로는 19세기 독일류의 '입헌군주정(konstitutionlelle Monarchie)'의 이념에 가장 적합한 것이었다고 할 수 있다.[72]

또 1934년에 라드브루흐가 나치를 비판한 논문을 번역한 미야자와[73]는 날카로운 붓끝으로 독재정을 비판했다. "민주정으로부터 독재정으로의 추이"를 "정치에서 금기(taboo)의 재생"으로 보는 그의 분석은 언론의 자유를 기초로 하는 "반(反)금기적 정치관"에서 민주정의 원리를 발견하고, 이를 독재정에 대치시킨다. 그의 「민주정으로부터 독재정으로(民主政より獨裁政へ)」(1933년)라는 논문 및 그 밖의 논문을 수록한 『전환기의 정치(轉回期の政治)』(1936년)[74] 「서문」에서 'Je, n' impose rien, je ne propose rien, j' expose. 이것이

---

72) 宮沢俊義, 『憲法講義』, 1934년, pp.2~5. 長尾龍一, 「美濃部達吉―日本憲法學の國家論」, 小松茂夫・田中浩 編, 『日本の國家思想』 下, 수록, pp.225~226.

73) 나치 하에서 논문을 발표할 수 없었던 라드로프가 프랑스에서 발표한 Le relativisme dans la philosophie du droit, *Archives de Philosophie du droit et de Sociologie juridique*, 1934는 『外交時報』 第72卷 2號, 1934년에 宮澤에 의해 번역 소개되었으며, 이 때문에 우익으로부터 공격이 있었다. 原, 「新カント派」, p.286, p.298 참조.

74) 宮沢俊義, 『轉向期の政治』, 中央公論社, 1936년, 앞의 인용 부분은 p.18 이하.

이 책의 지도 정신이다"라 하고, 「프롤로그— '바람' 과 '현실' —」
에서는 "모든 '바람' 에서 벗어나 적나라한 '현실' 에 직면하는 것
이 긴요하다"라고 쓰고 있다.[75] 미야자와는 미노베의 후계자로서
전시중에는 특히 신중히 행동해야 할 입장이었기 때문에 폭풍이
지나가기를 조용히 기다리고 있었다.[76] 앞에서 본 그에 기초해서
냉정한 태도와 그 위에 수립된 이론은, 쇼와연구회에 참가했던 사
람들과 비교할 때 틀림없이 시대의 변화를 견뎌낼 수 있는 강인함
을 지니고 있다.

  미야자와가 조용히 폭풍이 지나가기를 기다린 것과 또 다른 유
형으로서, 이 폭풍에 정면으로 부딪혀 1937년에 도쿄대학을 사직
한 야나이하라 다다오의 경우를 빼놓을 수는 없다. 사회과학자로
서의 그의 업적은 일본의 식민지 통치에 대한 날카로운 비판에서

---

75) 앞의 책, p.5.
76) 宮沢는, 美濃部사건을 회고하여, 당시의 심경을 다음과 같이 말하고 있다.
   "지금 섣불리 저항해도 그로 인해 다른 이상한 자들이 대학을 점령해 버
   리게 되면 회복하기가 어려워지니, 태풍이 불고 있는 동안에는 가능한 한
   몸을 작게 하고 있다가, 나중에 정세가 변하면 바톤을 다음 주자에게 넘겨,
   지금까지의 도쿄대학의 좋은 전통을 이어가고자 했던 것입니다." 每日新
   聞社編, 『昭和思想史への証言』, 1968년, p.155. 그러나 정년퇴임 때 마지막
   교수회의에서 특별 발언을 요청하여 "지금와서는 그때, 어떤 태도를 취하
   는 것이 좋았을지 모르겠지만, 당시에는 그런 생각으로 처신했다. 그러나
   좀더 강경한 태도를 취했어야 했는지도 모르겠다. 그런 의미에서는 법학
   부의 전통에 누를 끼쳤을지도 모르겠다. 만약 그랬다면 사과한다"고 말했
   다. 앞의 책, p.156.

볼 수 있다. 그리고 그 가장 큰 특징은 초월신에 대한 신앙에 의해 국가와의 거리를 유지함으로써 '학문의 순결'을 유지한 점이다. 사직을 강요당한 직접적 원인이 된 논문 「국가의 이상」(『중앙공론』 1937년 9월호 수록)과 같은 해 후지이 다케시(藤井武) 추모 기념회에서 행한 「일본을 매장한다(日本を葬る)」라는 연설에서 그러한 태도를 명료한 형태로 볼 수 있다. 국가와 일정한 거리를 둔 위에 사회과학자로서의 야나이하라는 아담 스미스로부터 마르크스는 물론, 로자(Rosa Luxemburg), 힐퍼딩, 카우츠키, 레닌(V. I. Lenin)에 이르는 식민정책론과 제국주의론을 기초로 하여 구체적으로 일본의 식민정책에 대한 비판에 이르렀다. 야나이하라의 두 번째 특징은 식민지의 소리를 직접 듣고, 정부의 자료를 비판적으로 검토함으로써, 실증적 자료에 기초한 비판을 했다는 점에서 찾아볼 수 있다. 1924년의 조선 여행, 1927년의 타이완 여행의 경우, 권력으로서 들어가는 것이 아니라, "뒷문을 통해 타이완으로"라는 말처럼,[77] 정부에 대한 비판도 들을 수 있는 형태로 정보를 수집했다. 그리고 이를 전술한 방법적 기초로써 분석하여, 문제의 중심을 '정치적 자유의 결핍'에서 찾아냈다. 그러한 체험이 「조선 통치의 방침(朝鮮統治の方針)」(1926년, 『中央公論』),[78] 『제국주의 하의 타이완』(1929

---

77) 矢内原忠雄, 『私の歩んできた道』, 『矢内原忠雄全集』 第26卷, 岩波書店, 1965년, p.36.

78) 나중에 『植民政策の新基調』 1927년, 소수. 『矢内原忠雄全集』 第1卷, 1963년에 수록.

년[79] 등 일련의 업적을 낳았다. 세 번째 특질로서는, 비교의 관점을 유효하게 도입했다는 점을 꼽을 수 있다. 1937년 『제국주의 하의 인도(帝國主義下の印度)』[80]에서는 인도의 경우를 검토했고, 「군사적과 동화적·일불 식민정책 비교 일론(軍事的と同化的·日仏植民政策比較の一論)」(1937년 2월 『국가학회잡지』)[81]에서는 프랑스 식민정책과의 비교를 시도하는 등, 일본의 식민정책을 비교 시점에서 자리매김하려고 했다.

야나이하라와 같이 우치무라 간조 문하인 난바라 시게루(南原繁)는 한결같이 절대신에 대한 신앙에 기초하여 칸트주의의 입장에서 나치즘을 비판한 「나치 세계관과 종교의 문제(ナチス世界觀と宗敎の問題)」(1941년)를 썼고, 이를 수록한 『국가와 종교(國家と宗敎)』[82]를 1942년에 출간하여, 이 폭풍의 시대에 정치학의 양심적 징표를 남겼다.

---

79) 앞의 『全集』, 第2卷, 1963년에 수록.

80) 앞의 『全集』第3卷, 1963년에 수록.

81) 뒤에 矢內原, 『帝國主義硏究』, 白日書院,1948년 수록. 『全集』第4卷, 1963년에 수록.

82) 南原繁, 『國家と宗敎』, 岩波書店, 1942년. 뒤에 『南原繁著作集』, 岩波書店, 第1卷, 1972년에 수록.

제6장 패전 후 사회과학의 소생

1. '인민'의 시대에서 '대중 사회'로

　제2차 세계대전에서 일본이 패배함에 따라 국가 기구는 연합국 점령군에 종속되고, 군대 및 그 외의 주요 폭력기구, 억압기구가 해체됨으로써 '대일본제국'은 붕괴하였다. 그리고 앞 장에서 보았듯이 전쟁 말기에는 '국가'와 '사회'의 경계가 불분명한 상태에 있었기 때문에 제국의 붕괴는 곧 사회의 붕괴로 느껴지는 면도 있었다. 물론 이것은 제국의 붕괴가 국내의 민주적 세력의 힘에 의해서가 아니라 전적으로 외부로부터의 군사적 압력에 의해 이루어진 탓에 새로운 질서를 내부로부터 형성할 방향을 발견하기가 어려웠기 때문이기도 하다.

　그러나 현실의 점령 형태에서 보면, 독일이 점령군에 의한 직접

통치 하에 놓이게 되었고, 그것도 점령지대별로 분할되어 통일국가가 소멸된 데 반해, 일본에서는 간접통치 방식이 채용되어 오키나와를 제외한 지역은 통일국가로서 유지되고 있었다. 아이러니컬하게도 이렇게 주요 국가기관이 잔존했다는 사실 때문에 초국가주의에 대한 반감은 '반(反)국가' 적 감정이나 '국가악(惡)' 이라는 주장으로 나타나는 측면이 있었다.

그러나 다른 한편으로는 '국가' 는 그런 반감의 대상이 되기에는 너무도 힘을 잃은 듯이 보이기도 했다. "주둔군의 명령에 따라 운전사실에 들어가는 것은 금지되어 있습니다" 같은 예에서도 드러나듯이, 모든 질서는 '주둔군의 명령' 이라는 권위에 의해 뒷받침되고 있었다고 해도 과언이 아니다. 정부는 점령 당국의 명령에 따라 '부랑아 잡기' 나 '매춘부 단속' 을 하기도 했지만, 정부의 배급으로는 충분한 식량을 확보할 수 없었기 때문에, 각자가 재주껏 생명을 부지할수밖에 없었다. 1945년 7월부터 가정용 주식 배급은 한 사람당 하루에 쌀 2홉 1표(297그램)였고, 이것도 쌀이 아니라 보리, 잡곡, 감자, 콩등 대체 식량인 경우가 많았다. 게다가 1947년이 되어도 삿포로(札幌)는 27일분, 오타루(小樽)는 30일분, 도쿄는 13일분이 늦게 배달되는지경이었다. 야마구치 요시타다(山口良忠) 판사가 "식량통제법은 악법이다. 그러나 법률로서 존재하는 이상 국민은 이에 절대 복종하지않으면 안 된다"라고 일기에 써 놓고 아사한 것도 같은 해의 일이다.[1]

---

1) 鶴見俊輔(외) 編,『日本の百年』第2卷, 筑摩書房, 1967년, p.302.

게이힌(京浜: 도쿄, 요코하마 두 도시를 가리키는 명칭—역자주)지구
에서는 1946년 5월 하루 평균 9명이 아사했고,[2] 중학교 2, 3학년 학
생들의 체중이 1937년부터 1945년 사이에 3.2kg 감소하였다.[3] 이
런 상태에서는, '국가'에 대한 반감을 나타낼 기력도 없고, 국민들
의 관심은 어떻게 해서 그날그날의 식량을 확보할 것인가에 집중되
었다.

'국가'와 함께 '사회'도 붕괴했다고 느껴진 것은 단순한 관념
의 문제가 아니라, 이 같은 현실을 반영하는 것이었다. 코헨(Jerome
B. Cohen)은 패전 당시 일본의 상황을 같은 패전국인 독일과 비교
해서 다음과 같이 기술하고 있다.

"독일과는 아주 다르게, 소비재의 공급을 최저 수준이라도 확보
하려는 전면적인 계획은 아무것도 없었다. 가격 통제는 무계획적
이었고 할당 배급 또한 불완전했다. 또 비축된 소비재에 의존할 만
한 여유도 없었다. 폭격조사단의 결론에 따르면, 일본의 국민경제
가 6개월 사이에 입은 피해는 독일이 3년간 겪은 피해에 필적할 만
큼 컸다."[4]

---

2) 대일이사회에서의 애치슨 의장의 설명.『朝日新聞』, 1946년 6월 14일호,「天
  聲人語」에 따름.

3) 『朝日新聞』, 1946년 5월 23일호. 또 이 당시의 사회 상황에 대해서는, 石田
  雄,『現代政治の組織と象徵』, みすず書房, 1987년, p.30 이하 참조.

4) Jerome, B. Cohen, *Japanese Economy durig and after the War*, 1948. J. B.
  コーヘン, 大內兵衛 譯,『戰時戰後の日本經濟』下, 岩波書店, 1951년, p.125.

그는 많은 지표를 써서 당시의 국민생활의 실정을 구체적으로 기술하고 있는데, 요컨대 일부 특권층을 제외하고는 대부분의 국민이 기아선상에 있었으며, 개인의 의식주라는 기본적인 소비생활의 전면적 붕괴에 의하여 '하향적 평준화' 경향이 일반적인 상태였다.

이렇게 '국가'도 '사회'도 붕괴된 것 같은 상황 속에서 1945년 10월 10일 점령군의 명령에 따라 약 3천 명의 정치범이 석방되었을 때, 도쿠다 규이치(德田球一)와 시가 요시오(志賀義雄)는 「인민에게 호소한다(人民に訴う)」라는 성명을 발표하여 "세계를 파시즘 및 군국주의로부터 해방시키기 위해 조직된 연합군대가 일본에 진주함으로써 일본에 민주주의혁명의 단초가 열린 데 대해, 우리는 깊은 감사를 표한다"고 하였다. 또, 같은 날 발표된 「투쟁의 새로운 방침에 대해서(鬪爭の新しい方針について)」에서 "천황제 타도, 인민공화정부의 수립"을 주된 목표로 하는 '인민전선'을 제창했다. 그 이래 '인민'이라는 개념이 이 혼돈된 사회 상황 속에서 기아에 허덕이는 사람들을 가리키는 범주로서 일반화되었다.[5]

인민전선의 제창은 전전·전중에 반파시즘 통일전선을 결성하지 못한 데 대한 통렬한 반성에 입각한 것이었다. 이는 다음에 예로 든 잡지들 가운데서 유럽 인민전선에 대한 언급을 종종 볼 수

---

5) '하향적 평준화'에 대해서는 石田雄, 『破局と平和 1941∼1952』, 東京大學出版會, 1968년, p.198 참조.

있다는 점에 비추어볼 때 분명하다. 어쨌든 '인민'이라는 말은 1945년 늦가을부터 급속히 일반화되었다. 11월에는 잡지『인민평론』이 발간되었고, 12월에는 『인민(人民)』창간호에 「인민선언」이 게재되었으며, 같은 달 창간된 『인민회의(人民會議)』에는 "인민회의 열리다"라는 소식이 보도되었다. 1946년에는 잡지『인민전선(人民戰線)』도 창간되어,[6] '인민'이라는 이름을 붙인 잡지는 4종류가 되었다. 신문에서도 1946년에 '민주인민전선', '인민전선'을 포함한 '전선'이라는 말이『아사히신문』의 기사 제목에 등장한 횟수가 58회로서 절정에 달하였다.[7]

1946년, 전후 최초의 제17회 메이데이에는 '민주인민정부수립'이 슬로건으로 내걸렸고, 이어서 5월 19일의 이른바 식량 메이데이(정식으로는 쌀 획득 인민대회)에서도 민주전선 수립이 요구되었다. 그러나 이 무렵부터 '사민당과 공산당(社共)' 두 당 사이의 대립이 격화되기 시작하여, 1947년 5월 사회당 내각 성립에 앞서 사회당 좌파에 속하는 스즈키 모사부로(鈴木茂三郎), 가토 간주(加藤勘十)가 이른바 「공산당과의 절연 성명」이 발표함으로써 결국 통

6) 『人民戰線』창간호는 발견하지 못했으나, 2호가 1946년 3월, 3호가 5월에 나와 있으므로 창간도 같은 해일 것으로 추정했다. 그러나 실제로는 1945년일지도 모른다. 東京大學社會科學硏究所戰後改革硏究會 編, 『戰後雜誌目次總覽─政治·經濟·社會─』上, 東京大學出版會, p.60. 이 무렵의 잡지에 대해서는 모두 이 책에 의거함.

7) 池田一·岡崎惠子,「占領期における日本新聞の趨向」,『東京大學新聞硏究所紀要』5號, 1956년, p.125.

일전선의 가능성은 없어지게 되었다. 그러나 동구권 국가들의 '인민민주주의'나 중국의 민주전선이 소개되어, 좌익 지식인들의 인민전선에 대한 관심은 한층 높아진 상태였다.

그 사이에 '인민'이라는 말은 '인민전선'을 떠나서, 막연히 피치자 또는 피억압자 일반을 가리키는 말이 된다. 잡지 『인민전선』 1946년 7월호에 실린 도쿠다 규이치의 「인민이 신뢰할 만한 당은 어느 정당인가(人民の信賴すべき黨はどの政黨か)」라는 글을 보자. 글의 서두는 다음과 같다.

"우리에게 자유가 주어졌습니다. 그것은 인민과 의논하지 않고 위의 명령에 따라 멋대로 해 왔던 천황제 정부가 그 힘을 빼앗겼기 때문입니다. 그러나 인민 제군은 아직도 예전의 버릇이 남아서 소위 '윗분'에게 의지하거나, 그를 두려워하고 있습니다. 그 때문에 우리는 식량이 부족하고, 일상생활에 필요한 물자가 부족하며, 일자리가 없어 곤란하고, 집이 없어 곤란하며, 전쟁 피해로부터 부흥이 조금도 이루어지지 못한 채 하루하루 궁핍의 밑바닥에서 허우적거리고 있는 것입니다."[8]

그리고 마지막 부분에서 "천황제를 유지하고 종래의 관료정치를 그대로 남겨둔다면, 인민의 권리는 종이 쪽지에 쓰인 것에 불과하고, 행복은 천황과 그 관료, 재벌, 대지주가 독점하게 될 것입니

---

8) 德田球一, 「人民の信賴すべき黨はどの政黨か」, 『人民戰線』第4號, 1946년 7월, p.31.

다"라고 글을 맺고 있다.[9] 그러나 같은 해에 재벌해체, 제2차 농지 개혁에 의해 '재벌, 대지주'는 소멸했고, 이듬해인 1947년 5월부터 일본국 헌법이 시행됨에 따라 추밀원, 귀족원 등 천황제 특권기구도 폐지되고 '국민주권'이 선언되었다. '국민주권'이 확립된 후에는 '국민'이라는 개념도 사용되기에 이르렀으나, 좌익에서는 여전히 '인민'을 중심 개념으로 사용했으며, 다음 절에서 언급할 민주주의과학자협회(民科)는 제3회 대회(1948)의 슬로건에서 "인민의 과학을 창조하자"고 호소하였다.[10]

이 시기에 일반화된 '인민'이라는 용어는 여러 곳에서 사용된 것을 볼 수 있다. 1946년 2월 18일 미쓰이(三井) 비바이(美唄)탄광에서 시작되어 이후 각지로 파급된 '인민재판'이라는 말, 점령 전기에 역시 비바이 이후 '생산관리'가 '인민관리'로 일컬어진 것, 1948년 패전기념일의 '생활방위 반파쇼 인민대회', 1952년 6월 24일 스이타(吹田)사건 때의 '인민전차' 등 다양한 경우에 사용되었다. 그러나 강화 '독립' 직후인 1952년 5월 1일 메이데이행사에 '인민광장' 사용이 금지됨으로써 일어난 메이데이사건 무렵부터, 점차 '인민'이라는 용어법은 감소된다. '인민광장'이 두 번 다시 메이데이에 사용되지 않게 된 것과 '인민'이라는 용어가 소멸된 것이 거의 같은 시기이니 기묘한 인연이라 하겠다.

이러한 '인민'의 내용, 즉 그 구체적인 의미가 무엇이었던가는

---

9) 앞의 책, p.32.

10) 柘植秀臣, 『民科と私—戦後一科学者の歩み』, 勁草書房, 1980년, p.110.

분명하지 않다. 하니 고로(羽仁五郞)는 『일본 인민의 역사(日本人民の歷史)』(岩波新書, 1950년) 및 그 밖의 글들에서 '인민'을 역사의 원동력으로 규정하고 있으나, 이것은 말하자면 초역사적 보편성을 지닌 개념이며, 또한 특유의 범주이다. 오히려 엄밀한 개념규정이 곤란할 정도로 막연한 함의를 지니고 '인민'이 하나의 일반적 표현이 될 수 있었다는 사실 자체에, 이 시대의 '사회' 해체 상황이 반영되어 있다고도 할 수 있을 것이다.

어쨌든 '인민'은 고전적 의미에서의 계급 범주가 아니었던 것은 분명하다. 이 범주가 엄밀히 정의되지 않은 채 널리 사용되는 가운데, 마르크스주의는 급속히 부활하여 유행하기 시작했다. 마르크스주의가 놀랄 만한 속도로 보급될 수 있었던 첫 번째 요인은 1945년 10월 출옥한 「옥중 18년」의 도쿠타, 또는 1946년 1월 26일 중국 망명생활에서 귀국한 노사카 산조(野坂參三) 등이 전쟁에 반대하여 끝까지 뜻을 굽히지 않았던 국민적 영웅으로 간주되었고, 많은 지식인들은 전시중의 전쟁 협력을 수치스럽게 여겨 불굴의 공산주의자에게 경의를 표한 점에서 찾아볼 수 있다. 두 번째 요인은, 마르크스주의가 이제 철저한 비판의 대상이 되어야 할 '천황제'를 그 전체로서 비판적으로 분석할 수 있는 유일한 이론체계로 간주되었다는 점이다.

1946년 5월 26일 다키가와(瀧川)사건기념일에는, 부활한 학생 사회과학연구회연합회 주최로 도쿄에서 학생제(學生祭)가 열려 '사회과학'이라는 이름의 마르크스주의는 금기에서 해금되었으며, 과거에 금기였다는 사실 때문에 오히려 매력적인 존재로서 지식인과 학생들 사이에 확산되었다. 1946년 12월에는 민과(민주주의과학자협회)의 기관지 명칭이 종래의 『민주주의과학(民主主義科學)』에서 『사회과학』으로 개칭되었는데, 그 이유에 대해서는 다음과 같이 설명되어 있다.

"'사회과학'이라는 제호는 우리 민주주의과학자의 학문활동을 표현하는 데에 가장 합당한 명칭일 것이다. 왜냐하면, 이 나라의 빈곤한 민주주의의 역사에서 일찍이 '사회과학'이라는 이름은 진리를 쟁취하는 정통적, 진보적인 의식과 인식을 대표했던 빛나는 실적이 있기 때문이다."[11]

이 외에 1948년 9월에 『세계의 사회과학(世界の社會科學)』이, 1949년 6월에 계간 『사회과학』이 창간되었으며, 1951년 6월부터는 야마카와 히토시 등이 『사회주의(社會主義)』를 발간하였다.

그러나 마르크스주의의 부활은 글자 그대로 '부활'이었기 때문에, 교조주의 등 과거 일본의 마르크스주의가 지니고 있던 부정적

---

11) 앞의 책, p.76에 의함. 또 같은 1946년에 도쿄대학에 사회과학연구소가 창설되었다. 이것은 패전 직후에 南原繁 법학부장 하에서 구상되기 시작했는데, 그 후 총장이 된 南原가 我妻榮 법학부장에게 그 구상을 구체화하도록 맡겨, 의도적으로 전시중에 붐이었던 사회과학이라는 명칭을 붙인 연구소를 설치하기로 했다. 초대 소장에는 矢內原忠雄가 취임했다. 그 경위에 대해서는 和田春樹, 「戰後日本における社會科學研究所の出發」, 『社會科學研究』第32卷 2號, 1980년 참조.

측면도 되살아났다. 우선 부활한 마르크스주의자는, 자신들에게 최대의 유산인 32테제와 『강좌』에 의거해서 현상을 분석하는 데 힘썼다. 그런 관점에서는, 당면한 혁명의 과제는 2단혁명설에서 말하는 제1단계의 혁명, 즉 부르주아민주주의 혁명이며, 그것은 급속히 다음 단계인 사회주의혁명으로 이행되어어야 할 것으로 간주되었다. 이 같은 분석틀밖에 가지고 있지 않았던 당시의 마르크스주의자들의 입장에서는, 점령당국이 추진한 개혁노선은 다름 아닌 '부르주아민주혁명'이었으며, 점령당국은 혁명을 위한 '해방군'으로서 공산당을 지지하고 있는 것으로 생각되었다. 그 때문에 1947년의 2·1총파업에 즈음하여, 끝까지 점령군의 지지를 얻을 수 있으리라고 낙관하다가,[12] 1월 31일 맥아더의 명령으로 총파업이 금지되자 놀라고 당혹스러워 할 수밖에 없었다.

전전 마르크스주의의 매력은 보편성, 체계성, 비판성이었으나 이 요소들은 수입성, 교조주의, 내부대립이라는 부정적인 특징으로 바뀌는 경향이 있었음은 앞에서 지적하였다. 그중 첫 번째 요소인 보편성은 점령군을 '해방군'으로 규정함으로써 또다시 외부의 권위에 의존하는 결과가 되었다. 그러나 이번에는 코민테른이 아니라 점령군에게 의존한 것이기 때문에, 그렇게 의존했던 점령군에게 배신당하자 다음에는 코민포름의 권위에 굴복하여 의존하게 되

---

12) 1월 30일에도 여전히 野坂는 "점령군은 중지 명령을 내릴 수 없다"고 믿고 있었다. 이에 대해서는 齋藤一郎, 『二·一スト前後—戰後勞働運動史序説—』, 勞働通信社, 1955년, p.234.

었다.

두 번째 결함, 즉 교조주의에 관해서는, 32테제와 『강좌』의 규정을 고집하여 천황제의 경제적 구조와 특권기구의 분석에 중점을 두고 있었기 때문에, 농지개혁과 재벌해체 후에도 구세력의 잔존물을 찾아내려는 노력을 공허하게 계속하였을 뿐, 새로운 상황을 유효하게 분석하는 일은 하지 못했다. 또, 천황제 특권기구가 신헌법에 의해 폐지된 이후의 '선망(あこがれ) 천황론'에 대해서도, 그 같은 의식을 분석할 새로운 시점도 그에 맞는 분석 방법도 발견하지 못하였다. 뒤에 언급할 오쓰카 히사오(大塚久雄), 마루야마 마사오(丸山眞男), 가와시마 다케요시(川島武宜) 등의, 에토스, 심리, 혹은 의식구조 등의 분석이 그 공백을 메우고 있었으나, 그것을 도입하기에는 마르크스주의자는 너무도 교조주의적이어서, 오히려 오쓰카 등을 '근대주의자'라고 비판하였다.

이런 결점 때문에, 공산당을 중심으로 한 정통파 마르크스주의자들이 1953~1955년에 과거의 『강좌』를 본떠서 간행한 『일본자본주의 강좌―전후 일본의 정치와 경제(日本資本主義講座―戰後日本の政治と經濟)』 전10권[13]은 한편으로는 미제국주의에 대한 종

---

13) 이 『日本資本主義講座―戰後日本の政治と經濟』, 岩波書店, 1953~1955
년, 全10권, 別卷연표와 함께 11권은, 15명의 감수자, 20명의 편집위원에
의해 편집된 것으로서, "이 강좌에 참가한 전문가는, 반드시 학문적인 입
장이 똑같지는 않다. 그러나 조국의 평화와 독립을 위해 학문한다는 점에
서는 같은 신념을 갖고 있다. 이 같은 의식에 입각해서 우리는 일본 자본

속을 이야기하면서, 다른 한편 국내체제에 대해서는 천황제의 온존과 '군국주의 부활'이라는 관점에서 교조적인 방법에 의한 별볼일 없는 현상분석을 하는 데 그쳤다.

　세 번째 결함인 내부대립의 경우, 전후 마르크스주의 부흥과 동시에 강좌파와 노농파의 대립이 즉각 부활된 것은 아니다. 강좌파는 합법적인 정당으로서 활동을 시작한 공산당의 정통 이론이 되었는데, 그 내부에서도 갖가지 논쟁이 일어났다. '군사적=봉건적 제국주의'를 둘러싼 가미야마 시게오(神山茂夫)와 시가 요시오의 논쟁, 모리야 후미오(守屋典郎)와 핫토리 시소, 가미야마 시게오 등의 '천황제 파시즘'을 둘러싼 논의 등,[14] 일일이 거론할 수 없을 정도로 많은 논쟁들이 잇달아 일어났다. 그러나 그 논쟁들은 시가가 말하듯이 "말하자면 군대 없는 장군의 어설픈 전술"[15]로서, 현실은 그 논쟁들과는 무관하게 진행되었다.

주의의 현상과 그 속에서 발생하는 당면한 문제를 밝혀 내기 위해 공동연구를 하였다. 우리는 그 때문에 이론적인 입장의 일치를 추구하여 이 일을 시작한 것은 아니다"(第1卷,「序」, pp.1~2)라고, 입장의 다양성을 인정하고 있다. 이 점에서는, 戰前의 『講座』와 다른 면이 있으며 이는 전후 『講座』의 성격 규정을 곤란하게 하는 요소가 되었다. 다음에서 말하는 점은 그중 마르크스주의자의 분석에 관해 타당한 데 불과하다.

14) 이 외에 '절대주의'의 본질적 규정을 둘러싼 논의 등 많은 논쟁에 대해서는, 民主主義科學者協議會 編, 『科學年鑑』第2集, 日本科學社, 1948년, 「絶對主義」항목, p.353 이하; 『科學年鑑』第3集, 北隆館, 1949년, 「ファシズム論」항목. p.293 이하 참조.

15) 志賀義雄, 『世界と日本』, 曉明社, 1948년, p.80.

현실이 그렇게 진행되는 가운데, 공산당 및 그 주변의 마르크스주의자들에게 결정적인 영향을 미친 것은 또다시 외부로부터의 충격이었다. 첫 번째 충격은 점령군이 2·1총파업 금지 이후 노동 운동에 대한 억압 정책을 취함으로써 공산당의 친구가 아니라 적이라는 사실이 밝혀진 점이다. 마르크스주의자들은 점령군='해방군'이라는 규정을 한순간에 버리고, 미제국주의에 대한 일본의 종속에 반대하는 태도를 취하게 된다. 그 후 점령정책의 변화와 더불어 사태는 결국 그들에게 점점 더 어려워졌으며, 그러자 공산당은 1948년 2월에 민주민족전선전술을 취하면서 '민족'의 의미를 강조하게 되었다.

두 번째 충격은 1950년 1월 1일 코민포름이 노사카의 평화혁명노선을 비판한 것이다. 이 충격은 공산당 내부 및 마르크스주의자들 사이에 새로운 대립을 야기했다. 이어서 가해진 또 하나의 외부로부터의 충격은 한국전쟁의 개시, 공산당의 합법적 활동에 대한 점령군의 억압이었으며, 그에 따라 공산당 간부는 지하로 잠입하게 된다. 공산당의 지하 기관지 이름이 『평화와 독립을 위해서(平和と獨立のために)』였던 것은, 당시의 공산당 및 정통파 마르크스주의자의 관심이 한국전쟁 반대와 '민족독립'에 있었음을 상징한다. 1952년 이시모타 쇼(石母田正)의 『역사와 민족의 발견(歷史と民族の發見)』이 출판되어 마르크스주의자들 사이에 널리 읽히면서, 민족문화의 전통이 중시되기에 이르렀다. 같은 해 열린 민과 제7회 대회에서는 '국민적 과학 운동'이 제창되었고, 이듬해에는 '국민적 과학 심포지엄'이 개최되었다.[16] 1947년 2월부터 민과 철학부 회지로서 간행된 『이론(理論)』이 1954년 3월부터 『국민의 과학(國民の科學)』으로 개칭된 것도, 좌익 진영의 '민족' 또는 '국민' 중시 입장을 예시하는 한 지표라 하겠다.

1950년 신문 및 통신 방송 관계에서부터 시작된 일련의 공산당 숙청(Red Purge)이 노동 운동에서 공산당의 지도력을 약화시킨 한편, 지하 지도부의 무력투쟁 방침이 공산당의 고립을 한층 심화시킴으로써, 1949년 선거에서 35명의 의원을 국회에 진출시켰던 공산당의 정치적 영향력은 현저히 약화되었다. 또한 지적 영역에서도 분파 투쟁을 둘러싼 아무 결실도 없는 논쟁은 마르크스주의의 매력을 감퇴시키는 결과를 가져왔다.

이렇게 영향력이 점차 작아진 마르크스주의를 대신해서, 점령 후기의 냉전격화, 특히 점령 말기의 강화 문제와 '역(逆)코스'라는 사회 상황 하에서 지적 영역에서 새롭게 영향력을 갖게 된 것은 진보적(일부 좌익도 포함) 지식인 집단인 '평화문제간담회'였다. 그 계기가 된 것은 1949년 『세계』 1월호에 게재된 올포트(Gordon W. Allport) 등 세계 사회과학자들의 「평화를 위해 사회과학자는 이렇게 호소한다(平和のために社會科學者はかく訴える)」였다. 이에 대응하여, 아베 요시시게(安倍能成), 아마노 데이유(天野貞祐) 등의 이른바 올드 리버럴리스트를 포함한 55명이 서명한 「전쟁과 평화에 관

---

16) 柘植, 앞의 『民科と私』, p.203.

한 일본 과학자의 성명(戰爭と平和に關する日本の科學者の聲明)」이 같은 해 『세계』 3월호에 발표되었다. 이 집단은, 구성원이 일부 바뀌었지만, 평화문제간담회라는 이름으로 1950년에 「강화 문제에 대한 성명(講和問題についての聲明)」(『세계』 3월호)을 발표하여, 당시의 중·소를 배제한 덜레스안에 반대하고 '전면강화'를 주장했다. 그리고 같은 해 『세계』 12월호에 「다시 평화에 대해(三たび平和について)」를 거듭 발표하여 여론에 호소했다. 『중앙공론』도 1950년 6월 「민족·독립·평화에 대해」라는 특집을, 1951년 8월에는 「일본 우선회의 위기 분석」, 1952년 3월 「신파시즘을 고발한다」, 1952년 11월 「일본 재군비 문제」, 1954년 1월 「민족과 평화」를 각각 특집으로 다루고 있는 점에 비추어볼 때, 앞에 든 평화문제간담회의 방향은 당시 많은 지식인들이 공유하고 있던 관심을 집약하고 있었다고 볼 수 있다.

그러나 '전면강화'를 주장하는 난바라(南原) 도쿄대학 총장은 1950년 5월 3일 요시다 시게루(吉田茂) 수상으로부터 '곡학아세의 무리'라는 비판을 받았고, 1952년에는 샌프란시스코강화조약이 발효되었다. 일본에서는 1955년 좌우 사회당의 합동과 그에 이은 보수합동에 의해 '2대 정당제'가 성립되었다. 이 2대 정당제를 정치학자들은 '1과 2분의 1 정당제' 또는 '55년체제'라고 불렀으며, 이 후 보수 영구정권이라는 형태로 '정국안정'이 이루어졌다. 같은 해 7월 공산당은 제6회 전국협의회(이른바 '6전협')에서 종래의 무장투쟁방침의 과오를 자아 비판하고, 재출발을 위한 새로운 방침을 발표했다. 이로써 어떤 의미에서는 공산당도 55년체제에 편입 되었고 또한 그 가운데서 혁신세력의 일부로서 헌법옹호 진영의 일익을 담당하게 되었다.

지식인 사회에서 마르크스주의의 영향력 약화는 정치 무대에서 의 공산당의 세력 감소보다 완만했지만, 마르크스주의는 전후 상 황의 분석에 충분한 성과를 올리지 못한 채 또다시 새로운 난관에 부딪히게 되었다. 한국전쟁 특수(特需) 이후 1955년의 '진무경기 (神武景氣)'를 거쳐, 1956년 『경제백서(經濟白書)』에서 "전후는 끝 났다"라고 자찬할 정도의 경제부흥이 이루어지면서, 국민의 소비 지향 증대에 따라 계급의식은 점차 희박해지고 '대중 사회'라 불 리는 현상이 일반화된 것이다. 1956년 11월에는 『사상(思想)』이 특 집 주제로 '대중 사회'를 다루었다. 그리고 이 대중 사회의 문제성 은 1958년 11월 27일의 황태자 약혼 발표 이후 이듬해 4월 10일의 결혼식에 이르는 미치 붐(황태자비 미치코 이름에서 딴 당시 사회현상 을 이르는 말—역자주)으로부터 성혼 붐까지의 흐름 속에서 그 누구 의 눈에도 명확하게 드러났다. 즉 이 사건은 한편으로는 마쓰시타 게이이치(松下圭一)가 '대중천황제'[17]라 이름붙인 천황제의 성격 전 환을 보여 준 동시에, 이를 계기로 텔레비전, 주간지 등의 역할이 일 거에 증대함으로써[18] '대중 사회' 현상을 집약적으로 보여 주었다.

---

17) 松下圭一, 「大衆天皇制論」, 『中央公論』, 1959년 4월호. 또 같은 해 8월호에 「續大衆天皇制論」이 있음.
18) 텔레비전 계약 대수로부터 미루어보아도, 1958년에 약 100만 대였던 것이

이렇게 해서 1945년 패전 당시에 살 집이 없고 먹을 쌀이 없는 상태에 있었던 '인민'은, 이제 '이와토 경기(岩戶景氣)' 속에서 '3 가지 신기(神器)'라 불리는 내구소비재를 동경하는 '대중 사회'의 구성원이 되기에 이르렀다.

2. '회한공동체(悔恨共同體)' 속의 집단화와 그 귀추

여기서 '회한공동체'라는 말은 마루야마 마사오가 「근대일본의 지식인」이라는 논문[19]에서 사용한 용어를 따른 것이다. 그는 근대 일본의 지식인이 소속 직장을 넘어서서 하나의 지적 공동체를 구성하고 있다는 의식이 고양된 시기로 다음과 같은 3시기를 들고 있다: 제1기: 메이지유신부터 메이지 20년 무렵까지, 제2기: 1930년 전후의 마르크스주의의 앙양기, 제3기: 패전 후. 이 중 제3기를 특징짓는 것으로서 '회한공동체'라는 개념을 사용하였다. 이 말을 사용하는 이유를 마루야마는 다음과 같이 말한다.

"전쟁 직후 지식인들 사이에 공통적으로 흐르고 있던 감정은, 각

이듬해인 1959년에는 약 200만 대로 배로 증가했다. 그 외에 이 시기의 매스컴의 역할에 대해서는 新井直之, 「ジャーナリズムと現代」, 尾崎秀樹 編 『昭和の戰後史』 第5卷, 汐文社, 1976년, p.270 이하 참조.

19) 丸山眞男, 『後衛の位置から―『現代政治の思想と行動』追補―』, 未來社, 1982년, p.114.

자의 입장에서, 또 각각의 영역에서 행한 '자기비판'입니다. 지식인으로서 지금까지 삶의 방식은 그것으로 좋았는가. 뭔가 과거에 대한 근본적인 반성에 입각해서 새롭게 출발해야 하는 것은 아닐까라는 감정이, 초토화된 이 땅에 확산되었습니다."[20]

이 공통된 '회한'의 감정을 기초로 해서, 또한 전후에 얻게 된 언론의 자유, 결사 집회의 자유에 의한 해방감에 뒷받침되어, 지식인들 사이에 다양한 집단들이 분출된다. 1945년 10월에는 우리우 다다오(瓜生忠夫), 우치다 요시히코(內田義彦), 가몬 야스오(嘉門安雄), 사쿠라이 쓰네지(櫻井恒次), 나카무라 아키라(中村哲), 마루야마 마사오 등 젊은 세대의 그룹이 형성되어, 그 해 말부터 연구회를 중심으로 한 문화활동을 개시했다. 이 그룹은 이듬해 1월부터 기관지 『문화회의(文化會議)』를 발간하고 모임을 '청년문화회의'라고 칭했다. 이 모임은 "많든 적든 피해자 의식과 세대론적 발상을 공유하는 지식인들의 결집이었으며, 곧 이 그룹을 모태로 해서 문학가와 각 분야의 사회과학자가 협력한 다양한 동인 내지는 문화단체가 분화되어 나갔다."[21]

---

20) 앞의 책, pp.114~115.
21) 이 『文化會議』 第1號에 실린 丸山眞男의 논문은, 丸山, 『戰中と戰後の間』, みすず書房, 1976년, pp.188~190에 실려 있으며, 그 말미에 이 모임에 관한 내용이 追記 형태로 기술되어 있다. 인용 부분은, 이 추기의 한 구절이다. 같은 책, p.190.

이 청년문화회의가 30세 전후의 젊은 세대의 모임이고, 기관지도 등사판 인쇄였던 데 반해, 한 세대 위의 지식인들의 모임으로서 기관지도 정식으로 인쇄하여 발행한 것이 자유간화회(自由懇話會: '간화'는 우리말로는 '간담'을 뜻하나, 고유명사이므로 그대로 사용한다.─역자주)였다. 1945년 10월 1일에 아시다 히토시(芦田均), 하라 효(原彪), 히라노 리키조(平野力三), 가타야마 데쓰(片山哲), 미즈타니 조자부로(水谷長三郎), 다카쓰 마사미치(高津正道) 등의 제창으로 발족된 자유간화회는 "진지한 연구와 활발한 실천을 통해 고도의 문화를 쌓고 평화국가 일본을 건설하여 국제친선을 이룰 것을 목적"으로 했으며, 1946년 1월부터 『자유간화』라는 제목의 기관지를 발간했다. 창간호에는 시가 요시오가 「일본공산당의 헌법 초안에 대해」라는 글을 싣고 있으나, 이 모임 자체는 자유당의 아시다 히토시까지 포함된 폭 넓은 조직이었다.[22] 그 외에 1945년 9월 중순 결성된 인민문화동맹, 11월 13일에 창립된 일본문화인연맹 등도 있으나,[23] 자유간화회만큼 활발하게 활동하지 못했던 것 같다.

사회과학과 관계가 있는 것으로는 1946년 1월 12일에 발족된 민주주의과학자협회(民科)를 들 수가 있다. 이 민과는 구(舊)프로과계의 오구라 히로카쓰(小椋広勝)와 가자하야 야소지, 구 유연(유물

---

22) 自由懇話會에 대한 상세한 내용은 石田, 『現代政治の組織と象徵』 pp.92~93; 自由懇話會 編, 『日本文化年鑑』, 社會評論社, 1948년, p.30 이하 참조.

23) 이들에 대해서는 『日本文化年鑑』, p.27 이하 참조.

론연구회)계의 고자이 요시시게(古在由重), 구 『역사과학』계의 와타
나베 요시미치(渡部義通), 그리고 자연과학자 쓰게 다다오미(柘植
秀臣) 등을 중심으로 조직된 것으로,[24] 그 목적은 "첫째, 인민대중
의 과학적 욕구의 양양과 결집, 민주주의적 과학의 건설, 둘째, 봉
건적 군국주의적, 파시스트적, 그 외 일체의 반동적 사상 및 과학에
대한 투쟁, 셋째, 과학적 연구, 발표, 활동의 완전한 자유의 획득 및
옹호" 등이었다.[25] 회장은 오구라 긴노스케(小倉金之助)가 맡았고,
발기인으로서 창립총회에서 간사로 뽑힌 사람들 중에는 후일 반공
의 이론적 투사가 된 하야시 겐타로(林健太郎), 요코타 기사부로(橫
田喜三郎) 등이 포함되어 있었다.

같은 1946년 2월 28일에는 20세기연구소가 발족했다. 여기에는
시미즈 이쿠타로, 미야기 오토야(宮城音弥), 와타나베 게이(渡辺慧),
마루야마 마사오, 이즈카 고지(飯塚浩二), 오코우치 가즈오, 다카시
마 젠야(高島善哉), 후쿠다 쓰네아리(福田恒存), 다카하시 요시타카

---

24) 民科에 대해서는 창립 당시부터 사무국에서 활동하다가 마지막에 부회장
이 된 柘植의 앞의 『民科と私』 및 1948년까지 간사장이었던 渡部義通의
회상(渡部義通ヒアリング・グループ 編, 『思想と學問の自傳』, 河出書房新
社, 1974년, pp.309~336)을 참조. 民科를 분석한 것으로서는, 藤田省三,
「反體制の思想運動—民主主義科學者協會—」, 久野收・鶴見俊輔・藤田
省三, 『戰後日本の思想』, 中央公論社, 1959년, pp.36~69을, 또 사회과학의
영역에서 가장 활동적이었던 民科法律部會에 대해서는 潮見俊隆 編, 『戰
後の法學』, 日本評論社, 1968년 참조.

25) 柘植, 앞의 책, p.42.

(高橋義孝), 쓰루 시게토(都留重人), 미나미 히로시(南博), 이소다 스스무(磯田進), 마시타 신이치(眞下信一), 나카무라 데쓰, 하야시 겐타로 등이 참가했다. 그 해 5월에는 쓰루미 슌스케(鶴見俊輔), 쓰루미 가즈코(鶴見和子), 쓰루 시게토, 미야기 오토야, 와타나베 게이 등이 『사상의 과학(思想の科學)』(제1차)을 창간했다. 이 두 그룹에 속하는 일부 사람들에 의해 전후 처음으로 실용주의(pragmatism)를 비롯한 미국 철학, 또는 사회심리학 등의 미국 사회과학이 본격적으로 수입되기에 이른다.

1946년 11월 1일에는 야마다 후미오(山田文雄), 기무라 다케야스(木村健康), 쓰치야 기요시(土屋淸), 이노키 마사미치(猪木正道) 등이 사회사상연구회를 발족시켰으며, 이 모임에서 1948년 9월부터 『월보』를 발간하였다. 이 연구회는 앞 장에서 언급한 가와이 에이지로의 제자와 친구들이 만든 청일회(靑日會)가 발전된 것으로, "청일회는 가와이 교수의 이상주의에 공감하는 젊은 학도들이 연구실에서의 연구로부터 장래 사회적 활약으로 일보 전진할 것을 목적으로 결성한 것인데, 불행히 전쟁중 가와이 교수가 사망함으로써 중단되었다. 그때의 동료들이 전후 우연히 새롭게 결집되어 출발한 것이 사회사상연구회이다."[26]

---

26) 社會思想硏究會 編, 『社會思想硏究會の步み』, 社會思想社, 1962년, p.8. 또, 이 연구회에 모인 일군의 사람들의 움직임에 대해서는 松沢弘陽, 「民主社會主義の人びと」, 思想の科學硏究會 編, 『轉向』 改訂增補 下, 平凡社, 1978년, pp.246~305 참조. 이 논문은 松沢, 『日本社會主義の思想』, p.289 이하에 수록.

이 많은 집단들이 성립 당초 지니고 있던 공통된 특징은, 어떤 형태로든, 또 어느 정도라도, 전술한 '회한공동체'를 기초로 하고 있었다는 점이다. 앞에서 든 각 집단의 참가자명을 보더라도, 한 사람이 여러 집단에 참가하고 있는 것이 눈에 띈다. 또, 각 집단은 나중에 나오는 집단에 비해 폭이 넓어, 상당 정도 서로 겹치는 면이 있었다. 자유간화회에는 아시다 히토시부터 스즈키 도민(鈴木東民)까지 포함되었고, 뒤에 명확히 공산당의 외곽단체가 되는 민과의 경우에도 당초에는 요코타 기사부로까지 포함되어 있었으며, 가와이 문하를 중심으로 하여 후일 민주 사회당의 이데올로기 집단이 되는 사회사상연구회의 경우도, 1947년의 동 연구회 주최 '연속강좌'에는 오쓰카 히사오, 마루야마 마사오부터 히라노 요시타로까지 강사로 참가하였다.

물론, 이렇게 많은 집단이 공통의 요소를 갖고 있었다 해서 각 집단의 특징이 없었다는 것은 아니다. 가와이의 영향을 받은 사회사상연구회는 당연히 영국 사상에 역점을 두었고, 20세기연구소와 『사상의 과학』은 앞에서 말한 대로 미국 사상에 역점을 두었다. 이 같은 역점의 차이는, 전전(戰前)의 사회과학이 주로 독일 지향이었던 데 반해 일본의 사회과학이 새롭게 다양한 자극을 받는 데 기여했다.

그러나 이렇게 다양한 집단 형성의 공통된 기반을 이루고, 각 집단의 개방성과 상호교류를 가능하게 한 '회한공동체'는 이 후 급속히 붕괴된다. 민주인민전선이라는 이름으로 구상되었던 통일전선이 실패하고, 그 후 '민주주의'의 의미를 둘러싸고 정당간의 대립이 격화되면서 '회한공동체'는 이데올로기별 집단으로 해체되어 간다. 민과가 전후 지식인들 사이에서 가장 영향력이 컸던 마르크스주의 집단으로 바뀌어 가는 움직임을 중심으로 살펴보기로 한다.

민과에 대해서는 앞에서 언급한 중심적 조직자들의 회고와, 후지타 쇼조(藤田省三)의 비판적 분석이 있으니, 상세한 것은 그 글들을 참고하기 바란다. 후지타에 따르면, 민과의 퇴폐를 초래한 최대의 원인은 그 '단종적(斷種的) 발상'에 있다. '단종적 발상'이란 정통 마르크스주의를 믿는다고 생각되는 간부가 "자신과 의견이 다른 사람은 모두 세계의 구제를 방해하는 자이다, 따라서 뿌리를 뽑아야 한다"고 생각하는 것을 말한다.[27] 그리고 이 같은 사고방식은 전쟁체험을 기초로 한 반성을 "그만두게 하고, 다른 유파를 처단하는 단종적 실천으로 몰고 가, 계승해야 할 전쟁체험을 짓밟아 버렸다"고 평가한다.[28] 또, 쓰루미 슌스케는 후지타의 발표문에 대한 토론에서, 이 '단종적 발상'을 뒷받침하는 '우생종'이라는 생각은 메이지 이후의 수재의 인생관, 더욱더 거슬러 올라가면 일본의 원(原)철학에서 나온 것이라고 지적하였다.[29]

이 점에 관해 좀더 구체적인 사례에 기초해서 살펴보자. 민과의 간부 중에도 전시에 전향한 사람이 있었기 때문에, 지도자급의 인물들 가운데에서도 전쟁체험에 대한 심각한 반성을 회피하면서 오

---

27) 藤田, 「反體制の思想運動」, 『戰後日本の思想』, pp.37~38.
28) 위의 책, p.40.
29) 위의 책, p.47.

로지 일본공산당의 방침에 충실함으로써 전시중의 죄를 보상하려는 태도를 볼 수 있었다. 그리고 열심히 당적을 말살함으로써 당에 대한 충성을 입증하려는 경향이 있었다. 이런 경향은 단지 민과뿐 아니라, 좌파 지식인들이 일반적으로 가지고 있었던 '불굴의 공산당'에 대한 경외심과 열등감에 의해 뒷받침되고 있었다. 이러한 열등감이 '단종적 실천'으로 나아갈 때, 전쟁체험을 살리지 못하고 '회한공동체'를 해체시키게 된다. 당시 민과의 중심에 있었던 와타나베 요시미치는 다음과 같이 회고하였다.

"그 시기에 우리는 역시, 전쟁중 과학기술자가 과연 어떤 자세를 취했는가, 어떤 점에서 과학기술자가 자신의 사회적 책임을 다하지 못했는가, 라는 점을 전체의 문제로서 더욱 깊이 파고들었어야 했다. 그렇게 했더라면, 각자의 가슴속에도, 또 서로간에도, 훨씬 분명한 무엇이 만들어졌을 것이다. …그런데, 우리는 그 가장 중요한 것을 애매한 상태로 둔 채, 진보적 과학자의 총결집에 찬성하는 사람은 모두 모여 달라는 형태로 시작했기 때문에 민과를 은폐처로 삼아 모임에 참가한 자들도 적지 않았다."[30]

민과는 창립 때 연합군 민간정보국의 힉스를 초청하여 메시지를 부탁함으로써[31] 연합군의 권위를 빌리는 한편, 전후 제1회 중의원 의원 선거(1946년 4월) 때는 "일본공산당 문화부의 지도를 받았기 때문에 … 각 지부에 공산당 후보의 지지를 호소"하였

---

30) 渡部義通, 『思想と學問の自傳』, p.320.

31) 柘植, 『民科と私』, p.177.

다.[32] 이러한 경향은 점령군으로부터 적시된 후에도 점점 격화되어, "과학활동보다도 오히려 공산당의 캄파니아(kampaniya라는 러시아어로, 정치적인 투쟁 내지 활동, 특히 대중에 호소하여 목적을 달성하려는 운동—역자주), 대중행동에 연결된 캄파니아에, 민과라든가 신일본문학회라든가 하는 조직들이 동원되는" 상황이 되었다.[33] 극단적인 경우를 들면, 1951년 4월 이데 다카시(出隆)가 공산당의 방침을 어기고 도쿄도지사 선거에 입후보하자, 공산당으로부터 "이데 다카시를 민과에서 제명처분하라는 지령이 민과에 내려왔다"고 한다.[34]

어쨌든 창립 당시 200명 정도로 출발하여, 1947년에 약 1천 명, 48년에 2천 3백 명, 49년 6천 8백 명, 1950년에는 1만 명에 달하는 회원을 확보했던 민과는 이런 식으로 공산당의 외곽단체화되는 과정에서 과학연구자 집단으로서의 기능을 상실했고, 1951년에는 회원이 일거에 5천 명으로 반감했다. 그 후 쇠퇴하여, 1957년에는 사무소가 폐쇄되고 전국 조직으로서의 기능을 상실하기에 이르렀다.

이와 같은 과정을 통해 '회한공동체' 속의 개방된 다양한 지적 집단이 붕괴되어 가는 한편, 전문별 학회가 잇달아 형성된다. 전전 사회정책학회가 내부의 이데올로기 대립과 전문분화 경향으로 인해 기능을 상실한 후, 전문적인 연구는 주로 각 대학에서 추진되어 왔다. 국제법학회나 사회학회같이 전쟁 전부터 전문학회가 성립되어 있었

---

32) 앞의 책, p.79.

33) 渡部, 『思想と學問の自傳』, p.322.

34) 위의 책, p.333. 渡部의 회고에 의하면, 결국 이것은 그가 무너뜨렸다고 한다.

던 분야도 일부 있었으나, 사회과학에서 전문학회가 전면적으로 성립되는 것은 연구의 자유가 확보되고, '회한공동체' 가운데서 개별 대학을 넘어선 지적 교류가 급속히 발전한 전후(戰後)기의 일이다.

법학 영역에서는 전후 급속히 관심을 모은 신영역으로서 법 사회학에 관심 있는 법학자가 법에 관한 사회과학을 지향하여 1947년 법사회학을 결성했고, 1948년 공법학회, 1949년 형법학회, 그리고 역시 새로운 영역인 노동법에서 1950년에 노동법학회가 탄생했다.[35]

이 글에서 이들 학회 각각에 대해 언급할 수는 없으나, 일본정치학회의 경우를 한 예로 들겠다. 이것은 나 자신이 가장 잘 알고 있는 사례일 뿐 아니라, 당시 다른 학회와 공통된 특색이 더욱 두드러지게 나타나는 사례라고 생각되기 때문이다. 패전에 이르기까지 다른 사회과학 분야들에 비해 특히 어려운 상황이었던 정치학회의 경우, 전시중의 사태는 극히 심각했다. 당시 정치학은 국가학, 국법학으로부터 겨우 독립해서 걸음마를 시작한 참이었는데, 언론의 자유가 없어 일본의 현실정치를 비판적으로 분석하는 일이 극도로 곤란했고 또한, 나치즘의 영향과 비합리적인 국체 이데올로기에 의해 건전한 발달이 저해되었기 때문이다. 이 같은 과거를 반성하여, 마루야마 마사오는 1947년 『인문(人文)』 제2호에 실린 「과학으로서의 정치학(科學としての政治學)」이라는 제목의 논문에서, 전전 정치학의 빈곤과 후진성을 날카롭게 비판하고, "특정 정치세력의

---

35) 潮見 編, 『戰後の法學』, p.27.

수단이 되는 순수한 이데올로기"로 타락하지 않고, 그렇다 해서 "거꾸로 일체의 구체적인 정치 상황에 눈을 감고, 추상적인 서재 정치학으로 돌아가"지도 않고, 현실과학으로서의 정치학을 추구하는 경우에 생각해야 할 가치판단과 객관성의 관련에 대해 논했다. 이 논문에 자극을 받은 로야마 마사미치(蠟山政道)는 패전 전에도 정치학의 전통이 있었음을 보여 주기 위해 『일본에서 근대정치학의 발달(日本における近代政治學の發達)』을 저술했다.

이러한 정치학자들의 반성을 기초로 해서 1948년 일본정치학회가 설립되어, 1949년에 개최된 제1회 연구회에는 80명의 정치학자가 모였다. 1950년에는 회원이 180명으로 늘었고, 이 해부터 『연보정치학(年報政治學)』을 이와나미서점(岩波書店)에서 간행하기 시작했다. 제1호 연보에서 「발간사에 대신하여」라는 부제 하에 「일본정치학의 과제」를 논한 난바라 시게루(南原繁) 이사장은, 우선 과거에 대한 반성으로서 "일부 학자들은 스스로 진리에 봉사하는 대신 당시의 권력자에 봉사하여, 이에 영합하는 이론을 만들어 내고, 그들의 폭거에 가담했다. 당시 언론 탄압이 극심했다는 사정을 고려하더라도, 대체로 우리 일본에서 정치에 대한 과학적 연구는 그 정도로 허약하고 미발달 상태였다. 근대과학으로서의 정치학은 메이지 이래 조금도 발전을 이루지 못했던 것이다"라고 비판적인 평가를 하였다.[36] 그리고 장래의 과제에 대해 "모든 무력을 폐기하고

---

36) 南原繁, 「日本における政治學の課題—發刊の辭に代へて—」, 『日本政治學會年報政治學』, 1950년, 岩波書店, p.2.

전쟁을 부정한 일본의 우리 정치학도들은, 세계 앞에 이(전쟁인가 평화인가 하는—인용자) 새로운 문제의 해명에 노력, 공헌하는 것만큼 숭고한 임무는 없을 것이다. 그리하여, 여러 나라들의 학자, 학회와 협력하여 세계 문화와 인류의 복지에 기여하는 것은 우리 학회가 심히 기대하고 염원하는 바이다"라는 말로 글을 맺고 있다.[37] 또 같은 호에는, 공동연구로서 전술한 마루야마, 로야마의 업적도 소재로 하면서 정치학자 5명의 「일본 정치학의 과거와 장래」라는 토의가 실려 있다.

이렇게 '회한공동체' 중의 정치학 전문연구자 집단으로서 출발한 일본정치학회는, 긴 전시중의 지적 쇄국 상황으로부터 벗어나기 위해 『연보』에서 점차 미국, 프랑스, 영국, 그리고 소련 학계의 동향을 소개하는 한편, 1958년에는 특집으로 「전후 일본의 정치과정」을 다룸으로써,[38] 일본의 정치적 현실도 분석하게 된다. 또, 제2차 세계대전 중 유대계 망명자도 받아들여 급속히 발전한 미국의 정치학에 대해서는, 전후에 비로소 일본의 일반 정치학자들이 알게 되었기 때문에, 『연보정치학』에서는 1958년까지 3차례에 걸쳐 미국 학계의 동향을 소개하였다.

이렇게 해서 전전에 강했던 독일학의 영향 대신에, 다른 사회과

---

37) 앞의 책, pp.3~4.
38) 『年報政治學, 1953年版, 特集戰後日本の政治過程』, 岩波書店. 이는 뒤에 증보 정정을 하여 岡義武 編, 『現代日本の政治過程』, 岩波書店, 1958년으로서 단행본 형태로 간행되었다.

학의 경우와 마찬가지로, 정치학에서도 미국의 영향이 급속히 증대했다. 그러나 이 시기 일본의 정치학을 미국 정치학과 비교하면, 여전히 다음과 같은 특징이 있다.[39]

첫째로, 역사지향이 강하다는 점이다. 본래 전후의 정치학은 전전의 정치학에 대한 반성에서 출발했고, 또한 전전으로부터 전후로의 급격한 정치변동을 목도하면서 연구를 전개했기 때문에, 역사를 떠나서 정치학을 논하는 것은 불가능했다. 따라서, 봉건제의 전통이 없는 미국 정치학, 그것도 전시중에 싹튼 행동과학적 방법의 영향력이 증대하던 당시의 미국 정치학과 비교해 보면, 개인에 따라 정도의 차이는 있지만, 일본의 정치학자는 공통적으로 역사적인 것에 대해 커다란 관심을 갖고 있었다.

둘째로, 이와 관련된 마르크스주의에 대한 관심이다. 마르크스주의는 그 자체로서 고유의 정치학 체계를 이루지 못하고 있었으며, 일본의 정치학자 가운데서 마르크스주의자는 극소수에 불과했다. 오히려 정치학자 중 다수는 당시 지적 세계에서 지배적이었던 마르크스주의의 방법적 일원론에 대해, 정치학의 독자적인 영역을 확립하고자 방어적인 태도를 취하기까지 했다. 그러나 그런 이유

---

39) 이하에서 말하는 일본 정치학의 특징에 대해서는 일본어로는 발표되지 않은 다음 영문 논문을 참조. Takeshi Ishida, Some Characteristics of Political Science in Japan, *Government and Opposition*, Vol.17, No.3. Summer 1982. 또, 이 논문의 일부를 일본어로 소개한 것으로서, ロナルド·J. レベナ-, 「日本の政治學とアメリカの政治學」, 『社會科學の方法』 第16巻 3號, 1983년이 있다.

때문에라도, 마르크스주의에 관한 지식과 관심은 동시대의—특히 매카시즘 하에서 공산당 숙청이 행해지던 상황 하의—미국 정치학자에 비해 훨씬 컸다고 할 수 있다. 또 전술한 역사적 관심은, 일본의 역사연구에서 마르크스주의적 접근이 압도적인 비중을 차지하고 있었기 때문에, 싫든 좋든 마르크스주의에 대한 관심과 지식은 불가결하다는 인식을 갖게 했다.

셋째, 정치학에서 가치를 중시했다는 점이다. 여기서 말하는 가치에는 두 가지 측면이 있다. 하나는 분석 대상으로서 가치의 문제이고, 또하나는 분석의 가치적 전제의 문제이다. 이 중 어느쪽에 대해서도 미국 정치학자보다 일본의 정치학자들의 관심이 강했다. 이 중 어떤 의미에서도 가치 중시는 전후 일본의 정치적, 사상적 상황과 관련이 있다. 우선, 대상으로서의 가치관 또는 의식의 문제부터 살펴보자. 전후의 변혁은 무엇보다도 먼저 점령 당국의 주도로 위로부터의 법률 혁명으로서 신헌법 제정을 시작으로, 민법, 형법, 형사소송법 등의 개정에까지 이르렀다. 많은 법률학자는 새로운 법령을 해설하느라고 바빴지만, 법률혁명은 곧 태도와 의식의 변혁을 가져온 것은 아니다. 법률학자들 사이에서도 1951년부터 사법학회가 상속조사를 시작했고, 법 사회학자는 활발하게 실태조사를 하는 등의 움직임이 보였지만, 정치학자로서도 당연히 국민의 가치의식, 정치적 태도의 문제를 중요한 연구 대상으로 삼지 않을 수 없었다. 물론 그때 미국의 행동과학이 점차 영향력을 미치게 되지만, 마루야마 마사오가 「초국가주의의 논리와 심리(超國家主義

の論理と心理)」(1946)와 「군국지배자의 정신형태(軍國支配者の精神形態)」(1949)[40]를 쓴 당시에는, 그 영향을 받기보다는, 필요한 분석 개념을 스스로 만들어 내는 단계로서, 앞에서 말한 커다란 역사적 관심을 받아 탁월한 개념이 형성되었다.

이 점과 관련하여(이것은 미국 정치학과 비교한 것이 아니라, 마르크스주의적 접근과 대비해서) 주목할 만한 점으로서, 이 시기의 정치학자가 마르크스주의적 분석에서 경시되었던 의식의 문제를 조명한 점도 꼽아야 할 것이다. 이것은, 일본의 마르크스주의에 대한 관심이 미국보다 강했다는 것이 결코 마르크스주의자에 동의하여 그 접근방법을 따른 것은 아니라는 예증이라 하겠다. 즉, 농지개혁과 재벌해체에 의해 이른바 하부구조의 변혁이 일어나도 이것이 곧 정치의식에 직접 반영되지는 않고, 천황제 특권기구가 철폐되어도 '선망 천황' 관은 여전히 남아 있는 상황을 어떻게 비판적으로 분석할 것인가가 정치학자의 중요한 과제로 간주되었으며, 이런 면에서 정치학자는 마르크스주의와는 다른 방법으로 유효한 접근을 시도한 것이라 할 수 있다.

한편, 가치적 전제에 대한 관심이 강렬한 것은 전후 일본의 정치학이 전술한 바와 같은 역사적 반성에서 출발한 사정에 비추어볼 때 당연한 일이다. 미국의 행동과학적 방법이 분석의 가치적 전제를 예민하게 의식하지 않고 정책과학에 빠지기 쉬웠던 것을 생각

---

40) 모두 丸山, 『現代政治の思想と行動』 수록.

할 때, 이 점은 양국 정치학의 주목할 만한 차이점이다. 이 점에 관해 좀더 지식 사회학적 비교를 덧붙이자면, 미국 사회과학자 중에는 일본의 사회과학자가 일본의 현실에 대해 지나치게 비판적이어서 현실정치에 참여하기는커녕 오히려 적대적이라고 비판하는 사람이 있다. 사실 이 시기에 일본의 사회과학에는 비판과학으로서의 성격이 미국의 사회과학보다 두드러지게 강했다. 그러나 그것은 앞에서 살펴보았듯이 전시중의 '능동적 참여'로 인해 테크노크라트로서 전쟁에 대한 지적 협력을 하게 되었던 쓰라린 경험을 깊이 반성한 결과였다. 비판과학으로서 정치학의 특징을 보여 주는 사례를 한 가지 든다면, 일본정치학회가 정부에 대해 비판적인 의사를 정식으로 표명한 일이 5회, 원폭 및 핵실험에 반대 의사표시를 한 일이 2회 있다는 점이다. 우선 직접·간접적으로 정부에 반대하는 것으로서는, 1949년 인사원 규칙에 관한 것, 1954년 교육관계법 개정에 관한 것, 1958년 경찰관 직무집행법 개정 반대, 1960년 아사누마(淺沼) 암살에 대해, 그리고 마지막으로 1962년의 대학 관리 문제에 대한 성명 등이 있다. 그 외에 원수폭(原水爆)과 관련해, 1954년 원수폭 문제에 관한 호소문을 각국 정치학회, 소련 과학아카데미, 중국 사회과학원 등에 보냈고, 1961년에는 핵실험 반대 호소를 결의하였다. 그 외에 1961년에는 정치적 폭력행위 방지 법안에 대해 의견 표명을 하자는 제안이 있었으나, 태도 표명을 하지 않는 것으로 결정한 예도 있다. 1962년 학회로서의 의사 표시를 마지막으로, 필자가 기억하는 한, 일본정치학회에서 이런 종류의 현실정치에 관한 비판적 의사 표시가 제안된 일은 없다.

정치학의 경우, 특히 전시중의 상황에 대한 철저한 반성에서 출발하여, 정치 그 자체를 연구 대상으로 하고 있기 때문에, 정치에 대해 예민한 감각을 가지고 있으며, 따라서 자연과학이나 사회과학의 다른 영역에 비해 정치에 대해 비판적이 되는 것은 당연한 일일 수도 있다. 정치학회 연차대회에서 종종 고위 공직자가 초청 연사로서 강연하는 미국의 경우와는 상당히 다른 특징이다. 그 옳고 그름은 어떻든 그것이 두드러진 차이임은 분명하다.

그러나 1950년대의 상황에서는, 이러한 일본정치학회의 사례는 결코 극단적인 예외는 아니었다. 보통 좌익이라 불리는 재야 연구자를 중심으로 결집한 역사학연구회 같은 특수한 학술단체뿐 아니라, 마르크스주의자가 몇 명 안 되는 학술단체에서도, '회한공동체'라는 공통 기반에 입각해 있는 한, 긴요한 정치 문제에 대해 발언하는 것은 보통이었다. 그 한 예를 1954년의 비키니섬 수소폭탄 실험에 대한 각종 학회의 태도에서 볼 수 있다. 즉 이때에는, 일본정치학회 외에도 일본학술회의, 원자핵 특별위원회, 일본지질학회, 일본기상학회, 일본의 사회, 법 사회학회 등이 원수폭에 대한 반대 결의를 했다.[41] 각종 학회에서 이런 공통관심사가 없어지는 것은 '회한공동체'의 붕괴, 세대교체, 그리고 무엇보다도 1960년대의 고도성장기에 각 학문 영역에서 진행된 전문분화와 기질의 형성에

---

41) 柘植, 『民科と私』, pp.219~220.

의한 것이지만, 그것을 논하기 전에 전후기를 대표하는 사회과학의 업적을 소개할 필요가 있다.

3. 전후 사회과학의 사상
—오쓰카 히사오, 마루야마 마사오를 중심으로—

이 시기의 대표적인 사회과학자로서 오쓰카, 마루야마 두 사람을 드는 데는 아무도 이의를 제기하지 않을 것이다. 그 외에 누구를 덧붙여야 하는가는 선택하기가 상당히 어려우리라 생각된다. 소개지(疏開地) 요세(與瀬)에서 이른바 '요세 3인조'로서 오쓰카와 긴밀한 접촉이 있었던 법 사회학의 가와시마 다케요시,[42] 일본 지식인의 서구 일변도를 비판한 이즈카 고지가 있으며,[43] 그 외에 법 사회학의 가이노 미치타카(戒能通孝),[44] 오쓰카에 가까운 문제의식

---

42) 大塚, 丸山와 더불어 川島를 더해, 이 세 사람이 베버와 마르크스의 문제를 다룬 것으로서 石田雄,「わが國におけるウェーバー理論の若干の特質」, 內田義彦 · 小林昇 編,『資本主義の思想構造』, 岩波書店, 1968년 수록이 있다. 또 川島의 업적에 대해서는『川島武宜著作集』全10卷, 岩波書店, 1982~1983년 및 川島;『ある法學者の軌跡』, 有斐閣, 1978년 참조.

43) 飯塚의 업적은『飯塚浩二著作集』全10卷, 平凡社, 1975~1976년에 수록되어 있다.

44)『戒能通孝著作集』全8卷, 日本評論社, 1977년 참조.

을 가진 경제사학의 우치다 요시히코,[45] 행정학의 제1인자로서
『일본관료제의 연구』(1952년, 신판 1969년)의 저자인 쓰지 기요아키
(辻淸明) 등, 다루어야 할 사회과학자는 적지 않으나, 여기서는 그
영향력에 비추어, 오쓰카와 마루야마 두 사람을 중심으로 기술하
기로 한다.

오쓰카, 마루야마 두 사람을 이 시대의 대표적 사회과학자로 꼽
는 데 문제가 없는 것은 아니다. 두 사람 다 전쟁 중에 중요한 연구
를 시작했고 그 연구활동은 오늘날까지 지속되어, 특히 이 전후기
의 대표로 내세우는 것이 적절한가 하는 의문이 생긴다. 오쓰카의
남북 문제에 관한 발언은 오히려 이 시기 이후에 나온 것이며,[46]
마루야마가 일본사상의 '고층(古層)'에 대해 발표한 것도 이 시기
이후이다.[47] 그러나 그 영향력이라는 관점에서 보면, 지적인 '회한

---

45) 內田의 업적으로서는 『經濟學の生誕』, 未來社, 1953년, 『古典經濟學硏究』
    未來社, 1957년, 『經濟學史講義』, 未來社, 1961년; 『資本論の世界』, 岩波書
    店, 1966년, 『日本資本主義の思想像』, 岩波書店, 1967년; 『作品としての社
    會科學』, 岩波書店, 1981년 등이 있다. 또, 內田 이론의 분석에 대해서는 杉
    山光信, 「『經濟學の生誕』の成立」, 『戰後啓蒙と社會科學の思想』, 新曜社,
    1983년, pp.93～134.

46) 大塚에 대해서는 『大塚久雄著作集』全10卷, 岩波書店, 1969～1970년; 上野
    正治, 『大塚久雄著作 ノート』, 圖書新聞社, 1965년; 上野正治, 「經濟史學」,
    長幸男 · 住谷一彦 編, 『近代日本經濟思想史 II』 수록, pp.197～218 참조.

47) 丸山의 전전의 업적으로서는 뒤에 단행본이 된 丸山 編, 『日本政治思想史
    硏究』, 東京大學出版會, 1952년에 수록된 논문들이 있다. 전후기 이후의
    '古層'에 관한 논문으로서 「歷史意識の '古層'」, 丸山 編, 『日本の思想第六

공동체'가 존재한 이 시기에 가장 큰 반향을 일으켰다는 의미에서 이 시대의 대표자로서 다룰 수가 있다.

이 두 거인을 한정된 지면에서 다루는 것은 쉬운 일이 아니지만, 여기서는 대담하게 우선 마르크스주의의 매력으로 들었던 보편성, 체계성, 비판성이라는 관점에서 살펴보도록 하겠다. 왜냐하면 이 세 요소는 마르크스주의가 사회과학이라는 이름을 독점할 수 있었던 요인인데, 그런 의미에서 일본 사회과학의 과제라 할 수 있는 이 세 요소는 바로 이 두 사람의 비마르크스주의자에 의해 계승되었으며, 그 때문에 이 두 사람은 사회과학을 마르크스주의의 독점으로부터 해방시킴으로써 마르크스주의자에게 '근대주의자'라는 비판을 받게 되었기 때문이다. 물론 이것은 그들이 마르크스주의의 영향을 받지 않았다는 의미가 아니라, 마루야마의 표현을 빌자면 포스트마르크시스트로서 마르크스주의의 과제를 계승했다는 의미이다.

卷歷史思想集』, 筑摩書房, 1972년 등이 있다. 그 외의 저작으로서 앞의 『增補版 現代政治の思想と行動』, 『日本の思想』, 『戰中と戰後の間』, 『後衛の位置から』가 있으며, 今井壽一郎, 『丸山眞男著作ノート』, 圖書新聞社, 1964년에 상세히 나와 있다. 또 大塚와 丸山를 사상사적으로 자리매김한 것으로서 藤田省三, 「社會科學の思想」, 久野 · 鶴見 · 藤田, 『戰後日本の思想』수록; 杉山光信, 『戰後啓蒙と社會科學の思想』이 있으며, 두 사람을 비판적으로 다룬 것으로는 芝原拓自 · 鈴木良 · 安丸良夫, 「思想としての現代社會科學—丸山眞男 · 大塚久雄の檢討一」, 『新しい歷史學のために』 63號, 1960년 10월(뒤에 歷史科學協議會 編, 『歷史科學大系三四現代史の課題と方法』, 校倉書房, 1982년, pp.254~278에 수록)이 있음.

보편성과 관련하여 이들의 배경이 되는 가치적 전제에 주목해야 한다. 이들의 사회과학적 연구는 오쓰카의 경우 기독교, 마루야마의 경우 '근대적 사유'(현실의 서구 근대가 아니라 이념화된 근대)[48]라는 보편적 가치에 대한 강한 신념을 바탕으로 하고 있다. 또한 중요한 것은, 마르크스주의의 경우 보편적인 것은 외부로부터 도입하여 외국 이론의 수입과 해석에 치중하는 경향이 있었던 데 반해, 이 두 사람은 모두 일본의 국민(네이션)에 대한 강한 관심을 바탕으로 국민의 과제를 해결해야 할 일본의 사회과학자로서 스스로 개념 장치를 만들어 냈다는 점이다. 오쓰카의 '국민경제'에 관한 논의들,[49] 마루야마의「국민주의 이론의 형성(國民主義理論の形成)」(1943),[50]「구가 가쓰난(陸羯南)」(1947),[51] 그 밖에 두 사람의 모든 업적을 통해 일본의 '국민'에 대한 깊은 관심이 나타나 있다. 그런 의미에서, '해방군'에 의해 주어진 민주주의를 외부로부터 촉진된 혁명과정으로 받아들였다가 나중에 점령군에게 환멸을 느끼고 '민족'과 '국민'으로 그 관심을 급속히 옮겨 간 마르크스주의자와는 다른 일관성을 보이고 있다.

그러나 이러한 '국민'에 대한 관심이 특수주의에 빠지지는 않았

---

48) 丸山의 '근대적 사유'에 대해서는 『戰中と戰後の間』에 수록된 같은 제목의 논문을 참조. 같은 책 pp.188~190.
49) 大塚의 '국민경제'에 관한 논문들은 『大塚久雄著作集』第6卷에 실려 있다.
50) 뒤에 「國民主義の 前期的 形成」으로서 丸山, 『日本政治思想史研究』第3章에 수록.
51) 丸山, 『戰中と戰後の間』, pp.281~296에 수록.

다. 그것은 물론 앞에서 든 보편적 가치에 대한 신념 때문이었지만, 사회과학 이론의 차원에서 보면 '국민' 내부의 민주주의와 자유의 문제를 중시한 점과, 외부와의 비교라는 시점에서 세계사적인 시야와 연결되어 있었던 것을 중요한 요인으로 들어야 할 것이다. "본래 학문을 한다면 일본경제사를 하고 싶었다"는 오쓰카는[52] 일본에 대한 관심을 바탕으로, 독일, 네덜란드, 영국의 경제사를 연구하면서 '근대화과정에서의 두 가지 길'(1947)이라는 발전 유형을 제시하였다.[53] 마루야마는 일본의 초국가주의를 독일의 파시즘과 비교 분석하거나, 일본의 사상적 발전을 널리 서구의 그것과 비교하는 방식으로 보편 이론에 대한 가교를 세웠다.

여기서 보편성에 관해 특히 주의할 점은 두 사람 다 단순히 외국 이론을 적용하여 보편 이론을 만들지 않고, 분석을 위해 가장 유효한 개념장치를 스스로 만들어 냈다는 것이다. 오쓰카는 일찍이 1935년에 「소위 전기적 자본이라는 범주에 대해(所謂前期的資本なる範疇について)」에서,[54] 『자본론』의 범주를 발전시킨 후에 '오

---

52) 大塚久雄・內田義彦 대담,「社會科學の創造」,『歷史と社會』第1號, 1982년, p.9.

53) 大塚,「近代化とは何か─近代化過程における二つの途─」,『東京產業大學新聞』384號, 1947년 3월 15일. 뒤에 『近代資本主義の系譜』, 1947년에 수록, 『大塚久雄著作集』第3卷, 1969년.

54) 大塚,「所謂前期的資本なる範疇について」,『經濟志林』第8卷 2號, 1935년. 뒤에 『近代資本主義の系譜』, 1947년에 수록, 『大塚久雄著作集』第3卷, 1969년.

쓰카 사학'이라고 일컬어지는 경제사의 중요한 분석장치를 제시했다. 그 후 '국지적 시장권' 등 유럽 경제사 분석에 사용될 개념을 유럽 외부에서 만들어 내었다. 마루야마도 '자연'과 '작위'[55]라든가 '신여(神輿)', '역인(役人)', '무법자',[56] 혹은 '—이다(である)'라는 것과 '한다(する)'는 것[57] 등의 유효한 분석 수단을 만들어 냈다. 이러한 노력과 비교 관점의 적절한 도입이 어우러져, 처음으로 단순한 수입품이 아닌 일본인이 만든 사회과학, 그것도 보편성을 지닌 것이 탄생할 수 있었다.

두 번째 요소인 체계성에 관해서 살펴보자. 여기서 말하는 체계성이란, 완성된 작품이 외견상 멋진 형식적 체계를 이루고 있는 것을 의미하지는 않는다. 카시러(Ernst Cassierer)는 계몽주의는 '체계의 정신(Esprit de système)'의 유효성을 믿지 않고 '체계적인 정신(esprit systèmatique)'을 발휘하려고 했다고 말했는데,[58] 여기서 말하는 체계성도 이러한 체계적 사고를 의미한다.

마루야마는 마르크스주의가 일본에서 갖는 사상사적 의의로서 우선 "일본의 지식세계는 이것에 의해 최초로 사회적 현실을 정치,

---

55) 丸山, 「近代日本思想における '自然' と '作爲'」, 『日本政治思想史研究』 第2章.

56) 丸山, 『增補版 現代政治の思想と行動』, pp.130～131.

57) 丸山, 『日本の思想』, p.153 이하.

58) Ernst Cassierer, *Die Philosophie der Aufklärung*, Tübingen, Mohr, 1932, Vorrede, S.X.

법률, 철학, 경제 등과 같이 개별적으로 파악하는 것을 넘어서서 이들을 상호 관련지어 종합적으로 고찰하는 방법을 배웠으며, 또 역사에 대해 자료에 의한 개별적인 사실의 확정 내지는 지도적 인물의 영고성쇠를 다루는 데 그치지 않고 다양한 역사적 사상의 배후에서 이를 움직여 가는 기본적인 요인을 추구하는 과제를 배웠다"는 점을 든다.[59] 오쓰카와 마루야마는 두 사람 다 이 과제를 계승하면서도 일본의 마르크스주의가 실제로 빠져 있던 교조주의적인 경향에서 벗어날 수 있었다. 오쓰카는 대상을 전체로서 구조적으로 파악하는 관점을 계승하여, 좁은 의미의 경제사뿐 아니라 윤리, 신앙으로부터 민주주의까지를, 마루야마는 "육체문학으로부터 육체정치"뿐 아니라 음악도, 체계적 정신에 의해 논하는데, 그것은 '정신의 체계'에서 일의적으로 연역한 것은 아니다. 오쓰카는 마르크스의 체계를 이용하면서도 베버의 유형론과 에토스론을 도입하여 복안적(複眼的)인 시각을 유지함으로써 교조주의에 빠지는 것을 방지하고 있다. 마루야마는 헤겔과 부분적으로는 마르크스주의 특히 루카치와 F. 보르케나우(Franz Borkenau)로부터 구조주의적 파악 방법을 도입하는 한편, 베버와 만하임의 이론에 의해 일원적 규정론에 제동을 걸고 있다. 또 이 두 사람은 모두 스스로 개념을 만들어 냈기 때문에, 사회과학에서 가설 설정의 의미를 끊임없이 의식하고 있었다는 점에서도, 단순한 수입 이론의 해석학에 수반

---

59) 丸山, 『日本の思想』, pp.55~56.

되는 교조성에서 자유로울 수 있었다.

또한 이 두 사람이 마르크스주의자와 다른 점은, 의식을 하부구조의 '반영'으로 보지 않고, 역사의 주체로서 인간의 에토스나 의식의 의미에 주목했다는 점이다. 오쓰카는 생산력에 물적 자연적 계기 외에 인간의 정신적 계기가 있는 데 주목하여, '근대적 인간 유형'(근대적 에토스)의 중요성을 지적했고, 마루야마도 '주체성'이라는 계기를 중시하여[60) '심리'나 '정신 형태'에 주목했다. 요컨대 두 사람은 역사가 인간의 의식적 영위라는 면도 밝혔으며, 일본의 마르크스주의가 빠지기 쉬웠던 경제적 결정론이나 기저 환원주의적 사고를 극복하는 데 중요한 역할을 하였다.

세 번째 요소인 비판성에 대해 말하자면, 두 사람 모두 보편적 가치에 대한 신념으로써 일본의 현실을 비판하는 자세가 철저해서, 종종 '결여론'이라든가 '자학적'이라는 평을 받을 정도였다. 이 점에 관해 주의할 점은 가치판단과 사회과학자로서의 '금욕'의 문제이다. 분명, 마르크스주의는 어떤 과학적 연구도 완전히 무전제일 수는 없으며 일정한 가치 위에 이론이 성립한다는 것을 밝힌 점에서 큰 의미를 지니고 있다. 다만, 일본의 마르크스주의자의 경우 뒤에 언급할 우노 경제학같이 이론을 실천으로부터 분리한 경우는 예외로 하고, 이론과 실천의 통일이라는 원칙 때문에, 실천을

---

60) '주체성'에 대해서는, 1948년 2월호 『世界』의 「唯物史觀と主體性」이라는 제목의 좌담회(清水幾太郎, 松村一人, 林健太郎, 吉在由重, 丸山眞男, 眞下信一, 宮城音弥)에서, 그 의미를 강조하고 있다.

위한 기대감이 이론에 내포되거나, 또는 실천에서의 노선 투쟁이 이론상의 투쟁이 되는 일이 종종 있었다. 그러나 이 두 사람은, 후지타 쇼조의 표현을 빌리면 "가치와 논리와 현실의 3차원이 각각 독자의 영역을 지님"[61]으로써 그런 위험을 피하고 있다. 즉 자신의 가치지향을 강하게 의식함으로써, 베버가 말하는 '금욕'에 의해 그것이 사회과학의 논리에 희망적 관측을 개입시킬 수 없게 하는 것이다.

보편적 가치에 대한 지향이 강렬한 만큼 '금욕'의 의미는 크고, 이로써 현실로부터 거리를 유지하여 사회과학의 객관성을 유지할 수 있게 된다. 물론 사회 현상을 전체적으로 파악하면서 동시에 다양한 시각을 유지하는 것도, 또 날카로운 가치판단과 동시에 객관성을 유지하는 것도, 모두 사회과학의 아포리아(aporia)로서 항상 둘 사이의 긴장을 유지하면서 통합하는 노력을 거듭하는 영원한 숙제라고 해야 할 것이다.

---

61) 藤田, 「社會科學の思想」, 久野 · 鶴見 · 藤田, 『戰後日本の思想』, p.154.

제7장 '시민'의 분출과 현대 사회과학의 과제

1. '시민'의 분출과 그 이후

1950년대 후반에 출현한 '대중 사회론'의 쟁점의 하나는, 계급 의식의 약화와 정치적 무관심의 증대였다. 그러나 1960년 5월 6일 미일안보조약 개정안의 변칙 · 채택에 의해 야기된 '시민'의 분출 현상은, 대중 사회에서 사적 관심이 정치적으로 또 다른 적극적인 의미를 지닐 수 있음을 명백히 보여 주었다. 구노 오사무(久野收)는 「시민주의의 성립」이라는 논문[1]에서, 무당무파의 직업인으로서의 대중이 "국가권력이 가하는 통제와 간섭을 함께 물리치려는" 운동을 시민 운동이라 하고, 이에 참가하는 대중은 대중 사회 속에서

---

1) 久野收, 「市民主義の成立」, 『思想の科學』, 1960년 7월호.

"두 개의 얼굴"을 지닌 시민대중이라고 하였다. "두 개의 얼굴"이란, 일단 사생활의 평화와 자유가 보장되는 한 그에 안주하려는 '수동적 대중'과 사생활의 자유와 평화를 지키려는 입장에서 압제에 저항하여 일어서는 '자발적 시민'이라는 양면성을 가리킨다. 이 두 번째 측면이 1960년 안보에서 전면적으로 전개된다.

이 시기 운동의 핵심적 주체는 분명 '계급' 또는 조직된 노동자도, 패전 직후 식량 부족 등 생활난에 허덕이고 있던 '인민'도 아니었다. 그것은 바로 1950년대에 경제 부흥에 의해 향상된 생활을 향수하고 있던 '시민'이었다. 1958년의 경찰관직무집행법 개정에 의한 경찰권력 강화 기도가 좌절된 것도, 그러한 '시민'의 사적 이익에 대한 강한 관심 때문이었다. 당시 한 대중 주간지는 '데이트를 방해하는 경직법(警職法)'이라고 표현했는데, 이것은 그야말로 사적 관심이 프라이버시에 대한 국가권력의 개입에 민감하게 반발했음을 보여 주는 사례이다.

1960년 안보 당시 기시 노부스케(岸信介) 수상은 고라쿠엔(後樂園)의 야간 경기가 만원인 사실을 들어 안보반대 운동은 일부의 소리를 반영하고 있는 데 불과하다면서, 그런데 신문도 안보 지지의 '목소리를 내지 않는 쪽의 소리'를 전하지 않는다고 말했다(5월 28일 기자회견). 그러나 라디오도쿄 기자가 취재한 바에 따르면 고라쿠엔 야간 경기의 관객 4명 중 2명은 데모에 참가한 경험이 있으며, 전원이 안보개정반대 서명을 했다. 기자는 이런 사실을 적고 "한 사람 안에 서명과 야간 경기, 데모와 데이트가 공존하고 있는 점"에 주목했다.[2] 그리고 기시의 발언에 항의하는 의미에서 '목소리 없는 소리의 모임'이라는 명칭을 쓴 시민 모임은 이 같은 '일반 시민'에게 호소하여 다수의 자발적 참가자를 얻었다.[3]

종종 '시민주의'의 앙양으로 규정된 이 새로운 경향은 계급 개념으로는 파악할 수 없는 현상이었다. 노동조합 같은 기존 조직을 동원하지 않은 '시민'의 움직임은 자발성을 특징으로 하였으며, 사생활에 대한 관심을 버리고 공적 세계의 목적에 헌신하고자 했던 종래의 '혁명적' 혹은 '혁신적' 활동가의 태도와는 다른 성격을 띠고 있었다. 사생활에 대한 관심이 강하기 때문에 더욱더 그것을 지키기 위해 자발적으로 운동에 참가한다는 것이었다. 이러한 새로운 태도가 나타난 것은 지켜야 할 만큼 향상된 생활이 있었기 때문이며, 또한 '강제된 헌법'이라는 개헌파의 비판에도 불구하고 신헌법의 권리 의식은 이미 돌이킬 수 없을 만큼 깊게 국민 생활 속에 뿌리를 내리고 있었기 때문이다. 그 점을 통찰하지 못한 기시는 경찰관직무집행법 개정에 실패했으며, 국회에서 변칙타결로써 개정 안보조약을 통과시켰을 때 '시민' 운동의 분출에 직면하여 퇴진할 수밖에 없었다.

그러나 대중 사회의 사적 이익에 대한 관심은 양면성이 있어서, 반대로 비정치적 측면이 나타나기도 하는데, 이 경우가 오히려 보

---

2) 杉山美智子, 「激動する十日間」, 『思想の科學』 1960년 7월호, p.45.
3) '소리없는 소리의 모임' 및 그 외에 당시의 시민의 움직임에 대해서는 日高六郎 編, 『1960年 5月 19日』, 岩波書店, 1960년, p.81 등을 참조.

통이다. 그것은 기시에 이어 수상이 된 이케다 하야토(池田勇人)의 '소득배증' 정책(이것은 정책이라기보다는 예측이었지만) 하의 고도성장기에 명백해진다. 우선 1960년 안보투쟁이 격렬했음에도 불구하고 그 해에 실시된 총선거에서 벌써 '시민'의 일상성으로의 복귀가 이루어져, 자민당에 대한 지지는 여전히 강고했다. 그리고 1960년대의 고도성장은 임금상승과 그로 인한 소비의 향상을 가져옴으로써 보수정권은 대중의 지지를 획득할 수 있었다. 그 고도성장은 한편으로는 대형합병, 하청계열화 등에 의해 전 사회의 과점적 관리 사회화를 촉진하고, 또 한편으로는 공해의 증대라는 모순을 증폭시켰으나, 전체적으로 보수적인 분위기 속에서 이런 사실에 대한 인식은 크게 낮은 상태였다.

고도성장 하에서 사회가 풍요로워짐에 따라, 보수적인 분위기뿐 아니라 대국의식도 자라게 되었다. 1961년에 미국 대사로서 일본에 부임한 라이샤워(Edwin O. Reischauer)가 나카야마 이치로와 나눈 「일본근대화의 역사적 평가」라는 대담에서[4] 일본의 '근대화'를 비서구에서의 모범적 성공 사례로 평가한 것은 보수파의 자신감 회복을 촉진시켜 대국의식 형성에 기여했다. 후쿠다 쓰네아리(福田恒存)의 「일본근대화 시론(日本近代化試論)」(1963~1964),[5] 하야시 후사오(林房雄)의 『대동아전쟁 긍정론(大東亞戰爭肯定論)』(1964) 등

4) ライシャワー・中山二知郎 대담, 「日本近代化の歷史的評価」, 『中央公論』, 1961년 9월호.
5) 福田恒存, 「日本近代化試論」, 『文藝春秋』, 1963년 1월호~1964년 6월호.

은 그 구체적인 표현이라 하겠다. 그와 동시에 국제정치론에서 '신현실주의' 자들이 낡은 세력균형론을 새롭게 포장하여 제시했고, 미래학이 밝은 미래에 대한 인상을 심어 주었다(1967년경). 다른 한편에서는 '민족적 전통'을 재평가해야 한다는 주장이 제기되었고, 그런 분위기 속에서 1964년 도쿄올림픽 이래 앙양되기 시작한 대국의식은 「기대되는 인간상(期待される人間像)」(1965), '건국기념일' 제정(1966), '메이지 백년제'(1968) 등 일련의 복고적 정책에 의해 보강되어 간다.

그러나 '시민'의 전통이 소멸한 것은 아니었다. 1960년대 중반부터 미국이 베트남에 대한 폭격을 개시하여 전쟁이 점차 격화되는 가운데, 또한 일본이 미군 기지로서의 기능이 증대되어 가는 과정에서, '시민' 운동은 새롭게 앙양되었다. 대표적인 것은 '베트남에 평화를! 시민연합'(1965년 창립 당시에는 '시민문화단체연합'이었으나 66년에 개칭되었다. 약칭은 양편 모두 '베헤렌'〈べ平連〉)의 움직임이었다.[6] 이 '시민연합'은 1960년 안보의 시민주의를 계승하는 동시에 그것을 넘어서는 요소도 포함하고 있었다. 이 시기에는 베트남전쟁 때문에 도쿄의 오지(王子) 및 다른 야전병원에 헬리콥터로 환자를 이송할 때 나는 소음, 유행병이 전염될(검역을 거치지 않고 입국하는 부상병에 의한) 위험성, 또는 목적이 불분명한 전쟁에서

---

6) 베헤렌에 대해서는, 小田実 編, 『市民運動とは何か─べ平連の思想─』, 德間書店, 1968년; 小田実 編, 『べ平連』, 三一書房, 1969년; べ平連 編, 『資料・ '베平連' 運動』上中下, 河出書房, 1974년을 참조.

부상당해 돌아온 병사들의 폭행사건과 풍기 문제 등 평화로운 시민생활을 위협하는 요인들이 증대했기 때문이다. 이러한 현실적인 조건과 장래 일본이 더 대규모의 전쟁에 말려 들어가는 것은 아닐까 하는 불안감 때문에, 일상생활의 평화를 지키려는 동기에서 이 운동에 참가한 사람이 많았다는 점에서는, 명백히 1960년의 시민운동과 같은 성격을 지니고 있었다. 그러나 다른 한편, 그러한 일상생활에 대한 관심에서가 아니라, 일본이 베트남전쟁에 가담함으로써 가해자가 되는 것을 비판하여 이 반전 운동에 참가한 사람들이 있었다는 것은 새로운 요소이다. 이 새로운 요소는 베헤렌 이외에도 베트남 반전 운동 전반에서 찾아볼 수 있다. 한 예로 1972년 '평범한 시민이 전차를 멈추는 모임(ただの市民が戦車を止める會)' 등을 중심으로 사가미하라(相模原) 보급창으로부터 베트남으로 조달되는 전차의 운송 저지 운동이 조직되었는데, 이는 일상적 이익의 침해에 대한 반대 운동이라기보다는, 완전히 베트남 반전이라는 목적 그 자체를 위한 것이었다. 비폭력 직접행동(전차의 운반차 앞에 앉아 있는 등)을 전술로서 취한 것도 주목할 만한 새로운 경향이었다.[7]

베헤렌의 운동은 '베트남에 평화를!'이라는 단 한 가지 목적에 집중된 것이었기 때문에, 1974년에 베트남 정전 협정 1주년을 기념해서 집회를 열고 해산했다. 그러나 10년간의 베헤렌 활동은 다음과 같은 몇 가지 점에서 중요한 의미가 있다. 첫째, 조직형태 면

---

7) 비폭력 직접행동에 대해서는 石田雄, 『平和と變革の論理』, れんが書房, 1973년, p.66 이하 참조.

에서, 고정된 회원이 없이 데모나 집회 때마다 참가한 사람들이 베헤렌의 멤버라는, 말하자면 조직 없는 조직, 지도자와 지령이 없는 조직이라는 점이다. 이것은 종래의 운동이 노동조합이나 정당 조직의 지도를 받았고, 풀뿌리에서 일어난 원수폭금지 운동마저도 원수협, 원수금이라는 거대 조직의 병리에 오염되어 있는 것을 생각할 때 무척 신선한 인상을 주었다. 물론, 영속적 지도체를 중심으로 한 조직이 아니기 때문에, 때로는 통제가 잘 안되어 결과적으로 무책임하게 되기도 하고, 아니면 사르트르 등의 유명인을 초청하는 캄파니야주의가 되기 쉽다는 등의 위험성도 있었다.

베헤렌의 두 번째 특징으로서, 일상적 이익을 넘어서 베트남전쟁에 일본이 가담한 것을 비판하고 이를 정부 및 산업계의 구체적인 정책에 대한 비판으로 연결시킨 점, 그리고 세 번째 특징으로서, 일본과 미국의 시민회의와 뉴욕타임즈 등에 유료광고 게재, 영문 소식지 『암포(アンポ)』 발행, 미군 탈주병 원조 등 국제연대를 창출한 점 등을 들 수 있다. 이 같은 특징들을 지녔던 이 운동은 많은 젊은이들의 관심을 모았다. 젊은이들의 상당 부분은 학생들이었는데, 이들은 학생 자치회를 중심으로 대학별로 이루어지고 있었던 학생의 운동으로서가 아니라 '시민연합'의 '시민'으로서 운동에 참가했다.

메이지 백년을 축하해야 할 1968년은 원자력 항공모함 엔터프라이즈의 사세보(佐世保) 기항과 그에 대한 격렬한 반대 데모로 시작되었다. 그 후 3월 나리타(成田)에서의 3개파 전학련(全學連)의

신국제공항 반대투쟁, 10월 21일 학생들에 의한 신주쿠(新宿)역 점거 등 학생들의 격렬한 저항이 이어졌고, 학내에서도 니혼(日本)대학, 도쿄대학, 그 외의 많은 대학에서 학생데모가 일어났다. 이 학생데모가 지닌 역사적 의미를 총괄하기는 아직 이르다고 생각된다. 왜냐하면, 지금은 이들 저항 운동에 참가했던 학생들이 드디어 한창 일할 나이가 되는 시기이기 때문이다. 그러나 직접적 단기적인 결과만을 보면, 이 학생데모는 어느 정도 대학의 관리체제의 합리화—그것은 관리효율의 증대이기도 하다—를 가져왔지만 그 외에는, 대학교수가 가진 오피니언리더로서의 권위를 약화시킨 정도에 머물렀다. 그리고, 후자와 관련해서는, 일반적으로 종합잡지의 중요성이 저하된 반면, 대중 주간지에 의한 연예인의 영향력 증대 경향이 가속화되었다. 파리의 5월 혁명이나 미국의 스튜던트 파워(student power)로부터 영향을 받아 일어났던 일본의 학생데모는 그 영향이 유럽이나 미국에 비해 일회적이었던 것으로 생각된다. 예를 들면 독일에서는 오늘날까지도 학생데모의 영향이 지속되고 있어, 전후 한때 단절되었던 마르크스주의가 이 학생데모를 계기로 부활되었다. 미국의 경우도, 일본의 학생데모보다 베트남 반전과 한층 밀접하게 연결되어 있었기 때문이기도 하겠지만, 학생운동은 일본에 비해 더 큰 영향을 끼쳤다. 그리고 냉전체제 하에서 매카시즘의 광풍에 의해 거의 사라졌던 마르크스주의의 영향을 부활시키는 계기가 된 것도 이 학생데모였다. 그런데 일본에서는, 1950년대에 지적 세계에서 압도적인 영향력을 지니고 있던 마르크스주의가 현실의 사회주의 국가와 결부되어 이해되는 경향이 있었기(즉 현실의 사회주의 국가를 이상화하는 경향이 있었다) 때문에, 1956년의 스탈린 비판, 같은 해의 헝가리사건, 1968년의 체코사건, 그리고 중국의 문화대혁명 등으로 점차 그 영향력이 저하되어 가기만 했다. 학생데모 이후에도 극히 소수의 신좌익 가운데서 마르크스주의 복권의 경향이 나타나는 데 불과했다. 그리고 전체적인 상황을 보면, 학생데모 이후의 적군파를 둘러싼 일련의 사건, 특히 1972년의 아사마(淺間)산장사건, 텔아비브공항사건 등은 오히려 1972년에 성립된 다나카(田中) 내각의 '열도개조계획'으로 대표되는 이익유도형 정치의 기반이 된 보수적 분위기 형성에 희생양을 제공한 셈이 되었다.

만국박람회로 시작된 1970년대에는, 1960년대의 고도성장 위에 경제가 더욱 성장하고 생활도 향상될 것이라는 국민의 기대와 달리, 각지에 공해가 발생하고 고도성장의 폐해가 점차 인식되기 시작했다.[8] 그런데 공해 문제는 콤비나트 형성을 서두르는 재개와 보수당에 의해 해결될 수 없을 뿐 아니라, 기업별 조합인 노동조합과 이를 기반으로 하는 혁신 정당이 해결해 줄 것을 기대할 수도

---

8) 예를 들어 1966년과 1971년의 여론조사를 비교하면 "산업 발전상 공해는 적당한 보상만 하면 어느 정도 감수할 수 밖에 없다."고 한 사람의 비율이 29%에서 13%로 감소했고, "산업 발전을 위해서라도 공해의 발생은 절대로 허용할 수 없다"고 한 사람의 비율은 27%에서 48%로 격증했다. NHK放送世論調查所 編,『圖說 戰後世論史』, 日本放送出版協會, 1975년, p.203.

없었다. 그렇다면 공해 문제를 해결하여 자신의 생활을 지키기 위해 '시민' 자신이 행동하지 않으면 안 되었다. 그런 의미에서 '시민'이 새롭게 의식화되었다. 1971년 3월부터 1974년 5월까지 계속된 격월간지 『시민(市民)』(후일 1975년 9월에 복간)은 이 경향을 잘 보여 주는 예이다. 이 잡지에서 제시된 '시민'의 성격을 1960년 안보 이래의 '시민'과 비교하면, 기성조직에 대한 비판, 무당파성과 자발성, 아마추어성의 강조 등의 점에서는 연속성이 있지만, 중앙보다는 지방에 중점을 두고, 의회제 민주주의보다는 직접민주제에 관심이 있으며, 비일상적인 것보다는 주변의 일상적인 것을 중시하는 점이 새로운 특징이다.

『시민』 창간호에서 마쓰다 미치오(松田道雄)는 "완전히 자발적인 운동, 지도자와 지도받는 자라는 불평등이 없는 운동, 기본적 인권의 존중에 기초한 연대라는 시민 운동의 원형을 만들어 내기 위해서는, 지역 사회의 주민 속에서 출발하지 않으면 안 된다"고 하였다.[9] 과거 안보투쟁시 6월 18일에는 33만 명에 달하는 시민 데모가 국회를 포위한 것은 분명하지만,[10] 그것은 어디까지나 수도 도쿄에서 일어난 일로서, 지방에서는 대도시에서 연쇄적 반응이 조금 나타난 정도였다. 더구나 그때의 쟁점은 '민주주의인가, 독재인가', '의회민주주의를 지켜라'라는 점이었다. 그리고 당시의 격

---

9) 松田道雄,「市民運動についての個人的な意見」,『市民』第1號, 1971년 3월, p.7.

10) 日高六郎 編,『1960年 5月 19日』, p.102.

렬한 에너지는 기시 수상의 퇴진과 더불어 급속히 냉각되었다.

1960년 안보 당시의 '시민 운동'과 달리 70년대의 '시민 운동'은 공해 등의 지방 문제를 쟁점으로 삼아 계속적인 노력을 통해 스스로 직접 문제를 해결하고자 했다. 이 점에 관해 히다카 로쿠로(日高六郎)는 『시민』 창간호에 다음과 같이 적고 있다.

"1960년 안보투쟁 때 의회민주주의를 지키라는 슬로건이 정부에 반대하는 야당 및 대중의 데모 속에서 나온 것을 끝으로, 의회 앞으로 민주주의 옹호 운동은 적극적으로는 일어나기 어려울 것입니다. 그것은 위험한 징후일지도 모르지만, 그만큼 절망이 깊다고도 할 수 있습니다. 시민적 운동에서는, 그것을 대신해서 직접민주주의의 주장이 60년대 후반에 표면화됩니다."[11]

실은 이 시기에 '지방'을 중심으로 한 '시민' 운동의 앙양은, 공해라는 지방적 문제가 긴급 과제로서 의식되기 시작한 것을 배경으로 '혁신자치체'가 등장하기 시작한 것과 관계가 있다. 예를 들면 1963년 4월의 지방선거에서는 교토시, 오사카시, 기타큐슈시, 요코하마시에서 혁신시장이 탄생했고, 이 경향은 1967년의 지방선거에서도 계속되어 전국의 혁신자치체는 거의 100개에 달했다.[12] 특히 이 선거에서 많은 시민단체들의 지지를 받은 미노베 료기치

11) 日高六郎, 「市民と市民運動」, 앞의 『市民』 第1號, p.23.
12) 飛島田一雄, 「革新自治體の30年」, 尾崎秀樹 編, 『戰後の昭和史』 第5卷, 汐文社, 1976년, p.13 참조.

(美濃部亮吉)가 도쿄도지사에 당선된 것은 상징적인 의미를 지니며, 시민 운동에 한층 더 자극제가 되었다.

그러나 '혁신자치체'와 시민 운동의 관계는 결코 일면적인 것은 아니었다. 한편으로는 '시민참가'라는 말이 널리 사용되었고, 이것이 '혁신자치체' 탄생의 원동력으로서 작용하는 면이 있었던 것은 사실이지만, 동시에 시민 운동은 '혁신자치체'에 대해서도 요구를 하고 이의신청을 하는 면이 있었다. 시민 운동에서 참가의 계기를 중시할 것인가, 이의신청의 계기를 중시할 것인가에 따라 시민 운동의 성격 규정도 자연히 달라진다. 시노하라 하지메(篠原一)의 지적대로 본래 '시민 운동'에는 '저항'과 '참가'라는 양면이 포함되어 있기 때문이다.[13]

우선 '시민참가'를 강조하는 마쓰시타 게이이치는 편저서 『시민참가(市民参加)』에서 다음과 같이 말한다.

"시민 운동은, 국제적 차원의 반전 · 평화 문제로부터 자치체 차원의 도시 · 공해 문제 등을 둘러싸고 다차원적으로 전개되고 있으나, 그것은 이러한 압력활동의 틀을 돌파한 '공공선(公共善)', 즉 res publica라고도 할 개방적인 공공성의 형성을 추구하려 한다고 자리매김해야 한다.… 따라서 시민 운동은, 지역적 · 직업적 · 계층적 이해와 얽히면서도, 동시에 특히 계층을 횡단하는 자치체 차원에서 그 전형을 보여 준다."[14]

---

13) 篠原一, 『市民参加』, 岩波書店, 1977년, p.94 이하.
14) 松下圭一 編著, 『市民参加』, 東洋経済新報社, 1971년, p.207.

그러나 '혁신자치체'가 일단 성립되면, 거기서도 제도화에 따른 여러 가지 문제들이 발생한다. 예를 들면, 후지(富士)시에서 반공해 시민 운동의 지지를 받아 1970년에 사회당 시장이 탄생되었을 때, 시민 운동은 붕괴되어 새로운 조직을 만들어야 하는 상황에 놓이게 되었다. 요코하마의 혁신 시장 아스카타 이치오(飛鳥田一雄)도 신화물선 부설에 반대하는 시민 운동의 공격을 받게 되었다.

그러면, 이제 중앙에서 지방으로, 의회민주주의에서 직접민주제로라는 중점의 이행 외에, 60년 안보의 '시민'과 70년대의 '시민'의 또 다른 차이점인 일상성의 문제에 관해 살펴보기로 하자. 1973년 정담(鼎談)에서 다카바타케 미치토시(高畠通敏)는 "시민 운동이란, 대중의 생활 현실감에 기초하면서, 거기서부터 정치에 대해 의견을 내놓는 대중의 자주적 정치활동으로 파악하고 싶다"고 말한다.[15] 즉 1960년 안보 때는, 의회민주주의를 지킨다는 대의명분이 운동의 중심에 있었던 데 대해, 이 정의에서는 '생활실감'에 중점이 있다. 본래 1960년 안보 때의 시민 운동은 이상 사태에 대한 긴급한 반응이었던 데 반해, 1970년대의 시민 운동은 일상적인 것을 해결하기 위해 일상적, 계속적인 운동으로 전개되었다. 1972년 당시 『아사히신문』의 조사에 따르면 약 3천 건의 주민 운동이 있었는데[16] 이들은 지방 분산적이고 일상적, 계속적인 것이었다.

---

15) 高畠通敏 編, 『討論・戰後日本の政治思想』, 三一書房, 1977년, p.239.
16) 위의 책, p.290.

다카바다케는 앞의 정담에서 "오늘날 시민 운동은 일종의 최종 혁명이라는 이미지를 가지고 있다고 생각합니다. 그러나 그것은 예전과 같이 일거의 혁명으로 이루어지는 것이 아니라, 상당히 긴 과정을 필요로 하는 것으로, 그렇기 때문에 최종적 · 궁극적인 혁명으로서 존재하는 것입니다"[17]라고, 일종의 계속혁명 혹은 영구 혁명으로서의 시민 운동을 이야기하고 있다. 나아가 1977년의 '주민 운동의 사상'이라는 주제의 대담에서는 "주민 운동은 생활하는 인간의 형편이 어떠한 대의명분이나 역사의 진보까지도 넘어서서 존재한다는 것을 주장해 나간다"라고 말한다.[18] 어디에서도 '시민' 운동과 '주민' 운동의 개념상의 구별은 되어 있지 않고, 현실의 '주민 운동' 가운데는 참가의 계기도 포함하고 있는 것이 적지 않지만, '주민 운동'을 시민 운동과 구별하려는 논자들 가운데는 마쓰시타가 말하는 '시민참가'로부터 거부의 방향으로 중점을 옮기는 경향이 있었던 것은 분명하다. 신좌익 진영이 생각하는 '지역주민투쟁' 내지는 '지역투쟁'에 이르면,[19] 참가가 아니라 거부라는 방향은 극히 선명해진다.

그 사이에 1973년의 석유위기 이후 저성장 시대에 들어가, 혁신 자치체도 재정상의 곤란에 봉착하여 1979년의 지방선거에서는 혁신 퇴조, 보수 복귀 경향이 두드러졌다. 반면 국정 차원에서는 1979

---

17) 앞의 책, p.268.
18) 앞의 책, p.302.
19) 『月刊地域鬪爭』, 1970년 10월부터 발간 참조.

년 총선거에서 여·야당 백중 상황이 한층 심화된 것처럼 보여 '연합의 시대'에 대한 기대가 고조되었으나, 1980년의 중·참의원 동시선거는 자민당의 압승으로 끝났다.

경제가 정체되어 임금 대폭 상승의 꿈이 깨진 노동조합은 1974년부터 '국민춘투(春鬪)'라는 이름으로 점차 제도적·정책적 요구를 도입하게 되었으나 '국민'이 사회에서 새로운 행동 주체로서 광범위하게 의식화된 것은 아니었다. 일찍이 히다카는 "관리 사회속의 인간이라는 입장"에서 본 경우 "시민 운동은 소수론이 의회를 매개로 하지 않고 직접 요구의 소리를 높이는 방식으로 이 문제를 추급하는" 것으로 "결국은 의회에서도 다룰 수밖에 없지 않겠는가"라는 전망을 하였다.[20] 그러나 운동 주체로서의 '시민' 또는 '주민'은, 석유위기 이후의 저성장시대에, 전국적 규모로 충분히 의식으로 결정(結晶)되지 않은 채 잠재화되었다. 그것은 1983년의 지방선거에서 홋카이도(北海道)의 '갓데렌(勝手連)'('요코미치 다카히로〈橫路孝弘〉와 멋대로〈勝手に〉연대하는 젊은이 연합」)[21]과 같이 분출한 경우에만 사회의 주목을 받을 뿐이다. 관리 사회화가 진행되는 가운데서 그 잠재적인 경향이 어떤 형태를 취할 것인가는 앞으로의 문제이다.

---

20) 松田道雄·日高六郎,「ふたたび市民運動について」,『市民』第9號, 1972년 7월, pp.12~13.

21) 橫路孝弘と勝手に連帶する若者連合 編,『われら「勝手」に連帶す』, 幸洋出版, 1983년 참조.

2. 사회과학의 전문분화와 그 문제점

1960년 안보 당시에는, 일시적으로 지식인들 사이에 폭 넓은 연대가 형성되었다. 6월 2일에는 '민주주의를 지키는 전국 학자·연구자의 모임'이 결성되어, 전국에서 1만 5천 명의 연구자가 참가했고,[22] 한때는 에토 준(江藤淳), 이시하라 신타로(石源愼太郞)까지도 '젊은 일본의 모임'이라는 기시 정권의 폭거에 반대하는 문화인 집단의 집회에 참가했다. 그러나 이러한 폭 넓은 연대는 6월 17일의 "폭력을 배제하고 의회주의를 지키라"라는 신문사 '7社 공동선언'을 통해 사태 수습을 호소하는 여론 조작이 이루어지는 가운데서 급속히 해체되어, 냉각되어 갔다.[23] 이 단기간의 연대와 운동의 양양은, 마루야마 마사오, 다케우치 요시미(竹內好) 등으로 하여금 훗날까지 남을 만한 중요한 발언을 남기도록 하였지만,[24] 사회과학에 크게 직접적인 영향을 미치기에는 너무도 짧은 것이었다. 그러나 장기적으로는, 이 운동에 참가한 사람들, 또는 넓게 안보세대라고 불리는 사람들에게 이 운동이 가진 의미는 아주 컸다.

다만 전체의 경향으로 본다면, '민주주의를 지킨다'는 대의를 위해 전공과 대학을 넘어서서 결집했던 에너지는 급속히 흩어지고

---

22) 日高六郞 編, 『1960年 5月 19日』, p.90.

23) 위의 책, p.224 이하 참조.

24) 위의 책, pp.93~94. 이 시기의 중요한 발언 및 자료에 대해서는 臼井吉見 編『現代敎養全集 別卷 1960年·日本政治の焦点』, 筑摩書房, 1960년 참조.

진정되어, 1960년대 고도성장기에는 각 사회과학의 전문분화가 진행되었다. 그리고 그 이후, 어떤 의미에서도 여러 사회과학 분야가 전체를 통괄하는 공통관심에 대해 논하는 것은 거의 불가능해졌다. 오히려, 사회과학자, 아니 연구자들이 베버가 말하는 '의식 없는 전문인(Fachmenschen ohne Geist)'[25]으로 전화되는 것이 지배적인 경향이었다.

앞 절에서 1970년대의 '시민 운동'과 '주민 운동'에 대해 이야기했는데, 그것은 본래 지방분산적이었으며, 소수자의 운동이었다. 그러한 운동에 참가한 사회과학자도 있었으나 그것은 '시민' 또는 '주민'으로서 참가한 것이었다. 그들 가운데는 운동을 넓은 의미에서 자신의 사회과학과 관련짓는 경우도 있었지만, 그것은 소수의 사람들에 국한된 것이지 시대적인 흐름을 보여 주는 것은 아니다.

오히려 사회과학 영역들 사이에 무언가 한 가지 공통된 방법적 특징을 찾아본다면, 미국 사회과학, 특히 행동론적 방법의 영향력 증대를 들 수 있다. 1950년대 전반까지는, 아직 해외유학 기회가 극히 제한되어 있었으며, 학술잡지와 도서를 해외로부터 입수하는 것도 용이한 일이 아니었다. 이러한 제약은 50년대 후반부터 경제 부흥에 따라 점차 해소되어 갔으나, 장학금 문제도 결부되어 미국으로 유학을 가는 경우가 압도적으로 많았다. 전전에는 독일 지향

---

25) Max Weber, *Gesammelte Aufsätze zur Religionssoziologie*, Bd.I, Tübingen, Mohr, 1920, S. 204.

이 강했고, 제2차 세계대전중에 급속히 발전한 미국 사회과학에 대해서는 당시 일반적으로 정보가 부족했다는 점을 고려하면, 이것은 어떤 의미에서는 필요한 일이기도 했다.

이렇게 해서 1960년대에 들어서면 미국 사회과학의 업적이 소개되는데, 그중 가장 영향력이 강했던 것은 행동론적 접근이다. 본래 이 접근 방법은 제2차 세계대전중에 병사의 사기를 연구하는 가운데 개발 · 발전되어, 전후에는 투표행동과 그 외에 널리 인간 행동의 분석에 사용되었다. 수량화하는 방법도 점차 정교해졌다. 정치학의 영역에서 투표행동과 그 외의 정치태도에 관한 연구가 새로운 연구 분야로서 발전했고, 사회조사도 미국의 방법을 도입하여 급속하게 발전했다. 법학에서는 행동과학과 분석철학의 영향 하에 가와시마 다케오, 아오미 준이치(碧海純一) 등이 '경험법학'을 제창하기도 했다.

전후 단숨에 초강대국이 된 미국에서, 개발도상국에 대한 관심의 증대와 더불어 급속히 발전한 비교정치의 영역에서 1960년대에 '근대화'에 관한 연구가 전개되었는데, 이것이 일본에도 수입되었다. 원래 1960년대 미국의 '근대화' 론은, 1950년대 냉전 하에서 형성된 '자유주의 대 공산주의' 라는 이데올로기적 2원론을 탈피하고, 행동론적 접근에 의해 체제를 넘어선 비교의 '객관적' 기준을 발견하고자 하는 시도라는 면을 갖고 있다. 그러나 그것은 수량화하기 쉬운 지표(개인당 소득, 매스컴의 보급도, 식자율, 투표율 등)를 사용해서 단선적으로 양적 비교를 하는 경향이 강해, 방법상 많은 문제를 내포하고 있었다.

일본에서는 1961년에 미국 대사로 부임한 라이샤워가 '일본 근대화'를 높이 평가함으로써 근대화론의 대표자의 한 사람으로 간주되었으나, 반면 마르크스주의의 영향이 아직 강하게 남아 있던 역사학의 영역에서는 '근대화'론은 미국의 이데올로기 공세의 일환이라 하여 격렬한 비판을 받았다. 확실히 이 비판은 '근대화'라는 접근의 결함을 잘 지적한 면이 있으나, 종종 이데올로기 비판에 역점을 두고 있었기 때문에 반드시 성과가 있는 비판이었다고는 할 수 없다.

행동론적 접근의 방법적 결함은, 베트남 반전과 학생데모의 폭풍 속에서 방법론적 반성이 강력히 요구된 미국에서 오히려 더욱 명확한 형태로 지적되었다. 즉 1969년 미국 정치학회 회장 취임 연설에서 D. 이스턴(David Easton)은, '정치학에서의 새로운 혁명'이라는 제목으로 '행동론 이후의 혁명'에 대해 논하였다. 그는 가치적 전제에 무심한 "행동과학에는 경험적 보수주의의 이데올로기가 내재되어 있다"고 비판하고,[26] "마르크스, 베버, 만하임 등이 긴 세월에 걸쳐 거듭 제기하였던 것, 즉 순수와 응용을 막론하고 모든 연구는 필연적으로 특정한 가치전제에 기초하고 있다"는 점에 대

---

26) David Easton, The New Revolution in Political Science, *American Political Science Review*, Vol.LXIII, No.4, December, 1969. I · デ · ソ ラ · プ-ル 編, 內山秀夫(외) 譯, 『現代政治學の思想と方法』, 勁草書房, 1970년에 付章으로서 이 논문이 번역되어 있다. 같은 책, p.418.

한 반성을 촉구했다.[27] 특히 "국가의 목표와 전망에 대한 무의식적인 편향이 학문을 왜곡시키는 효과를 갖고 있어, 어떻게든 이로부터 탈출하지 않으면 안 된다"고 하였다.[28] 그리고 "연구 도구를 정치화(精緻化)하는 것보다도, 현대의 긴급한 사회문제에 대해 타당하고 의미가 있는 것이 더욱 중요하다"면서, "과학자로서의 지식인은 그 지식을 활용할 특수한 책무를 지니고 있다"고 주장했다.[29]

분명, 행동론적 방법은 조직적인 조사 결과에 의거해서 실증적 분석을 하는 데 도움이 되었다는 점에서, 종래의 제도론적인, 혹은 이념적인 방법에 많은 것을 더해 주었다. 특히, 전전에 유럽 지향이 강했던 일본에서는 유럽의 이론을 수입, 해석하는 데 급급하여 사변적으로 기울기 쉬웠던 만큼, 이 같은 실증적 방법은 매력이 있었고 유용하기도 했다. 그러나 이스턴이 지적한 대로, 행동론적 방법은 종종 그 배후에 있는 가치적 전제에 대한 반성을 태만히 함으로써 '경험적 보수주의'에 빠질 위험성이 있었다.

더욱이 미국에서 개발된 분석방법을 해설하거나 일본에 적용할 경우, 그 분석방법을 창출해 낸 전제가 되는 가치를 반성적으로 고찰하는 일은 미국에서보다 한층 더 적어진다. 또한, 전술한 이스턴

---

27) 앞의 책, p.434.
28) 앞의 책, p.445.
29) 위의 책, pp.418~419. 그 후의 행동론을 둘러싼 미국 정치학자의 움직임에 대해서는, 佐々木毅, 「ポスト ビヘイヴィオラリズムとその後」, 『國家學會雜誌』 第96卷 5, 6號, 1983년 참조.

의 비판이 제기되었을 당시, 일본에서는 행동론적 방법이 아직 충분히 전개되지 않은 상태여서, 오히려 이 비판이 심각하게 받아들여지지 않았던 것으로 생각된다. 왜냐하면, 본래 행동론적 방법에 회의적인 사람들은 이 이스턴의 비판에 의해 행동론적 방법은 이제 그 존재 이유를 상실했다고 해석하는 반면, 행동론적 방법을 도입하려는 사람들은 아직 일본에서는 미국의 경우와 같은 폐해를 낳을 만큼 이 방법이 발전하지 않았다고 생각하는 경향이 있었기 때문이다. 어쨌든, 이렇게 해서 일본에서는 행동론적 방법을 가치 전제를 반성한 위에 어떻게 잘 사용할 것인가 하는 문제가 충분히 검토되지 않은 채 오늘에 이르고 있다고 본다.

행동론적 접근이 야기하기 쉬운 결함에 대해 이스턴이 경고한 점은, 오늘날의 사회과학, 특히 최근 전문분화가 두드러지게 진행된 일본의 사회과학에도 그대로 적용될 수 있다. 전문별로 분화된 사회과학에서 '의식 없는 전문인'이 된 사회과학자는, 주어진 목적을 유효하게 달성할 수 있는 테크노크라트일 수는 있지만, 스스로 가치선택을 하고 이를 반성하면서 '긴급한 사회문제'의 해결을 위해 자신의 지식을 살릴 사회적 책임을 다하는 사회과학자일 수는 없을 것이다.

그렇다면, 앞에서 말한 '경험적 보수주의'에 대해 가장 비판적이어야 할 마르크스주의의 경우는 어떤가. 이미 밝힌 것처럼 일본에서는 1950년대부터 사회과학에서 마르크스주의의 비중은 계속 저하되어, 1960년대 말의 학생데모도 미국이나 서독의 경우처럼 마르크스주의 부흥의 충분한 자극은 되지 못했다. 대중 사회라 할 수 있는지 여부를 떠나서, 새로운 정치·사회 상황에 대응하기 위해 마르크스주의자 가운데서도 구조개혁론이나 유로커뮤니즘에 대한 관심을 보이는 사람들이 나타났으나, 이것은 분석보다도 주로 정치노선의 문제로 취급되든가, 아니면 아직 소개 단계에 머물러 있었다.

그런데 이렇게 마르크스주의가 퇴조하는 경향 속에서 우노(宇野) 이론이라고 하는 마르크스경제학만이 이 시대에도 여전히 살아남았다는 점은 주목할 만하다. 물론 우노 이론이 형성된 것은 훨씬 전이지만, 이 시기에 이르러 그 영향력이 증대했으며, 거기에는 다음과 같이 나름대로 이유가 있다고 생각되므로 이 장에서 다루고자 한다. 전시중 도호쿠(東北)대학에서 경제정책을 강의하던 우노 고조(宇野弘藏)는 『경제정책론(經濟政策論)』(상, 1936)에서 그의 이른바 단계론을 전개했는데, 동시에 이와 구별되는 '원리론'의 필요성을 느껴 센다이(仙台)에서 은밀히 그 구상을 하고 있다가, 전후 본격적으로 이를 발전시켜 1950, 52년의 『경제원론(經濟原論)』(상, 하)에서 거의 완성한다. 그것이 1950년대 말부터 특히 주목을 받게 된 이유는 무엇일까? 그 점을 중심으로 우노 이론의 성격을 살펴보기로 하자.

우노 이론에서는 과학과 이데올로기, 이론과 실천을 구별함으로써 이론의 자율성을 확보한 위에, 이론을 '원리론', '단계론', '현상분석'의 세 가지로 나누고, 『자본론』을 '원리론'으로 정리함으로써 완결된 체계를 만들어 내고 있다. 그리고 그는 자신의 이론에 의해 스탈린의 이론도 비판하였다. 1956년의 스탈린 비판이 일본의 정통 마르크스주의자에게 준 충격이 컸던 만큼, 스탈린에 대한 우노의 일관된 비판은 더욱 매력적이었다. 그리고 실천과 구별된 이론의 독자적인 의미를 주장한 것은, 마르크스주의자들이 안고 있던 실천컴플렉스(즉, 패전 직후부터 이어져 온 공산당에 대한 지식인의 열등감)를 극복하는 데 중요한 역할을 하였다. 과거 후쿠모토이즘은 당내에서 '이론투쟁'의 의미를 강조함으로써 마르크스주의 지식인에게 자신감을 주었으나, 외부로부터의 비판에 의해 쉽사리 무너져 버렸다. 우노는 이와 다른 방법으로, 즉 실천에서 노선 전환으로부터 영향을 받지 않도록 과학을 실천에서 분리시켜 자율적인 영역으로 만들어서, 마르크스주의 사회과학자에게 자신감을 부여한 것이다.

또한 그의 이론의 매력은, 난해한 『자본론』을 자기 나름대로의 방식으로 수미일관된 이론체계로 자리매김했다는 점에 있다고 생각된다. 바로 1960년대 이후의 시기에 사회과학의 각 전문 영역이 독자성을 갖고 발전을 하는 가운데서, 우노의 마르크스경제학이 체계적 전문과학으로서, 다시 말해 세계관으로부터 실천까지를 포함한 마르크스주의로서가 아니라, 케인즈경제학과 마찬가지로, 하나의 유파인 마르크스경제학으로서 존재 이유가 있었다고도 할 수 있다.

마르크스주의가 전반적으로 퇴조하는 가운데, 전문과학으로서 마르크스경제학을 주장하는 우노 이론에서는, 마르크스주의에서 본질적인 비판적 요소가 어찌 되었는가 하는 문제가 없지는 않다. 그 관점에서 좀더 상세히 그의 이론을 검토해 보자. 우선 과학과 이데올로기, 이론과 실천의 문제부터 보기로 하자. "과학적으로 규정된 것에는 이데올로기가 불필요하다",[30] "당의 결정은 이론의 과학적 정부(正否)를 결정하는 것은 아니다"[31]라는 말에서 보듯, 그는 당이라는 정치조직으로부터 이론의 독립을 과학 대 이데올로기라는 형태로 제시하고 있다. 즉, 이데올로기란 "행동의 기준이 되는 사상"으로서 "사회적인 규정을 받"고 있는 데 대해, "과학은 객관적인 것을 인식하는 방법이므로, 그러한 사회적인 사상은 아니다"라고 주장했다.[32] 이론의 객관성은 이데올로기를 필요로 하지 않는 것으로서, 예컨대 다수결로 정하는 식의 정치조직의 결정에 의해 달라질 수는 없다. 실천이야말로, 그러한 정치조직의 역할이다.

'실천'에 대해 그는 "본래 마르크스주의에서 이론에 대해 실천이라고 할 경우의 실천을, 정치적인 조직활동으로 이해하고 있습니다. 우리의 일상생활에서의 행동도 마찬가지로 실천이지만, 그것은 이 경우의 이론에 대한 실천과는 다른 실천이라고 생각하고 있

---

30) 宇野弘藏, 『經濟學を語る』, 東京大學出版會, 1967년, p.195.

31) 宇野, 「『資本論』と社會主義」, 岩波書店, 1958년. 인용은 『宇野弘藏著作集』 第10卷, 岩波書店, 1974년, p.19에 의함.

32) 宇野, 『經濟學を語る』, pp.197~198.

습니다"라고 하였다.[33] 즉, 조직 집단에 의한 실천과 개인의 일상적 행동(그것은 당연히 저술활동도 포함한다)을 일단 구별하고, 사실상 전자만을 문제 삼고 있는 것이다. 이것은 앞 문단에서 인용한 바와 같이 개인의 사상은 문제 삼지 않고 사회적인 이데올로기와 과학과의 관계만을 논한 것과 맞닿는다. 따라서 우노 이론에서 이론과 실천의 문제를 논하는 경우에는, 개인의 사상과 이론과의 관계에 대해서는, 전혀 언급하지 않는다. 마르크스주의의 중요한 의의를 "과학자는 일정한 가치를 선택하고 그에 입각해서 지적 조작을 해 나간다는 것을 밝혔다"는 점에서 찾는다면,[34] 과학의 객관성은 사상을 필요로 하지 않는다는 우노의 생각은 마르크스주의의 이러한 의의를 잃어버리게 하는 것은 아닌가. 또, 이스턴이 행동론적 방법에 대해 "마르크스, 베버, 만하임 등에 의해 오랜 세월에 걸쳐 거듭 제기된" "모든 연구는 필연적으로 특정한 가치적 전제에 기초하고 있다"는 점과 관련해 반성을 촉구한 그 비판이 우노 이론에도 적용될 수 있지 않을까? 사실 우노가 본래 경제학에 뜻을 둔 것은 사회주의에 대한 관심 때문이었으며, 그의 사회주의 지향은 평생 지속되었다. 따라서 그가 과학의 객관성을 강조하는 것은 일종의 금욕에 의한 것이라고까지 생각되나, 그 자신은 이 점에 대해 의식하거나 이론화하지는 않았다.

---

33) 宇野, 「『資本論』と社會主義」, 『著作集』 第10卷, p.13.
34) 丸山眞男, 『日本の思想』, p.56.

다음으로 그의 이론의 완결적 체계성과 비판성과의 관련에 대해 살펴보기로 하자. 그는 『자본론』이야말로 "자연과학에 대한 사회과학의, 또 사회과학에서 경제학의, 나아가 경제학에서 원리론의 의미를 밝히는" 것으로 파악하고,[35] 그 『자본론』의 핵심은 '노동력의 상품화'[36]에 있다 하여, 이를 중심으로 원리론을 구성한다. 이때, 종래 일본에서 자주 이루어졌던 『자본론』의 훈고해석학과 달리, 우노 자신의 이해에 따라 재구성을 하고 있다. 그는 "나는 마르크스주의를 단지 마르크스가 쓴 것이라고는 생각하지 않는다. 마르크스나 레닌이 쓴 것에 절대 복종하는 것은 과학이 아니다"라고 단언했다.[37] 이러한 노력에 의해 멋지게 완결된 체계가 만들어졌다. 그러나 이것이 폐쇄적, 정태적인 완결성을 낳은 것은 아닌가 하는 문제는 남았으며, 그것은 마르크스주의에 있었던 비판적 요소가 어떻게 되었는가 하는 의문과 관련 있다.

분명 우노가 『자본론』의 핵심이라고 본 '노동력의 상품화'는, 본래 인간적·주체적인 노동력이 상품이 되는 것이므로 그 점에 '무리'가 있고, "노동력의 상품화에 기초한 모순"이 존재한다. 공황은 바로 이 모순에서 파생하는 것으로 파악된다. 그러나 자본주의를 대치할 사회주의가 어떤 것인지, 또 사회주의로 이행하기 위해서

---

35) 宇野, 「『資本論』と社會主義」, 『著作集』第10卷, pp.5~6.
36) 宇野, 「『資本論』の核心」, 『マルクス エンゲルス選集』月報8, 新潮社, 1956년 11월, 『著作集』別卷, 1974년, pp.32~34.
37) 宇野, 『經濟學を語る』, p.217.

는 어떻게 해야 하는지는, '실천'을 말하지 않고 원리론을 중심으로 하는 우노 이론에서는 드러나지 않는다. 우노는 전후 한때 농업 문제를 중심으로 현상분석에 관심을 보였으나, 그 후 원리론에 집중하여, 1954년의 『경제정책론』 이후로는 다른 사회 제과학과 관련된 단계론에 대해서도 발전시키지 못하였다. 단계론에서는 베버의 영향도 찾아볼 수 있다고 생각되는데, 베버는 원리론에 대해서는 언급하지 않았다 하여, 우노의 경우 베버의 방법이 마르크스의 일원론에 대해서 갖는 중화작용(오쓰카의 경우 이것이 있음은 이미 보았다)이 제 기능을 하지 못하고 있다.

어찌 되었든, 이렇게 일의적 · 완결적으로 구성된 우노 이론에 대해서는 신좌익의 일부 실천가들 가운데 신봉자가 있었지만, 그것은 그들이 우노를 비공산당계의 이론적 지도자로서 영웅시한 결과이든가, 아니면 이와타 히로시(岩田弘)의 '세계자본주의'론같이 정통파 우노 이론의 입장에서 보면 원리론에서부터 현상분석까지의 구별을 무시한 해석을 매개로 하는 것이지, 우노 이론 그 자체로부터 나온 실천은 아니었다.

이렇게 마르크스주의의 비판성이라는 요소를 어떻게 생각할까 하는 문제는, 실은 앞에서 말한 개인의 사상과 개인적 실천으로서의 이론을 어떻게 관련시킬까 하는 점과 관련된 것으로서, 이미 언급한 바와 같이, 과학과 당파의 이데올로기, 이론과 조직적 집단의 실천과의 구별만을 논하는 우노 이론에서는 중대한 문제로 남아 있다. 그리고 우노 이론의 많은 계승자들은, 단지 당파의 이데올로기뿐 아니라, 개인의 사상과 떨어져 완결된 이론체계로서의 우노 경제학을 조술(祖述)하게 된다. 내가 우노 이론이 전문분화 시대에 전문과학인 마르크스경제학으로 이 시대까지 살아남았다고 규정한 것은 바로 그 때문이다.

3. 오늘날의 문제 상황과 사회과학의 과제

오늘날과 같이 사회과학이 전문 분화된 시대에, 더 이상 개별 사회과학들의 성과에 대해 언급하는 것은 불가능하다. 마지막으로 오늘날의 문제 상황의 특징은 어떤 것인지, 그리고 그 가운데서 일본의 사회과학이 안고 있는 과제, 혹은 사회과학자에게 요청되고 있는 것은 무엇인지를 고찰해 보기로 한다.

사회과학의 전문 분화가 진전되어 '의식 없는 전문인'이 증대하고 있는 한편, 사회 상황은 전세계적인 차원에서 밀접하고 복잡한 구조관련을 지닌 것으로서 전개되고 있다. 초대국간의 핵 군비확장 경쟁[38] 및 그와 긴밀하게 얽힌 국지적인 각종 긴장을 포함해서 전세계적인 규모의 전쟁과 평화의 문제가 있는데, 이것은 핵대국을 중심으로 하는 전략 구상 및 무기 수출과 연관되어 많은 제3세

---

38) 핵 군확의 문제에 대해서는, 예를 들어 坂本義和, 『核時代の國際政治』, 岩波書店, 1967년; 『軍縮の政治學』, 岩波書店, 1982년; E. P. トンプソン, 河合秀和 譯, 『ゼロ オプション』, 岩波書店, 1983년 등을 참조.

계 신흥국가의 군사화 경향을 초래한 동시에, 각 국가 내부의 민주
주의 문제에도 영향을 끼치고 있다. 또 남북 문제도 심화되어, 선진
국가들에서 10억 인구가 포식하고 있는 데 반해, 제3세계에 속하
는 국민들은 기아에 허덕이고 있다.[39)

이러한 국제환경 속에서 이미 경제대국이 된 일본은 또다시 군
사대국으로의 길을 걸을 것인가 여부의 기로에 서 있으며, 내부에
서는 경제적 과점 상황 하에서 관리 사회화가 진행되고 있다. 즉,
인간 생활의 향상을 위해 만들어진 제도와 거대조직이 인간을 관
리하고 인간성을 소외시키는 상황이 심화되고, 경제성장에 수반되
는 공해와 환경 파괴가 생명을 위협하고 생활의 질을 저하시키게
된 것이다. 또, 일본 내부의 경제발전은 대외적으로는 다른 선진국
과의 경제마찰을 일으킬 뿐 아니라, 남반구 국가들로의 경제 진출
이 그 나라의 발전 가능성을 억제하거나, 경제적으로 우위에 있는
입장을 이용해서 공해를 수출하고 값싼 노동력을 착취하는 경향도
볼 수 있다.

일본은 이미 구미를 따라잡는다는 목표를 달성하여 경제적으로
초강대국이 되었기 때문에, 오늘날 나타나는 사회적인 문제들을 더
이상 어딘가 선진국의 범례를 따라서 해결할 수는 없다. 오히려 극
도로 발전한 공업국으로서의 문제는 일본에서 가장 두드러진 형태

---

39) 남북 문제에 대해서는, 예를 들어 川田侃, 『自立する第三世界と日本』, 日本
經營出版會, 1977년; 西川潤, 『南北問題』, 日本放送出版協會, 1979년(참고문
헌 목록 있음); 矢野暢, 『南北問題の政治學』, 中央公論社, 1982년 등을 참조.

로 나타나며, 그 문제는 전세계의 장래와 관련되어 있으므로, 만약 일본의 사회과학자가 그런 문제를 사회과학적으로 분석한다면 그것은 전세계적으로 사회과학에 대한 큰 공헌이 될 것이다.

그런데 일본의 사회과학은 이제 겨우 수입성으로부터 벗어나려는 단계에 머물러 있어, 당면한 문제의 심각성에 비해 아주 뒤떨어진 상태이다. 그뿐 아니라, 극도의 전문 분화에 의해 문제 상황의 전체적인 문맥을 떠나 좁은 전문 영역의 한정된 대상을 고립적으로 다루는 경향마저 나타나고 있다. 그 결과, 예컨대 미나마타병(水俁病), 욧카이치(四日市)천식, 이타이이타이병 등 일본에서 극단적인 형태로 나타난 공해 문제에 대해서도 쓰루 시게토나 미야모토 겐이치(宮本憲一) 등 소수의 경제학자가 사회과학적 분석을 시도하고 있는 데 불과하다. 『공해의 정치학(公害の政治學)』을 쓴 것은 정치학자가 아니라 자연과학자 우이 준(宇井純)이었다는 사실은 바로 일본 정치학자의 태만을 보여 주는 것이다.[40]

그렇다고 해서 물론 일본의 모든 사회과학자가 이러한 문제들을 연구 대상으로 삼아야 한다는 것은 아니다. 다만, 우리가 당면한 사회 상황과 그것이 제기하는 문제를 민감하게 받아들일 만한 감수성이 요청된다는 데 주의를 환기시키고 싶다. '시민'이나 '주민'

---

40) 宇井純, 『公害の政治學―水俁病を追って―』, 三省堂, 石田雄, 「水俁における抑壓と差別の構造」, 色川大吉 編, 『水俁の啓示―不知火海總合調査報告―』上, 筑摩書房, 1983년 참조. 이 책 上下 두 권에는 많은 사회과학자가 미나마타병의 문제에 대한 분석을 하고 있다.

운동이 제기하는 문제는, 그 운동에 실제로 관여했는가와는 무관하게, 항상 사회과학자에 대한 문제제기로서 받아들여야 한다.

그렇다면, 각 전문 분야의 개별 사회과학자에게 필요한 것은 무엇일까? 우선 오늘날의 문제 상황에 대한 민감한 감수성을 갖고, 어떤 가치적 전제를 취할 것인가 하는 문제이다. 사회과학의 '객관성'을 말할 경우, 가치적 전제(前提), 혹은 사회과학자 개인의 가치선택의 문제는 종종 경시되거나 또는 적대시되기까지 한다. 물론 사회과학이 이데올로기적 교의에 의해 끌려간다면 사회과학은 이데올로기의 시녀가 된다. 그러나 '이데올로기의 종언'이 언급되고 있는 오늘날,[41] 그런 위험성보다는 거꾸로 자신은 이데올로기에 얽매이지 않고 아무런 가치적 전제를 갖고 있지 않다고 믿는 의사객관주의에 빠질 위험성이 더욱 크다. 왜냐하면 지금은 '이데올로기의 종언'이 아니라 '사상의 종언'이라 할 상황으로서, 더욱이 '보수적 분위기'(보수주의라는 이데올로기가 아니라)가 지배하는 가운데서,[42] 자신은 아무런 가치전제를 갖지 않는다고 믿는 사람은, 실

---

41) Daniel Bell, *The End of Ideology: on the Exhaustion of Political Ideas in the Fifties*, Glencoe, Ill.,The Free Press, 1960. 岡田直之 譯,『イデオロギーの終焉』, 東京創元社, 1969년.

42) 현대에는 보수주의라 일컬어지는 이데올로기가 지배하기보다는 이데올로기로 의식되지 않는 '보수적 분위기'가 지배하고 있는 점이 중요하다. 이 점에 대해서는 C.Wright Mills, *The Power Elite*, New York, Oxford University Press, 1956, Chap.14, pp.325f. ミルズ, 鵜飼信成·綿貫讓治 譯,『パワー・エリート』, 東京大學出版會, 1969년.

은 자신도 모르는 사이에 그 사회의 지배적인 가치에 따르고 있는 경우가 많기 때문이다.

가치전제는 어디까지나 사회과학 이전의 문제이지만, 그럼에도 불구하고 그것을 분명하게 의식하는 것은, 모르는 사이에 스며드는 가치에 대해 반성하고, 언제든지 그로 인해 발생할 수도 있는 사회과학적 분석의 왜곡을 경계하는 데 도움이 된다. 베버가 말하는 'Wertfreiheit'(몰가치성 또는 가치자유)란, 가치판단을 갖지 않는 것을 의미하는 것이 아니라, 가치전제의 반성에 의한 과학적 '금욕'을 의미하는 것이다.[43]

여기서 가치전제를 의식화해야 한다는 경우의 가치란 특정 종교나 철학을 의미하는 것이 아니라, 넓게 사회과학자가 인간으로서 행하는 가치지향을 의미하는 것이다. 그리고 그 자각은 일회적인 것이어서는 안 된다. '인간'으로서라고 하는 경우에는, 특수주의적인 인간이 아니라 끊임없이 좀더 보편적인 '인간'으로서의 가치를 지향하는 태도를 포함한다. 즉, 그 사회과학자가 속한 국가나 조직을 넘어서는 시점, 그 사회의 지배적인 가치를 반성하는 시점, '강자의 논리'에 문제제기를 하는 시점을 포함하는 것이다. 구체적

---

43) Max Weber, Der Sinn der "Wertfreiheit" der soziologischen und ökonomischen Wissenschaften, 1917, *Gesammelte Aufsätze zur Wissenschaftslehre*, Tübingen, Mohr, 1922, S. 451~502. マックス ヴェーバー, 木本幸造 監譯, 『社會學・經濟學の'價値自由'の意味』, 日本評論社, 1972년 참조.

으로 말하자면, 여기서도 '시민', '주민' 운동의, 또는 차별받고 핸디캡을 지닌 사람들이 제기하는 일상적인 의문의 시점과, 국가를 넘어서는 인류의 평화와 복지라는 시점에서 기존의 권력이나 조직의 논리를 비판적으로 따져 보는 무한한 노력을 의미한다.

사회과학이 개별 전문 과학인 이상, 그 가운데서 한 사람의 전문 사회과학자가 할 수 있는 일의 범위는 극히 한정되어 있으므로, 이 절 첫 부분에서 이야기한 상황에 대한 해답을 개별 사회과학자에게 기대할 수는 없다. 또 너무도 강력한 가치지향과 오늘날의 문제에 대한 민감함 때문에 조급하게 큰 상황에 대한 해답을 구하는 것은, 사회과학의 영역을 넘어서는 단락적 사고를 만들어 낼 위험성이 있다. 가치지향이 강하면 강할수록 사회과학자로서의 금욕—즉 그 가치지향에 의해 사회과학의 객관성을 해치는 일이 없도록 하기 위한 자기규제—이 요청된다. 어디까지나 한정된 대상에 맞게, 필요한 분석 도구를 만들면서, 정치하고 신중한 분석을 해야 할 필요가 있으며, 이 과정에서 가치에 대한 편견이나 기대감을 개입시켜서는 안 된다.

또, 개별과학의 영역에서 사회과학자 개개인은 극히 한정된 대상을 다루지만, 전문 분화가 진전되고, 연구가 한층 정치해지는 만큼, 더욱더 자신의 연구를 넓은 문맥에 놓고, 특수한 대상을 다루는 가운데서도 좀더 보편적인 시점을, 개별적인 사상을 통해 좀더 일반적인 법칙을 추구한다는 큰 전망을 가질 필요가 있다. 이 같은 전망 속에 자신의 한정된 연구를 자리매김함으로써 다른 사회과학자와의 분업과 협력도 가능해질 것이다.

가치적 전제로부터 출발한 사회과학자가 대상에 따라 필요한 분석도구를 만들어 분석해서 그 분석 결과를 발표하고, 그 결과에 내재한 가치적 전제나 방법을 반성적으로 고찰하여 다시 분석을 행하는 일련의 사회과학적 영위는, 앞에서 말한 사회 상황 속에서 사회과학에 부여된 과제를 풀기 위한 무한한 노력의 일환으로서 이루어져야 하는 것이다. 그런 의미에서 이 사회과학자가 해 나갈 일은 사회적 책임을 수반하는 '천직(Beruf, calling)'으로 보아야 할 것이다.[44] 이 같은 '천직' 의식을 지닌 사회과학자야말로 '의식 없는 전문인'이 아니라, 즉 단순히 주어진 목적을 효율적으로 달성하기 위해 봉사하는 도구로서의 테크노크라트가 아니라, 그 목적 자체를 반성하는 주체적 인간의 실천으로서의 사회과학을 달성할 사람이라고 할 수 있을 것이다.

이상은 너무도 추상적인 논의가 되었을지도 모른다. 다음 절 '결론'에서 다시 한 번 근대 일본의 사회과학을 반성함으로써 이 같은 요청에 구체적으로 부응하기 위한 방향을 탐구하고자 한다.

---

44) 두말할 나위도 없이, 이 '천직'이라는 파악 방식은 베버의 것이다. Max Weber, Wissenschaft als Beruf, 1919, *Gesammelte Aufsätze zur Wissenschaftslehre*, S.524~555. 尾高邦雄 譯, 「職業としての學問」, 岩波書店, 1936년.

맺음말—일본 사회과학의 반성—

  이상 각 장에서는 시대에 따른 변화에 역점을 두었기 때문에, 마지막으로 그러한 변화에도 불구하고 일본의 사회과학에 일관되게 나타나는 특징을 도출해 보도록 하겠다. 이로 인해 일본의 사회과학의 해묵은 폐해를 밝히는 동시에 그것을 극복할 방법, 또 일본에서의 특수성을 긍정적인 것으로 전환시킬 방법을 발견할 수 있기를 기대한다.

  일본 사회의 공업화가 서구를 따라잡는 형태로 서구로부터의 기술 도입에 의해 급속히 이루어진 것과 마찬가지로, 일본의 사회과학도 또한 서구 이론을 급속하게 받아들인 점이 그 특징이다. 그러므로, 일본의 사회과학의 역사를 반성하는 경우에도, 서구 사회과학에 대응하는 방식을 하나의 축으로 해서 살펴볼 필요가 있을 것이다. 그러한 시각에서 일본의 사회과학의 특징을 파악할 때, 일본 사례는 어느 정도 비서구 사회의 사회과학이 안고 있는 공통의 문제를 보여 줄 것이다.

사회과학이 일단 국가정책으로부터 독립된 영역으로 확립되어 감에 따라, 메이지 초기처럼 제도 수입의 필요성 때문에 실용성을 중심으로 서구 사회과학 이론을 수입하는 경향은 점차 약화되었다. 그러나 서구 이론을 '보편 이론'으로서 외부로부터 받아들이는 방식은—수입 대상국은 독일에서 미국으로 바뀌었지만—전후까지 유지되고 있다. 또한 '보편 이론'을 외부로부터 들여오는 방식은 나중에 상세히 보게 되듯이 반드시 그에 대한 반동을 초래하며, 이 반동이 극단화되면 일본에 특수한 것은 특수하기 때문에 가치가 있다는 관념이 된다. 쇼와 초기의 마르크스주의에 대한 반동으로서 '파시즘시기'의 초국가주의 이론이 등장했고, 최근에는 전후 '민주주의' 이론에 대한 반동이 나타날 조짐이 보인다.

군사나 경제에서도 볼 수 있었듯이, 서구를 따라잡으려는 노력은 서구에 대한 열등감에 기초하고 있으며, 그런 열등감은 사회과학에서도 볼 수 있다. 서구의 '최신학설'을 원용해서 논적을 반박하는 형식은 이 같은 사대의식을 이용한 것으로서, 거슬러 올라가 보면 가토 히로유키가 사회진화론을 원용해서 자연법 사상을 망상이라고 비판했을 때부터 오늘날까지 계속되고 있다. 사대주의에 대한 반동은 열등감의 이면인 우월감에 의해 일본적인 것, 동양적인 것을 찬미하는 형태로 나타난다. 일본에서 '인도 이하의 임금'을 비판하는 마르크스주의 이론에 대한 반동으로서 '팔굉일우'이념의 우월성이 주장되었다. 전후에도, '뒤떨어진' 민주주의의 나라 일본이라는 이미지가 '저팬 애즈 넘버원'이라는 외국인의 평가[1]로 고무된 자애적(自愛的) 경향으로 대치되는 사이클을 볼 수 있다.

더구나 많은 사람들은 자신이 속한 시대의 바로 앞 시대밖에 생각하지 않기 때문에, 앞 시대의 이론을 비판하고 새로운 경향을 제시했다고 믿지만, 사실은 그것이 더 이전의 낡은 이론적 경향을 되풀이한 데 지나지 않는 경우도 있다. 일본의 사회과학이 과거 경험의 축적 위에 발전하는 것이 아니라, 앞에서 말한 양극—'보편 이론'을 외부로부터 들여오는 극과 일본의 특수한 면을 그 자체로서 가치를 부여하는 극—사이의 진자 운동을 거듭한다면, 발전은 기대할 수 없다. 축적되지 않는 공허한 진자 운동의 반복을 피하기 위해서라도, 좀더 이 진자 운동의 이행과정을 구체적으로 검토할 필요가 있다.

외부로부터 이론모델을 도입하여 특수주의를 극복하고 '보편 이론'을 구하려는 경향이 나타난 예는 메이지유신 후의 '개국' 때와, '제2의 개국'이라고 일컬어지는 패전 후의 시대에 볼 수 있는데, 이 두 시대에 공통된 것은 서구의 군사력, 경제력의 우월성에 압도되어 서구의 가치와 이론을 그대로 모델로 삼고자 하는 태도이다. 이 같은 형태의 서구 이론 도입이 반동을 초래하는 과정은,

---

1) Ezra F. Vogel, *Japan as Number One: Lessons for America*, Harvard University Press, 1979. 広中和歌子・木本彰子 譯, 『ジャパン アズ ナンバーワン』, TBSブリタニカ, 1979년.

사회과학 이론의 경우에는 통상 다음과 같은 두 가지 의문에서 출발한다. 하나는, 우리가 보편적이라고 믿는 서구 이론은 과연 정말로 보편적인가, '보편 이론'이라고 참칭하고 있을 뿐 그것은 어디까지나 서구 사회에서 태어난 특수한 이론에 불과하며, 그것을 보편적이라고 주장하는 것은 이데올로기 공세, 혹은 문화적 제국주의의 표현이 아닐까 하는 의문이다. 그 동안 보편적이라고 여겨져온 서구 이론이 코민테른, 코민포름이라는 국제적인 정치조직과 연결되어 있거나, 점령군이라는 군사력을 배경으로 한 지배와 연결되어 있을 때, 더욱 강하게 그런 의문이 생긴다. 그런데 이런 종류의 의문을 제기하는 사람이, 서구 이론의 이데올로기성의 폭로에 급급해서 일본의 특수성을 강조하는 이론의 이데올로기성에는 주의하지 않는 경우도 적지 않다. 또 하나의 의문은 위에서 말한 의문과도 관련 있는데, 서구에서 발전한 이론이 비서구 국가인 일본의 현실을 분석하는 데 과연 충분히 유효할 것인가 하는 의문이다.

이러한 당연한 의문들에서 출발하여, 특수한 것을 그 자체로서 가치화하는 또 다른 극에 도달하는 과정은 어떤 것일까? 통상의 패턴은 우선 서구 이론가의 입을 빌려 서구의 몰락, 또는 일본의 우수성을 입증한 뒤, 점차 자기애에 빠져 들어가는 형태이다. 오래된 것으로서는 슈펭글러(Oswald Spengler)나 친나치적 이론가의 서구 근대 비판이 이용되고, 최근 것으로서는 허만 칸(Herman Kahn)이나 에즈라 보겔(Ezra F. Vogel)의 이론이 이용된다. 일본의 군사력(전전) 또는 경제력(전후)의 강화와 그에 따른 국민적 자부심의 증대가 사회과학자들 사이에도 자기 사회를 무비판적으로 찬미하는 경향을 낳는 사회적 기반이 된다. 분명히 전후에는 전전과 같은 신들린 듯한 사회과학 이론은 나타나지 않을 것이다. 오히려 서구의 이론적 도구도 사용한 유선형(流線型)의 이론으로서 출현하는 경우가 많으리라고 생각된다. 그러나 일본의 특수성을 그 자체로서 전면적으로 높이 평가하는 경향은, 무의식중에 이스턴이 말하는 '경험적 보수주의'의 편견에 의해 이론의 객관성을 흐리게 하거나, 아니면 역시 이스턴이 말하듯 "국가의 목표와 전망에 대한 무의식적인 편향이 학문을 왜곡시키는 효과를 갖"게 될 수도 있다.

이상에서 말한 양극의 존재와 그 사이의 진자 운동은 하나의 기초적인 결함에 기인하는 것이라 본다. 그 결함이란 일본 사회의 현실과 '보편 이론'의 관계에 관련된 것이다. 즉 '보편 이론'은 외부로부터 온 것으로서, 일본의 사회과학자는 이것의 훈고해석학으로 시작해 그것으로 끝나거나, 기껏해야 일본의 분석에 교조주의적으로 적용할 뿐, 이 이론이 현실 분석을 위한 도구로서 충분히 활용되지 못하고 있다는 점이다. 한편, 일본 현실의 특수성을 강조하는 경우에는, 서구 이론의 적용을 거부할 뿐, 그 현실 분석 가운데서 이론을 만들어 내거나, 혹은 서구 이론도 섭취하여 필요에 따라 가공, 수정해서 사회현실의 분석 도구로 사용함으로써 그 이론의 유효성을 검토하는 피드백 기능이 작용하지 않은 점이 문제이다.

또 다른 관점에서 본다면, 사회과학 이론이 오로지 외국으로부터의 이론 수입에 의존할 때, 그 수입 이론이 구미에서 최신 유행

학설이라는 점이 중시되고, 그것이 현실분석의 도구로서 얼마나 유용한가 하는 면이 경시되기 쉽다. 이것은 경제발전과정에서 외국에서 완성된 기술을 지속적으로 도입하면, 자신의 힘으로 자국의 사회적 조건에 적합한 기술을 개발하는 것을 소홀히 하게 되는 것과 비슷하다. 어쨌든 완성된 이론의 수입에 의존하는 경우에는, 이론의 도구성, 가설성이 의식되기 어려워, 사회과학 이론은 분석의 유용성에 의해 검증되고, 필요에 따라 재구성되는 것이라는 면이 간과되기 쉽다. 일본에서 수입 이론이 훈고해석학이나 교조주의에 빠지기 쉬운 이유 중 하나는 이 점에 있다.

또, 외국의 이론을 이미 완성된 것으로서 도입하려는 태도는, 그 이론의 배후에 있는 가치적 전제를 별로 의식하지 않게 된다. 즉 서구 이론이 일정한 가치선택 위에 일정한 문제의식을 갖고 형성된 것임을 잊을 때, 다음과 같은 일견 상반되는 두 경향이 나타난다. 하나는 그 이론체계를 금과옥조로 삼아 해석할 뿐 그 이론을 분석수단으로서 유효성에 의해 검증하고자 하지 않는, 일종의 '사회과학' 학으로서 전개하는 방향이다. 이 경향이 강해지면, 사회과학의 사회적 유용성에 대한 의문을 일으켜 반지성주의라는 반동을 초래하게 된다. 또 하나의 방향은 서구 이론의 배후에 있는 가치적 전제나 문제의식을 무시하고, 자신의 목적에 맞게 편의적으로 해석하거나, 자기주장에 권위를 부여하기 위해 원용하는 경향이다. 이 두 가지 경향은 나타나는 형태는 아주 다르지만, 지성이 지성으로서 기능을 다하지 않고 있다는 점에서는 차이가 없다.

전술한 두 번째 방향, 즉 가치적 전제를 무시하고 제멋대로 해석하는 경향과 관련하여, 서구 이론을 논리가 일관된 형태로 섭취하여 그것을 고집하는 것은 그 나름대로 비판적 역할을 하게 된다. 미노베 다쓰키치가 독일 국법학의 국가법인설을 충실히 섭취하여 그를 고집한 것이 일본의 입헌적 요소를 고무하는 역할을 한 것은 앞에서 본 바와 같다.

서구의 사회과학 이론이 일정한 가치적 전제를 가진 것을 의식하는 경우, 그것을 단순히 서구 이론을 거부하는 이유로서 의도적으로 이용하는 일도 있다. 초국가주의자가 사용한 논리는 서구의 사회과학 이론은 개인주의, 자유주의를 전제로 하는 것이어서, 문화를 달리하는 일본이나 동양에는 타당하지 않다는 것이었다. 그들은 또한 서구 이론에 내포되어 있는 이데올로기를 폭로하려 하여, 서구 이론은 서구 제국주의의 이데올로기에 제약되어 있다고 주장한다. 그런데 이런 종류의 이데올로기 폭로는 서구비판에만 이용될 뿐, 같은 방법으로 '팔굉일우' 사상이 지닌 이데올로기성을 비판하는 일은 거의 없다. 예외적인 것은 미야자와 도시요시와 같이 서구의 '국가법인설'과 '국민대표' 이론의 이데올로기성을 지적하는 것[2]과 같은 방법으로 파시즘의 터부를 비판하고, '원망

---

2) 宮沢俊義의 '국가법인설'의 이데올로기성 분석에 대해서는 제5장 3.에서 서술했지만 '국민대표'의 이데올로기성 분석에 대해서는 宮沢, 「國民代表の槪念」, 宮沢 編, 『公法學の諸問題』第二卷, 岩波書店, 1934년 수록 참조.

(願望)'과 '현실'을 항상 구별하는 입장을 관철한 경우이다. 야나이하라가『제국주의 하의 인도』를 비판적으로 분석한 방법을 일본의 식민지 지배에 대해서도 적용한 경우도 드문 예외에 속한다.

자신이 속한 사회에 특수한 개념의 이데올로기성을 비판적으로 분석하는 것이 곤란한 한 가지 이유는, 그것이 서구 사회과학에서 사용되는 개념과 전혀 이질적인 '말'로 제시되어 있다는 점이다. 극동군사재판에서 번역할 때 특히 문제가 된 '팔굉일우'를 비롯한 이른바 '팔굉일우語'가 그 예이다.[3] '팔굉일우어'는, 문화의 차이에 의한 개념의 차이를 이용해서 그 신비성을 강조한 것인데, 동시에 그 신비성은 일본인에게는 받아들여졌을지 모르지만, 외국인에게는 통용되지 않는, 특수주의에 따른 당연한 한계를 가지고 있었다.

앞에서 말한 상황은 내가『근대 일본의 정치문화와 언어상징』에서 설명한 비서구 사회의 분석용어와 일상언어의 이중구조 문제와도 밀접하게 관련되어 있다.[4] 일본뿐 아니라 널리 비서구 사회는 많든 적든 사회과학을 서구로부터 수입하고 있기 때문에 사회과학의 개념은 서구 사회에서 만들어진 것을 그대로 또는 번역해서 사용하고 있다. 따라서 그런 사회과학의 분석용어가 그 사회의 일상

---

3) '八紘一宇'에 대해서는 田中克彦,『言語の思想—國家と民族のことば—』, 日本放送出版協會, 1975년, p.245 이하 참조.

4) 石田雄,『近代日本の政治文化と言語象徵』, 東京大學出版會, 1983년, 제1장, 특히 p.14 이하를 참조.

언어와 이질적인 것임은 당연하다. 그 때문에 그런 사회과학의 개념이 그 사회에 위화감을 주어, 자신들의 사회가 그 개념으로 분석되는 것에 저항감을 갖게 되기도 한다. 일본 사회에서 실감을 신앙으로 삼는 문학가들 사이에 사회과학 이론에 대한 반감이 있는 것은, 그들이 사회과학자는 일반적으로 익숙하지 않은 은어를 이용하여 교조적으로 사회를 규정한다고 생각하기 때문이다. 물론 사회과학자측에도 서구로부터 수입된 개념을 밀교적으로 사용해서 대단한 것처럼 사람을 놀라게 하는 태도가 적지 않기 때문에, 문학가의 이 같은 인상은 전적으로 오해라고만은 할 수 없다.

이러한 언어의 이중구조는 분석용어가 현실을 분석하기 위해 일상언어에서 추상되고, 그것을 사용해 행한 분석의 결과가 또다시 일상언어 속으로 되돌려짐으로써 널리 독자의 비판을 받는 피드백의 관계를 성립시키는 것을 어렵게 만들고 있다. 이 어려움 때문에 생기는 두 가지 극단적인 경우가 있다. 이것은 실은 앞에서 말한 양극을 다른 말로 바꾸는 것인데, 하나는, 외래의 분석언어를 교조적으로 구사할 뿐, 일상언어의 세계와 전혀 무관하게 방치하는 경우이다. 또 하나는, 모든 외래 분석용어를 거부하는 사례이다. 이런 사람들은 일본의 사회과학의 독자성을 주장하고, '황도'라든가 '팔굉일우'라든가 하는 개념을 보편 이론의 매개 없이 사용하기 때문에, 국제적으로 유통될 수 없는 혼잣말이 된다.

이미 출간한 『근대일본의 정치문화와 언어상징』에서 상세히 논했듯이, 비서구세계 언어의 이중구조는 지금까지 말한 여러 가지 어려움의 원인이 되기도 하지만, 만약 그 문제성을 자각한다면, 그것을 이문화간 대화의 계기로서 긍정적인 요소로 바꿀 수 있다. 즉, 비서구 사회에서 언어의 이중구조가 불가피한 것은, 서구 문화와 비서구 문화가 분석언어와 일상언어의 관계라는 형태로 접촉하여 그 사이에 긴장이 일어난 결과이다. 이 긴장을 의식화하여 이용한다면, 서구 문화에서 개념화의 문제를 재검토하고 또한 비서구 문화에서 개념화도 재검토해서, 이 둘을 비교분석할 수 있는 유효한 개념을 새롭게 만들어 내는 계기로 삼을 수 있다.

다시 말하면, 서구 문화에 기초한 개념화도 그 나름대로 문화에 의한 규정을 받고 있으므로, 그것만을 보편적이라고 하는 것은 분명 문화적 제국주의라고 할 수 있으나, 그와 마찬가지로 비서구의 이른바 토착 문화에 기초한 개념화도 당연히 그 문화의 제약을 받고 있다. 어떤 문화에 의해서도 제약을 받지 않는 개념화는 있을 수 없으며, 좀더 보편적인 개념 형성에 이르는 길은, 특수한 문화에 기초하면서도 비교의 관점을 도입함으로써 좀더 보편적인 타당성을 발견해 가는 것뿐이다.

이렇게 생각하면, 일본의 사회과학의 결함은 서구로부터의 사회과학 이론의 섭취와 그에 수반되는 언어의 이중구조라는 사실에 있는 것이 아니라, 오히려 그것이 초래하는 문제를 의식하지 않아, 그 조건을 적극적으로 활용하지 못한 주체적 조건에 있다고 해야 할 것이다. 언어의 이중구조에 대한 자각을 결여함으로써 생겨나는 폐해는, 외래의 '보편 이론'으로부터 토착의 특수한 것을 찬미하기에 이르는 이행과정에도 드러난다. 그것은 외래 개념의 번역의 의미를 점차 어긋나게 함으로써 이 이행이 이루어지기 때문이다. 그 전형적인 예는 '국가'라는 개념에서 볼 수 있다. 제5장에서 보았듯이, 로야마 마사미치는 "나는 근대정치학의 대상이었던 '국가' 개념에 대해, 현대정치학의 대상으로서 국민협동체 개념을 설정하고자 한다"고 하였다. 이렇게 해서 '국가'가 '국민협동체'에 포섭될 수 있는 존재가 되었을 때, 권력관계의 요소는 '윤리적 도의적 의미'에 의해 은폐되고 만다. 왜냐하면 '국가'를 포섭해 버린 '국민협동체'의 본질은 '정신적 협동체'라고 간주되기 때문이다. 이렇게 되면, 내부에서는, 종래 일본의 '입헌주의'가 "근대적인 의미에서의 입헌주의에 불과했다"는 것이 되고, 외부에 대해서는 '성전'이 "동아시아에 신질서를 건설하려는 도의적·이념적 목적을 갖"는 것이 된다. 즉, '국가'를 '국민협동체'로 대치함으로써 어느샌가 권력에 관한 보편적 이론의 추구, 혹은 보편적 이론을 일본에 적용하는 것은 포기되고, 일본에서만 통용되는 팔굉일우어가 사회과학의 용어가 된다.

전전 일본의 사회과학에 커다란 영향을 준 독일에서는, 지적 세계 전체가 근대자연법 사상의 세례를 경험하고 있어, 모든 뛰어난 사회과학자는 의식하든 못하든, 이 역사적 전제 위에 이론을 전개했으나, 그 같은 독일의 국가 이론이 일본에 들어올 경우, 종종 근대자연법적인 요소가 사상(捨象)되었다. 오래된 예로는, 야스 세이슈(安世舟)의 연구에서 밝혀진 바와 같이 블룬출리(Johann Caspar

Bluntschuli)의 법 이론 소개에 이런 특징이 보인다.[5] 이런 특징 때문에 독일의 국가유기체론은 일본에 도입되자 전통사상 중 가족주의와 결합되어 가족국가관을 형성하는 한 요소가 되었다.[6] '국가법인설'이나 '국가유기체론'이라고 할 경우의 '국가'와, '가족국가'의 경우의 '국가' 사이에는 분명히 의미의 차이가 있으나, 그것이 의식되지 못하고 있었다는 점이 문제이다.

이상과 같이 '국가' 개념이 애매해지는 예는 때로는 일종의 발전단계론에 의해 정당화된다. 마키노 에이이치는 19세기에서 20세기에 걸쳐 일어난 국가이념의 변천을 '법치국에서 문화국으로'라고 특징지었는데, 이 '문화국가'는 일본에서는 '광의국방(廣義國防)'에 해당하는 것으로, "즉, 국가는 유형·무형의 전 문화에 대해 국가로서의 임무를 적극적으로 추진해야 하며, 국민은 국가의 요망에 부응하여 그 행동에서 모든 능률을 발휘해야 한다. 이런 것이 문화국가의 진면목"이라고 주장했다.[7] 다시 말해 "종래의 이른바 권력적 국가관 대신에 새롭게 윤리적 국가관과 기술적 국가관이

5) 安世舟,「明治初期におけるドイツ國家思想の受容に關する一考察」, 日本政治學會 編,『日本における西歐政治思想』, 岩波書店, 1976년; 安世舟,「加藤弘之─草創期の特殊日本的ブルジョアジ─の國家思想─」, 小松茂夫·田中浩 編,『日本の國家思想』 上, 青木書店, 1980년 참조.
6) 이 '가족국가관'의 형성과정에 대해서는, 石田,『明治政治思想史硏究』 前篇 참조.
7) 牧野英一,『自由の法律統制の法律』, 岩波書店, 1944년, p.38.

나타나게 되었다"는 것이다.[8] 이 같은 '국가'의 윤리화는 '국가'에 대한 사회과학적 분석을 약화시키고, 전통적 가치에 의한 '국가'의 윤리화를 뒷받침하는 결과가 되었다.

이상은 '국가'라는 개념의 불명확화에 따른 초국가주의 시대의 사회과학의 문제를 예시한 것이다. 이런 경우, 의미가 달라져 가는 '국가'라는 개념을 다시 한 번 nation, state, government 같은 서구의 개념과 비교함으로써, 또 권력과 윤리의 준별이라는 서구의 시각을 도입함으로써, 무의식중에 이루어지는 '국가'의 의미 변화를 멈출 수 있다고 생각한다.

이 사례를 통해 잘 알 수 있듯이, 서구 문화 속에서 전개된 사회과학의 개념은, 일본의 일상용어로 된 개념의 애매함, 또는 그에 의해 분석하기 어려운 부분을 밝히는 데 도움이 될 수 있다. 또한 반대로 '아마에(甘え)의 구조'와 같이 일본의 개념을 사회과학 용어로서 정치화시킴으로써, 서구 사회과학에 자극을 줄 수도 있다. 그러나 이렇게 이문화에서의 개념화의 차이를 적극적으로 이용할 수 있는 것은, 그 차이를 의식한 경우에만 가능하다. 서구 이론을 그때그때 편의적으로 섭취해서 그러한 차이를 의식하지 못한다면, 이질적인 문화에 기초한 개념들이 접촉해도 의미 있는 결실을 가져올 수는 없다.

실은 문화의 이질성과 그에 수반되는 개념화의 차이는, 이른바

---

8) 앞의 책, p.192.

서구와 비서구, 기독교와 이슬람같이 문화의 차이가 클 때만 보이는 것은 아니다. 일견 등질적이라고 생각되는 사회의 하위 문화에서도 이를 볼 수 있다. 이 책의 '머리말'에서 언급한 미나마타의 경우를 생각해 보자. 사실 그곳에는 공장의 논리를 중심으로 하는 개념화와 피해자의 하위 문화에서의 개념화라는 대립적인 두 개의 문화가 있었다. "질소가 있고 나서 미나마타", "질소를 망하게 해서 미나마타의 번영은 있는가"라는 견해가 보상을 청구하는 미나마타병 환자에게 가해진 비난의 근거가 되었다. 그러나 이 논리로 환자나 어민에 대항적이었던 노동조합원이 자신들의 투쟁과정에서 제2조합을 만들어 극도의 차별을 받는 사태에 이르렀을 때, 공장의 논리와 다른 논리를 지닌 환자의 하위 문화가 존재한다는 사실을 깨닫고, "질소의 미나마타"로부터 "미나마타의 질소"로 논리를 바꾸어 환자와 연대하기 시작한다.[9] 이 사례는 사회과학 용어의 문제는 아니지만, 이러한 하위 문화에서의 개념화의 차이를 민감하게 의식함으로써 사회과학의 분석용어를 만들어 낼 수가 있다. 일본 사회과학의 역사에서 뛰어난 비판적 분석을 남긴 사람들 중에는, 이 같은 주변의 하위 문화로부터의 문제제기를 지렛대로 삼은 경우를 볼 수 있다. 요시노 사쿠조, 야나이하라 다다오의 조선통치 비판은, 모두 보편 이론을 일본의 현실에 적용한 결과인 동시에, 조

---

9) 상세한 것은 石田, 「水俣における抑壓と差別の構造」, 色川大吉 編, 『水俣の啓示』上을 참조.

선 사람들의 비판에 귀 기울인 결과이기도 했다.

이러한 하위 문화의 차이까지 고려하여 '국가' 라든가 '국' 이라는 개념을 생각했을 때, 일본과 같이 일견 등질적인 것으로 생각되는 사회 속에도, 분명히 개념화의 차이가 있다는 것을 인식할 필요가 있다. 많은 오키나와 사람들이 '자위대' 의 오키나와 주둔에 반대한 것은, 제2차 세계대전중에 '나라를 지킨다' 는 미명 하에 군인보다 더 많은 일반 시민(여성과 어린이를 포함)이 죽어갔고, 더욱이 그중에는 일본 군인에 의해 살해당한 사람도 있다는 기억이 남아있어, '나라를 지킨다' 는 것은 과연 국민을 지키는 것인가라는 의문을 갖기 때문이다. 이것은 오키나와라는 일본의 '주변' 에 속하는 하위 문화의 입장에서 '중앙' 문화 속의 개념을 재검토하는 중요한 사례이다.[10]

'주변' 에 속하는 하위 문화로부터의 문제제기는 아주 중요한 일임에도 불구하고, 종종 '중앙' 문화에 의해 침묵의 언어로 끝나곤 했다. 그러나 사회과학자로서는 이 침묵의 언어에 귀를 기울임으로써 '중앙' 문화 속의 개념의 문제를 명백히 할 필요가 있다. 오키나와의 하위 문화의 입장에서 다음과 같은 자료를 본다면 어떻게 될까. 구리스 히로오미(栗栖弘臣) 전 통막의장(統幕議長)의 논문에는, 만약 소련이 홋카이도에 들어왔는데 5백만 도민이 "헛된 저항

---

10) '중앙' 과 대치되는 '주변' 의 의미에 대해서는 石田雄, 『'周邊' からの思考 ─多樣な文化との對話を求めて─』, 田畑書店, 1981년 참조.

을 그만두어 달라"고 한다면 "홋카이도는 그때까지는 일본 영토였지만, 그 이후는 상황이 달라진다. 반대로 혼슈로부터 미국이나 자위대의 폭격을 받을 수도 있다"는 기술이 있다.[11] 구리스 같은 '군사전문가'의 입장에서는 '안전보장'이라든가 '나라를 지킨다'는 것은 소련군을 미군과 자위대가 격파하는 것이지, '국민'의 안전을 지키는 것은 아니다. 만약 그들이 말하는 의미에서 "나라를 지키는" 일이 행해질 경우에는, 홋카이도의 오키나와화, 또는 도호쿠지방, 나아가서는 간토지방의 오키나와화도 있을 수 있는 일이다. 태평양전쟁중 신슈(信州) 마쓰시로(松代)에 지하 대본영을 만들고, 일억 옥쇄에 의해 "국체를 호지하자"는 주장이 제기되었다. '나라를 지킨다'는 것이 '국민의 생활'을 지키는 것이 아님은 역사적으로도 너무나 명료한 사례가 있다. 이런 사례를 사회과학의 입장에서 날카롭게 분석하여 '나라를 지킨다'고 할 경우의 '나라'라든가 '국가의 안전보장'이라고 할 경우의 '국가'라는 용어를 엄밀하게 사회과학적으로 재규정할 필요가 있다.

이렇게 생각하면, '나라'라든가 '국가'라는 하나의 말을 보더라도, 사회과학자가 수행해야 할 과제는 아주 중대하다. 이 사례도 하위 문화를 포함해서 이질적인 문화에 따른 개념화의 차이를 의식하고, 그 비교에 의해 특정 문화에서 나타나는 터부나 개념의 애매

---

11) 栗栖弘臣, 「われらこう迎え撃つ」, 『現代』, 1980년 1월호, 小林直樹, 『憲法第九條』, 岩波書店, 1982년, p.172에서 인용한 바에 의함.

함을 극복해야 하는 경우를 보여 준다.

그리고 이 사례에서도 명백히 드러나듯, 개념화의 차이는 말의 의미상 차이뿐 아니라, 그 배후에 있는 가치관, 가치선택의 문제와도 관련되어 있다. 그런데 전후 '회한공동체'가 존재한 시대에는 가치 전제의 문제가 당시의 미국 사회학보다 더 강하게 의식되고 있었던 만큼, 그 후의 세대는 그에 대한 일종의 반동으로서, 가치를 중시하는 것을 오히려 낡은 사고방식이라고 배척하는 경향조차 있다. 그러나 미국에서 베트남전쟁이나 소수민족 문제를 계기로 일어난 '행동론 이후의 혁명'(이스턴)에서 가치전제의 문제가 새롭게 검토되고 있는 데 비하면, 오늘날 일본의 사회과학의 가치 경시 경향—이 말이 지나치다면 가치전제를 재검토하는 데 대한 신선한 감각이 상실되어 가는 경향—에는 경계할 만한 점이 있다. 특히 미국과 달리 소수민족 문제로부터의 문제제기가 운동으로서도 강하지 않고, 자칫하면 등질 사회, 평등 사회의 신화가 보편화되기 쉬운 일본에서는 특히 이 점을 경계할 필요가 있다. 패전과 기아 속에서 전전의 가치관에 대한 날카로운 반성으로부터 출발한 전후 일본의 사회과학이 경제대국의 '번영' 속에서 가치전제를 재검토하는 것을 잊고 자애적 경향에 빠져들거나, 혹은 국제적인 비판에 의해 자신의 가치를 재검토하기보다는 오히려 이 비판에 대해 방어적으로 자기 사회 속의 동조성을 강화시키는 흐름까지 있는 것을 볼 때, 가치 전제를 재검토할 필요성은 아무리 강조해도 지나치지 않다고 생각한다.

경제대국 일본에 대한 외부의 비판에 귀를 기울이고, 내부에서는 주변의 하위 문화, 특히 억압되고 차별받는 하위 문화로부터의 문제제기를 의식적으로 받아들여 발전시키는 것은, 실은 강자의 논리를 재검토하는 것이다. 이러한 문제제기에 대한 민감성을 상실할 때, 사회과학자는 강자의 가치관에 동조하는 의식을 갖지 않았더라도 강자를 위해 봉사하는 테크노크라트가 되어갈 것이다. 그것은 전시에 쇼와연구회에 참가한 사회과학자에게서 볼 수 있는 예이다. 다만, 그 사람들은 일본의 발전을 위해서라는 사명감을 갖고 정열적으로 협력했다. 오늘날의 많은 사회과학자는 아무런 사명감도 갖지 않고, 스스로는 냉정한 태도를 취한다고 하지만, 하위 문화로부터의 문제제기에 민감하게 대처하지 않으면, 실은 결과적으로는 현실을 추종하고 그것을 사후에 정당화하는 형태로 권력의 시녀가 되어 체제 메커니즘의 톱니바퀴로 편입될 위험이 크다.

이 책에서 검토한 일본의 사회과학의 역사는 이미 흘러간 것, 오늘날과 관계없는 것은 아니다. 나타나는 방식은 시대에 따라 다르지만, 일관된 어떤 특질을 가지고 있으며, 그 오래된 폐해의 극복과 더욱 적극적인 발전은 사회과학의 역사에 나타난 특질을 의식할 때에만 가능해진다고 생각한다. 축적되지 않는 소모적인 논쟁을 반복하거나 뜻하지 않게 같은 사이클을 반복하지 않고, 일본의 사회과학자가 비서구 사회과학자로서 독자적인 공헌을 하기 위해서라도, 일본의 사회과학 자신의 발전의 자취를 반성할 필요가 있다. 역사를 잊어버리는 자는 같은 잘못을 반복하게 된다.

후기

    이 책은 1983년 4월부터 8월 사이에 쓴 것이지만, 그 전사(前史)는 길다. 반드시 한 번은 일본 사회과학의 역사를 재검토해야겠다는 것이 나의 오랜 숙원이었다. 1968년에 쓰쿠마(筑摩)서방에서 나온 『학문의 권유(學問のすすめ)』라는 시리즈의 제1권이 『학문의 권유』였는데, 이 책에서 '사회의 과학'이라는 좌담회의 사회를 본 일이 있다. 스미야 가즈히코, 아오미 준이치(碧海純一), 다카하시 도루, 이토미쓰 하루 등이 참가하여, 여러 전문 영역의 발전사를 서로 맞추어서 일본의 사회과학의 전체상을 구성해 보고자 하였다. 좌담회는 아주 재미있었고 배운 점도 많았지만, 지면이 제한되어 있었기 때문에 실제로 토론한 내용 중에서 상당 부분을 책에 싣지 못했다. 더욱이 역사 부분은 말하자면 도입부에 불과하여 충분히 논하지 못했다.

그 후 15년 동안 이 과제를 마음속에 두고 있었다. 그 사이에, 1981년부터 1982년 사이에 베를린 자유대학에서 가르칠 기회가 있었을 때, 제2학기 강의 주제로 '근대 일본에서의 국가와 사회—사회과학의 발전과 관련하여—'를 골랐다. 이것은 일본 전문 연구자뿐 아니라 사회과학을 전공하는 학생도 참가할 수 있도록 하기 위해서 선택한 주제였다. 물론 전부터 생각하던 숙원의 일부를 실천에 옮기겠다는 야심도 있었다. 다행히 정치학부에서 H. 와그너(Helmut Wagner) 교수도 참가하여 논의가 활발하게 이루어졌다. 그러나 자료가 너무 부족해서 부제에 있는 사회과학과의 관련에 대해서는 거의 언급하지 못하고, 이 책의 각 장 제1절에 해당하는 부분이 중심이 되었다. 그 강의는 Takeshi Ishida, Staat und Gesellschaft im modernen Japan in Zusammenhang mit der Entwicklung der Sozialwissenschaften, *Berliner Beiträge zur sozial und wirtschaftlichen Japan-Forschung*, Nr.20, Ostasiatisches Seminar, FU-Berlin, 1982로서 출판되었다. 그러나 '민중', '민족', '인민'을 독일어로 표현하는 경우 모두 Volk가 되기 때문에, 단어마다 설명을 붙이지 않으면 안 되어서 답답함을 금할 수 없었다. 외국어로 표현하는 데 고생한 후에는 늘 그것을 모국어로 실컷 써 보고 싶어지곤 했는데, 이번에도 이 주제를 일본어로 써 보고 싶다는 의욕은 점점 강해졌다.

귀국 후, 1983년은 정년을 앞두고 도쿄대학에서의 마지막 해였기 때문에, 대학원의 마지막 해 연습과목 주제를 '근대일본에서의 국가와 사회 및 사회과학'으로 하기로 하였다. 도쿄대학에서 내 연구의 총결산을 이 주제로 하고 싶었기 때문이다. 각 장의 제1절에 해당하는 부분에 대해서는 독일어 강의 때 준비했던 자료로 상당 부분 해결되었으나, 사회과학자 개인의 업적에 대해서는, 일본에 있으면 마음만 먹으면 얼마든지 자료가 있었기 때문에 오히려 선택할 때 망설이는 경우가 많았다. 그러나 매주 1장 분을 준비한다는 시간적 제약이 있었기 때문에, 시각을 한정해서 그 시각에서 중요한 것으로 대상을 한정시켰다. 각 장 제2절에서 그 시기에 특징적인 사회과학자 집단을 중심으로 시대의 분위기를 보여 주고, 제3절에서 그 외의 사회과학자를 다루든가, 아니면 방법론적인 문제를 다루는 방식으로 대담하게 정리를 해 보았다. 행인지 불행인지, 우연히 발의 근육이 끊어지는 부상도 당해서, 모든 모임에 참석을 거절하고, 매주 뼈를 깎는 기분으로 오로지 이 책의 주제에 집중했다. 드디어 여름방학 전에 전체 초고가 거의 완성되었기 때문에 여름방학을 이용해서 가필 정정을 했다.

가필정정을 할 때, 대학원생뿐 아니라 사회과학에 관심이 있는 학부생들도 일종의 사회과학 입문서로서 읽을 수 있도록 가능한 한 알기 쉬운 표현을 쓰려고 노력했다. 문장에는 오랜 세월에 걸쳐 습관으로 굳어진 내 나름의 버릇이 있으나, 문장의 힘을 유지하기 위해서는 익숙해진 표현방법을 크게 바꿀 수가 없었다. 다만 이 책에서 다루고 있는 많은 사회과학자의 이름을 정확히 읽을 수 있도록 인명에는 후리가나를 붙였다. 실은 외국어로 표현하려 할 때 의

외로 이 점이 힘든 경우가 있다. 정확을 기하기 위해 저서에 그 저자명의 후리가나가 없는 것에 대해서는 국립국회도서관편『국립국회도서관 저자명 전거록』(상·하)(紀伊國屋書店, 1979)을 참조했고, 관의 경력이 있는 사람에 대해서는 전전기 관료제 연구회 편 하타 구니히코(秦郁彦) 저『전전기 관료제의 제도·조직·인사』(도쿄대학 출판회, 1981)에 의거했다. 일부는 일본현금(現今)인명사전 발행소 장판(藏版)『일본현금인명사전』(1901), 교토대학 문학부 국사연구실 편『일본근대사 사전』(동양경제신보사, 1958)에도 의거했다.

이 주제에 대해서는, 시간을 투자하면 이 책의 몇 배에 달하는 책을 쓸 만큼의 자료가 있지만, 머리말에 썼듯이 문제제기의 책으로서 널리 읽혀지도록 하기 위해서, 많은 사람들을 총망라하여 다루는 것은 애초부터 포기하고, 되도록 짧게 문제사로서 다루기로 하였다. 그 때문에 많은 중요한 사회과학자를 다루지 못하거나 간단하게만 다루었는데, 이 점은 독자에게도, 또 그 사회과학자들에게도 사과하고 싶다. 결과적으로 도쿄대학을 중심으로 한 '관학아카데미즘'에 많은 부분이 할애된 셈인데, 현실적으로 무엇이 지배적이었는가를 반성하는 것이 이 책의 의도였기 때문에 어쩔 수 없었다. 묻혀진 창조적인 사회과학의 싹을 찾는 작업은 별도로 시도되어야 할 것이다. 다만, 나의 독단적인 선택과 평가를 보충하기 위해 가능한 한 각주에서 필요한 참고문헌을 적어 두려고 노력했다. 열의가 있는 독자는 그 참고문헌에 의거해서 자신의 관심에 따라 연구를 심화시켜 주기 바란다.

또, 가능한 한 짧게 정리한다 해도, 대상으로 하는 시대의 분위기를 나타내기 위해서는 어느 정도 당시의 문헌을 인용할 필요가 있었기 때문에, 가필을 하다 보니 의외로 큰 책이 되었다. 특히 제2차 세계대전으로의 이행기를 다룬 제5장이 가필 때 대폭 확대되었는데, 그것은 이 책 전체의 목적이 일본의 사회과학에 대한 반성이며, 그 반성에는 태평양전쟁에 돌입할 때의 사회과학자의 태도로부터 많은 것을 배워야 한다고 생각했기 때문이다.

생각해 보면 도쿄대학 사회과학연구소에서 연구에 종사하게 된 지 30년 이상이 된다. 그 동안 매월 월례연구회에서 연구원들의 최신 연구 성과를 듣기도 했고, '기본적 인권', '전후개혁', '파시즘 시기의 국가와 사회', '복지국가'를 주제로 한 공동연구회에서 연구소 외부의 전문가를 초청해서 공동연구를 하기도 했다. 그런 과정에서 나의 전공인 정치학, 일본정치사상사 이외의 전문가들로부터 대단히 많은 것을 배웠다. 한 사람의 사회과학자가 자신의 전문 영역뿐 아니라 사회과학 전체에 대해 쓰려는 야심을 갖게 된 것도, 평소에 전문의 구별을 넘어서 자유롭게 토론해 온 연구소의 분위기에 고무된 결과이다. 또 이 책을 쓸 때, 예를 들어 우노경제학에 대해서는 동료인 바바 고지로부터 장시간에 걸친 강의를 듣고, 참고문헌을 소개받았다. 두말할 나위도 없이 그에 대한 평가는 나 자신이 내린 것으로 바바는 그 평가에 동의하기 어려웠을지도 모르나, 깊이 감사하는 바이다. 그 외에 연구소의 여러 동료들에게도 종종 자료 문제로 신세를 졌다. 일일이 이름을 들지는 않지만, 진심으로 감사를 드린다. 또 대학원의 세미나에서는 매주 1장에 해당하는 부분을 다루려는 나의 이기적인 목적 때문에 매시간 빠른 속도의 강의를 듣고, 게다가 활발히 토론해 주고, 그 위에 후반에는 개인 보고를 해서 내가 미처 깨닫지 못한 자료와 논점을 지적해 준 점에 관해 참가한 학생들에게 깊이 감사한다.

이 책의 재교 단계에서, 언제나 그렇듯이, 이 책의 일부를 마루야마 마사오 선생님을 중심으로 한 비교사상사 연구회에서 발표하여 비판을 받을 기회가 있었다. 그때 제기된 문제점 가운데서 가장 중요한 것은 본문의 문맥을 해치지 않고 약간 가필하는 형태로 해결할 수 있는 성질의 것이 아니었기 때문에, 앞으로 남겨진 과제로 하고, 여기에 그 문제점을 기록해 두는 데 그칠 수밖에 없다. 첫 번째, 그리고 가장 중요한 문제는, 바로 '사회과학'이라는 범주에 관한 것이다. 본래 '사회과학'이라는 용어가 일반화된 것은 제4장에서 다룬 시기 이후로서, '사회과학' 성립 이전 단계인 다이쇼기에는 신칸트파의 영향 하에서 의식되었던 '문화과학'이라는 범주가 지배적이었다는 점을 충분히 주의했어야 했다. 또한 '사회과학' 이후의 문제로서는, 최근의 구조주의 또는 널리 문화인류학에서의 '문화' — '문화과학'의 Kultur가 아니라 culture—라는 시점을 어떻게 생각하는가 하는 문제가 제기되었다.

전자, 즉 '문화과학'과 관련된 문제에 대해서 말하자면, 다이쇼기의 '자아'의 자각이 메이지 후기의 그것(후지무라 미사오〈藤村操〉의 우주와 자아에 관한 회의에 나타나는 것)과 달리 인식의 객체와 구별된 인식주체로서의 인식론적 의미를 갖고 있어, 이것이 '문화과학'의 방법적 기초를 마련했고, 이로써 '사회과학'의 방법적 전개에 전제가 되었다는 점을 보았어야 했다. 좀더 본문에 의거해서 말하자면, 다이쇼기의 '문화과학'이라는 파악방식에서의 신칸트파의 방법론을 100쪽에 씌어진 것보다 한층 적극적으로 평가해야 한다는 비판이다. 성과도 없는 방법논의가 된 것은 다이쇼민주주의 시기의 신칸트파가 퇴폐기에 들어선 이후의 일로, 그 흥륭기에는 인식 주체의 확립이라는 적극적인 측면이 있었다는 점이 더욱 명확히 지적되어야 하며, 이 방법의 확립에 의해 여러 사회과학들이 방법적 자율성을 지닌 것으로서 분화·독립해 가게 되었다는 점을 강조해야 한다는 의견이 제시되었다. 이 점에 대해서는 본문 가운데서도 어느 정도 언급하고 있으나, 역시 '문화과학'(자연과학과 방법적으로 구별된)으로서의 의식을, 그 자체로서 분명히 밝혀 냈어야 한다고 생각한다.

이 책에서 '사회과학' 이전의 '문화과학'에 대해서는 부족하나마 어느 정도 언급을 하고 있는 데 반해, '사회과학' 이후의 문화인류학에 대해서는 전혀 언급하지 않았다. 즉 최근 일본에서 마르크스주의의 영향력이 일관되게 줄어들고 있는 데 반해 문화인류학적 접근이 또 하나의 종합 이론으로서 '사회과학'에 도전하는 형태로 대두했다는 점을 전혀 언급하고 있지 않다는 비판이 있었다. 이 비판에 대해 다소 변명이 허락된다면, 나는 내 나름대로 언어와 정치 문화의 문제에 주의했고, 이것을 주제로 해서 책을 쓰기도 했다. 다

만 그것은 어디까지나 사회과학의 틀 안에서 의식되었을 뿐, 문화
인류학의 '사회과학'에 대한 방법론적 도전에 어떻게 대응할 것인
가를 의식한 것은 아니었다. 언어학이나 문화인류학의 개별 업적
에는 관심을 갖고, 도입할 수 있는 것은 도입해 왔다고 생각하지만,
현재의 내게는 구조주의나 문화인류학 전체에 대해 그 방법적 자
리매김을 할 뜻은 없으므로, 이것은 향후의 연구과제로서 남겨둘
수밖에 없다.

두 번째 문제는 사회과학 학계와 논단의 관계에 대한 것이다. 이
책에서는 어떻게 보면 문학에서 철학에 이르는 논단의 동향을 중
심으로 하기 쉬운 종래의 사상사의 영역과 일단 구별하여, 사회과
학의 역사를 다루었다. 단, 각 장의 제1절에서는 논단에 나타난 사
상을 사회 현실과 사회과학의 발전을 연결시켜 보기 위한 매개항
이라는 의미에서 간단히 다루었다. 그러나 논단에서 주류를 이루
는 동향이 학계에서도 중심이 되는 것은 아니고, 더욱이 사회과학
영역에서 주요한 업적이 직접적으로 논단에 영향력을 미치는 것도
아니다. 그 차이점을 더 의식적으로 거론하여, 그 위에 그 둘의 배
후에 있는 공통의 사상적 배경이나 문제의식을 매개로 해서 논단
과 학계 이 두 영역 사이의 관련에 대해 지식 사회학적 분석을 해
야 한다는 의견이 나왔다. 그것이 성공적으로 이루어진다면 이 책
에서 행한 분석과 일반 사상사와의 가교가 한층 쉬워질 것은 틀림
없다. 그러나 아주 한정된 지면에서, 지금까지 별로 다루어지지 않
았던 사회과학의 역사를 중심으로 했기 때문에, 이 점을 충분히 이

루지 못한 것이 유감이다. 독자가 각 장 제1절에서 시사되고 있는 점과 참고문헌에 든 다른 사상사 연구의 업적을 함께 읽음으로써 이 결점을 보충해 준다면 고맙겠다.

세 번째로, 개별 사회과학의 위상의 차이에 관한 문제가 지적되었다. 예를 들면, 오쓰카와 마루야마를 같은 카테고리에 넣어 논했는데, 경제학에서의 마르크스주의의 비중과 정치학에서의 그것은 현저히 다르다. 또한 경제학의 자율성이 자명해진 단계에서도 정치학은 여전히 자율성을 모색하고 있었다는 차이도 있다. 이렇게 개별 사회과학의 상황의 차이를 좀더 명확히 했어야 하지 않았는가 하는 비판이었다. 나의 주된 목표가 사회과학 전체를 정리해 본다는 점에 있었기 때문에, 개별 사회과학 사이의 위상차를 충분히 밝히지 못한 것은 사실이다. 그러나 위상차를 명확히 하는 것은, 각 사회과학의 발전을 종적인 계열에서 파악한 후 다시 한 번 비교 종합함으로써 비로소 완전하게 된다. 그것은 현재 내게는 힘에 부치는 작업이어서, 지금 내가 바라는 바는 이 책이 사회과학의 각 분야의 역사 연구에 자극이 되는 것이다.

이 책의 일부를 소재로 한 토론에서, 이상에서 든 것과 같은 몇 가지 의견이 제기되어, 나로서도 이 책에서 다루지 못한 문제가 많다는 것을 새삼 강하게 인식했다. 동시에, 이 책이 그러한 비판을 포함하여 활발한 논의를 끌어낼 수 있었던 것은 이 책을 쓴 목표의 일부가 달성된 셈이어서 기쁘게 생각되었다. 앞으로도 많은 기회에 토론의 자료로 사용해 준다면 고맙겠다.

이 책의 작성에 관해서는, 이전에 출간된 『근대 일본의 정치문화와 언어상징』과 마찬가지로, 도쿄대학 출판회의 다케나카 히데토시(竹中英俊) 씨의 도움을 받았다. 휘갈겨 쓴 초고가 나왔을 때, 이를 통독해서 의견을 말해 주는 것으로부터 시작해서, 다케나카 씨의 일은 자신의 열성으로 인해 점점 더 늘어났으나, 신중한 교정, 색인 작성, 그 외 여러 가지 세심한 배려에는, 마땅히 감사의 말을 찾을 수가 없을 정도이다.

패전 후 사회과학에 뜻을 둔 지 40년 가까이 되는데, 그 동안 사회과학은 이대로 좋은가 하는 나 자신의 문제제기에 밤낮 쫓기는 기분으로 지내 왔다. 그것은 우선, 마루야마 마사오 선생님이라는 은사를 모시고 오쓰카 히사오 선생님의 세미나에도 참가하여, 일본에서 최고의 사회과학자들을 접할 수 있었고, 연구소에서 좋은 조건 하에서 국민의 세금으로 연구에 전념할 수 있었다는, 이런 조건을 충분히 다 살리고 있는가 하는 생각 때문이었다. 그러나 그 이상으로, 제2차 세계대전에서 죽어간 친구들, 아니 세계의 많은 같은 세대의 병사들, 전쟁으로 허무하게 사라진 많은 시민들을 생각하면, 살아남았다는 책임이 절절이 느껴지기 때문이었다. 사회과학을 '천직' 으로 한다는 일반적인 천직 의식 외에, 죽은 자가 말하려 했으나 말하지 못한 것, 쓰려 했으나 쓰지 못한 것을, 살아남은 자가 사회과학의 언어로 전달하고, 그들의 죽음으로부터 무엇을 배울 것인가를 제시하지 않으면 안 된다는 책임감이 항상 나를 무겁게 짓누르고 있다. 세계의, 그리고 일본의 현상은 그런 책임감을 한층 더 느끼게 한다. 이 책을 쓰고 나서 그 책임감으로부터 해방된 것이 아니라, 오히려 일본의 사회과학자로서의 책임을 한층 더 강하게 느끼고 있다. 이 책임감은 아마도 내 생명이 끝날 때까지 계속 나를 몰아세우겠지만, 그러한 죽은 자에 대한 책임을 다하려는 부단한 노력의 한 과정으로서, 이 책을 전쟁으로 인해 침묵을 강요당한 세계의 희생자들에게 바치고 싶다.

1983년 12월

역자 후기

이 책은 이시다 다케시(石田雄) 선생의 『日本の社會科學』(東京大學出版會, 1984)을 번역한 것이다. 이시다 선생은 도쿄대학 정치학과를 졸업하고 동 대학 교수로 재직하다가 1984년에 정년퇴임한 정치학자로서, 일본의 대표적인 전후 지식인으로 꼽히는 마루야마 마사오의 제자이다. 패전 후 지식인들이 일종의 지적 공동체를 이루고 있다는 의식이 고양된 시기에 20대 전반을 보낸 그는 이 시기에 마루야마 마사오 및 오쓰카 히사오 등의 영향을 받았다. 이시다 선생은 사회과학자로서 학문의 사회적 책임을 중시한 동시에 안보투쟁과 베트남전쟁 반대운동, 그리고 70년대에는 미나마타병의 조사활동에 참가하는 등 시민으로서 사회현실에 적극적으로 관여해왔다. 재일한국인 등 소수자의 인권문제에도 관심을 갖고 오랫동안 반차별 인권운동에 참여해 온 '양심적 지식인'의 한 사람이다.

퇴직을 앞둔 1983년에 집필된 『일본의 사회과학』은 선생 자신이 40여 년간의 연구활동의 '총복습'이라는 의미를 부여한 만큼 무게가 실려 있는 책이다. 그 '무게'는 40여 년간의 연구를 통해 축적된 지식 또는 학문적 성과들의 집대성이라는 의미라기보다는 일본의 사회과학자로서 자신이 속한 세계에 대한 진지한 성찰이라는 의미에서이다. 그것은 일본의 사회과학이 지나온 궤적에 대한 고찰을 통해 그 세계의 정체성을 탐구하고 새로운 정체성을 만들어 가고자 하는 사명감과 열정이라는 마음의 무게이다.

　이제야 번역 출판하게 되었지만, 십여 년 전인 1991년에 이 책을 번역하고자 한 일이 있다. 1991년 봄에 일본 유학을 마치고 귀국한 나는 일본에서 공부한 사회학자로서 우리 학계에 기여할 수 있는 연구활동의 방향을 모색하면서, 그런 작업의 하나로서 이 책의 번역을 생각하게 되었다. 그러나, 한국에서는 아직 일본의 사회과학에 대한 관심이 약해서 시장성이 별로 없기 때문에 출판사를 찾기가 어려울 것 같다는 선배의 말을 듣고, 번역은 잠시 접어두기로 했다. 그 선배는, 대신, 우리가 일본을 좀더 알아야 하고 이 책의 문제의식이나 내용은 상당히 관심이 가는 것이니 당장 번역은 되지 않더라도 우선 내용을 정리해서 소개해 보면 어떻겠느냐는 제안을 했다. 이렇게 해서 1991년 가을부터 1992년 봄까지 3번에 걸쳐 『경제와 사회』에 「일본 사회과학의 흐름을 짚는다」라는 제목으로 이 책의 내용을 요약 정리해서 연재하였다. 마지막 회에는 나의 논평을 덧붙였다.

그 후 얼마 동안 번역에 대한 생각은 접고 있었는데, 1996년에 한림대학교 일본학연구소 소장이신 지명관 교수님의 권유로 연구소의 장기 프로젝트인 지성사 연구에 참여한 것이 이번 번역의 계기가 되었다. 일본학연구소에서 일본의 좋은 연구서들을 번역하여 일본학연구총서로 발간한다는 기획을 하여, 지성사 연구팀 참가자들도 책을 추천할 기회를 갖게 되었던 것이다. 시장성보다는 학문적인 의의에 중점을 둔 기획이었기 때문에, 나는 아무런 망설임 없이 『일본의 사회과학』을 추천했다. 일본학연구소에서도 이 책을 한국에서 번역, 소개하는 의의를 인정했고, 저자도 흔쾌히 번역 제안을 받아들여, 드디어 나의 희망이 실현되기에 이르렀다. 초역은 일찌감치 끝났다. 그러나, 대충 번역을 마무리해 놓고 다시 다듬는 작업을 오랫동안 미루어 두는 바람에, 출간 시기가 당초 계획보다 상당히 늦어졌다. 1992년부터 2000년까지 매년 현지조사에 기초한 일본의 지역사회와 시민운동에 관한 연구와 그 외의 여러 일들에 밀려 『일본의 사회과학』 번역에 집중을 하지 못했다. 늘 마음에 걸렸는데 지난 겨울에야 겨우 이 작업의 마무리를 할 수 있게 되었다.

내가 『일본의 사회과학』을 처음 접한 것은 유학시절 대학 구내 서점에서였다. 정확한 시기는 기억나지 않지만 1987, 8년경이 아니었나 싶다. 일본사회에 대해서 뿐 아니라 일본의 학문적 동향이나 학계에 대해서도 전혀 아는 바가 없는 상태에서 유학을 하게 되어 모든 것을 새롭게 보고, 경험하면서 공부하던 나는 사회학 이외의 다른 분야로까지 시야를 넓혀 볼 만한 여유가 없었고, 정치학자인 이시다 다케시 선생에 대해서 알지 못하고 있었다. 우연히 구내서점의 서가에서 『일본의 사회과학』을 보게 되었고, 단순히 제목에 끌려 이 책을 구입하였다. 당시 내가 이 제목에 끌린 이유는 분명치 않으나, 일본의 사회학을 접하면서 한국 사회학과는 다른 점들을 발견하고 이를 흥미롭게 느끼고 있던 터라, 사회학을 넘어서 일본 사회과학의 다른 분야에 대해서도 기본적인 흐름 정도는 알아보고 싶다는 마음이 있었던 것 같다. 그러니까 일본의 사회과학에 대한 사전적 지식을 얻을 수 있는 정보원(源) 정도로 생각했을 것이다. 그러나, 나중에 책을 읽고 난 후, 이 책을 어떤 관점에서 어떻게 읽어야 할 것인가에 대해 다시 생각해 보게 되었다. 관점을 달리해서 보았을 때, 이 책이 한국의 사회학자인 내게 주는 의미를 새롭게 발견할 수 있었다. 바로 그것이 내가 이 책을 번역하게 된 동기이다.

사실 일본의 사회과학에 대한 많은 정보를 기대하고 이 책을 읽는다면 어딘가 미진함을 느끼는 독자도 있을 것이다. 앞에서 언급했지만, 1992년 『경제와 사회』에 이 책 내용을 요약 소개하면서 논평을 쓴 일이 있다. 당시 기획의 일차적인 목적은 일본의 사회과학의 흐름을 체계적으로 소개하는 데 있었기 때문에, 논평문은 이 책에서 누락되거나 혹은 소홀히 다루어진 중요한 사실들을 지적하고 살을 붙이는 데 주안점을 두었다. 사회학자로서 일본의 사회학사를 관심있게 보았던 내 입장에서는 이시다 선생이 '일본의 사회과학'을 아무래도 정치학(그리고 경제학) 중심으로 바라보고 있다는 생각이 들었다. 여기서 논평 내용을 다시 소개하지는 않겠지만, 예컨대 일본의 사회과학의 흐름을 '국가학'으로부터 쓰기 시작한 것, '사회'는 처음에 국가에 대한 저항을 내포한 "'문제'로서의 '사회'"로서 의식화되었다고 보는 것 등에서 그런 점을 볼 수 있다. 또한 사회학사를 통해서 보면 중요한 사실들이 이 책에서 누락되거나 소홀히 다루어진 경우도 있었다. 나는 당시 논평에서는 이런 점을 몇 가지 지적하고 내 나름대로 설명을 했는데, 그것은 단순히 빠진 부분을 보충해서 일본의 사회과학의 흐름에 관해 좀더 충실한 혹은 균형잡힌 정보를 제공하기 위한 것은 아니었다. 그보다는, 누락되거나 소홀히 다루어지고 있는 부분을 짚어 봄으로써 저자의 관점을 상대화시켜 볼 수 있도록 한다는 데 더 큰 의미를 두었다. 이 책에서 그려진 '일본의 사회과학'은 저자의 관점에서 재구성된 것이며, 여기서 누락되거나 간과된 부분들을 다시 주워올려 재구성해 보았을 때, 일본의 사회과학은 또 다른 모습으로 나타날 수 있기 때문이다.

그러면, 한국의 사회학자인 내가 이시다 선생의 『일본의 사회과학』에서 발견한 의미는 무엇인가? 그것은 한국의 사회학(나아가 한국의 근대학문)의 정체성을 되짚어 보는 데 중요한 시점을 제공한다는 점이다. 물론 일본연구자로서의 내게 이 책은 일본사회를 이해하는 데 중요한 자료가 된다는 점에 일차적인 의미가 있다. 그러나, 이 책을 번역하여 한국에 소개하고 싶었던 가장 중요한 이유는 한국의 아카데미즘의 자기 성찰에 자극이 되었으면 하는 바람이었다.

내가 일본 유학을 하게 된 것은 순전히 학문 외적인 사정 때문이었다. 석사를 마치면 미국으로 유학을 간다는 계획을 갖고 있던 나는 아무런 준비 없이 일본으로 가게 되었고, 사회학을 공부하러 왜 일본으로 가느냐는 질문에 아무런 답변도 할 수 없었다. 남에게나 나 스스로에게나 자존심을 세우기 위해 내가 할 수 있었던 최선의 길은, 기왕에 일본으로 가게 되었으니 일본에 대해 공부하겠노라고 작심하는 것이었다. 일본의 사회학에 대해서는 아무것도 몰랐고, 독자적인 이론이 없는 거의 완전한 수입품으로서 일부러 가서 배울 만한 것은 없다는 선입관만을 갖고 있었다. 그런데, 일본에서 사회학을 접하면서, 일본의 사회학은 한국사회학과 마찬가지로 기본적으로 서구의 영향을 받고 있으며(특히 주요 개념이나 이론은 대개 서구에서 수입), 제2차 세계대전 후에는 특히 미국사회학의 영향을 가장 강하게 받고 있는데, 양자 사이에 여러 가지 흥미로운 차이들이 있음을 알게 되었다. 예를 들면, 당시만 하더라도 한국의 사회학계에서는 주변적인 분야였던 가족사회학이 일본에서는 중시되고 이 분야의 연구자들 가운데 명성이 높은 사람들이 여러 명 있다는 것, '사회의식론'이 사회학의 한 분야로서 확립되어 있고 사회학계에서도 우수하다고 평가되는 연구자들이 이 분야에 많다는 것, '인간', '퍼스낼리티', '생활' 등의 문제가 일찍부터 중요하게 다루어지고 있다는 것, 마르크스 · 베버 · 뒤르켕이 고전사회학의 3대 거인인 점은 마찬가지이나, 일본에서 베버의 위상은 한국에서보다 훨씬 높고, 진보적인 의미가 부여되고 있다는 것 등이다. 그

밖에도 흥미로운 사실들이 많았고, 이런 점들을 보면서, 일본이나 한국의 사회학이 이론적 자원이나 개념 등을 서구에서 도입하더라도 이들은 각 사회의 사회적 혹은 사상적 과제에 대응하여 독자적인 의미를 함축하게 되며, 각 사회에서 그 시대의 지배적인 사상 혹은 논리의 영향을 받기 때문에, 일본 사회학과 한국 사회학의 독자적인 성격을 갖게 되는 것이라는, 어찌 보면 당연한 사실을 처음으로 실감했고, 서구 학문의 수용 방식에 대해 새로운 인식을 갖게 되었다. 이는 비서구사회인 일본에 유학을 갔기 때문에 할 수 있는 경험이었으며, 이를 통해 나는 그 동안 자신이 '사회학' 과 '서구 사회학' 을 동일시하고 있었음을 깨달았다. 일본의 사회학을 들여다보다가 뜻밖에 한국의 사회학을, 자기 자신의 모습을 보게 된 것이다.

이 새로운 경험에 한편으로는 강한 지적 호기심을 느끼고 다른 한편으로는 왠지 마음이 어수선해져 있는 즈음에 이시다 선생의 『일본의 사회과학』을 읽게 되었다. 일본의 사회과학의 특질을 그 역사를 통해 밝혀 내고자 하는 저자의 관점과 문제의식에 크게 공감했고, 한국의 사회과학에도 적용될 수 있는 내용을 적지 않게 발견할 수 있었다. 근년 우리 사회의 식민지성을 밝혀 내고 이를 극복하는 것이 학계의 중요한 과제 중 하나로서 논의되고 있다. 우리가 당연시하는 많은 언어들, 논리들을 꼼꼼히, 반성적으로 고찰해 나가는 작업이 필요하다고 생각된다. 그런 문제의식을 좀더 많은 사람과 공유하고자, 이 책을 번역하여 내보낸다. 저자 자신도 후기와 번역판 서문에서 밝히고 있는 바와 같이 이 책에는 중대한 문제점도 없지 않다. 나 자신을 포함해서 독자들이 새로운 문제를 찾아내어 더욱 비판적으로 읽을 수도 있다. 그러나, 번역을 마친 지금, 그런 문제점들에 의해서도 희석되지 않는 이 책의 '마음의 무게'를 더 절실하게 느낀다.

번역판이 나오기까지 많은 분들께 심려를 끼치고, 도움을 받았다. 누구보다도 저자이신 이시다 다케시 선생님과 부인께 감사드리고 싶다. 짧은 지식을 가지고 이 책을 논평하는 것이 민망하면서도, 그런 과정을 통해 연구자로서 성장하는 것이라 마음먹고 이런저런 문제점들을 지적하는 글을 썼다. 그러면서 한 가지 깊이 생각한 것은 날카로운 비판과 겸손함이 함께할 때 진정한 힘이 생긴다는 것이다. 바로 이 책을 번역하면서 느끼고 배운 점이다. 지난 겨울 일본에 다니러갔을 때 처음으로 이시다 선생을 만났다. 고령이지만 연구를 계속하고 시민운동에도 적극적으로 관여하고 계셨다. 역자로서 저자를 만났다기보다는 일본의 시민운동을 연구하는 연구자로서 이시다 선생을 인터뷰하는 만남이 되었는데, 장시간 진지하게 이야기를 하셨고 한국의 시민운동에 대해서도 많은 질문을 하셨다. 역시 인권운동에 적극 참여하고 계신 부인께도 여러 가지 이야기를 듣고 자료를 받아 왔다. 두 분의 진지함과 겸손함이 인상 깊었다. 번역 때문에 저자의 본뜻이 잘못 전달되었거나 한 부분이 없기를 바랄 뿐이다.

이 책의 번역을 가능하게 해 주신 한림대학 일본학연구소 지명관 교수님께 감사드린다. 번역을 자청해 놓고 너무 오랫동안 마무리를 짓지 못해 걱정을 끼쳐 드린 점 다시 한 번 사과드리고 싶다. 나의 역량 부족으로 번역이 용이하지 않은 부분이 많이 있었다. 특히 옛날식 문투는 어려웠다. 일본어 해석에 고심하던 부분은 한신대학교 일본지역학과 동료인 미쓰야스 세이시로(光安誠司郞) 선생님의 도움을 받았다. 감사드리며, 그러나 번역에 문제가 있는 부분은 전적으로 나 자신에게 책임이 있다는 것을 말씀드리고 싶다. 나의 작업 속도 때문에 마지막까지 애태우면서도 참을성 있게 기다려 주시고 도와주신 소화출판사 여러분께도 감사드린다.

2003년 10월 10일

한영혜

제1장

가쓰라 다로(桂太郎) 53, 79, 116

가토 히로유키(加藤弘之) 67, 298

구가 가쓰난(陸羯南) 38, 39, 257

구리쓰카 쇼고(栗塚省吾) 50

기타시라카와노미야(北白川宮) 52

나가요 센사이(長与專齋) 53

나카에 조민(中江兆民) 40

니시 아마네(西周) 53

니시 슈스케(西周助) 46

니시무라 시게키(西村茂樹) 34

다구치 데이켄(田口鼎軒, 우키치〈卯吉〉) 65

다지리 이나지로(田尻稲次郎) 50

다카노 조에이(高野長英) 33

다카타 사나에(高田早苗) 48, 51, 59, 60

도쿠토미 소호(德富蘇峰) 57, 109

마치다 주지(町田忠治) 66

모토다 에이후(元田永孚) 36

미노베 다쓰키치(美濃部達吉) 68, 128, 141, 174, 214, 303

미쓰쿠리 린쇼(箕作麟祥) 47

사카타니 요시로(阪谷芳郎) 56

사쿠마 쇼잔(佐久間象山) 32

산조 사네토미(三条実美) 54

시나가와 야지로(品川弥二郎) 52

시부사와 에이이치(澁沢榮一) 72, 115

쓰다 신이치로(津田眞一郎, 뒤에 마미치〈眞道〉) 46

아마노 다메유키(天野爲之) 51, 65

야마다 이치로(山田一郎) 60

야마무로 신이치(山室信一) 52

야마와키 겐(山脇玄) 53

에토 신페이(江藤新平) 37

오구라 요시히코(小倉芳彦) 35

오노 아즈사(小野梓) 60, 62, 65

오노즈카 기헤이지(小野塚喜平次) 71, 82

오시마 사다마스(大島貞益) 64

오쿠마 시게노부(大隈重信) 52, 72

와다가키 겐조(和田垣謙三) 51, 70, 98

와타나베 가잔(渡辺華山) 33

와타나베 고키(渡辺洪基) 55, 56, 69

요시노 사쿠조(吉野作造) 69, 71, 112, 118, 119, 121, 122, 127, 131, 310

요시다 쇼인(吉田松陰) 33

우에스기 신키치(上杉愼吉) 68, 128

우키타 가즈타미(浮田和民) 60, 112, 120

이나다 마사쓰구(稲田正次) 41

이노우에 가오루(井上馨) 72

이노우에 고와시(井上毅) 41, 52, 72

이노우에 데쓰지로(井上哲次郎) 49
이시바시 단잔(石橋湛山) 106
이에나가 사부로(家永三郎) 41
이와쿠라 도모미(岩倉具視) 53
이토 히로부미(伊藤博文) 55, 72, 81
하토야마 가즈오(鳩山和夫) 50
호즈미 노부시게(穂積陳重) 55
후쿠오카 다카치카(福岡孝弟) 54
후쿠자와 유키치(福沢諭吉) 34, 38, 52
히라노 구니오미(平野國臣) 33
히라타 도스케(平田東助) 53

丁韙良(William Martin) 46
C.루돌프(Carl Rudolph) 55
드로퍼즈(G. Droppers) 64
로렌츠 슈타인(Lorenz von Stein) 51
모리스 블로크(Maurice Block) 53
부아소나드(Gustav Emile Boissonade) 47
부스케(Georges Hilaire Bousquet) 45, 47
블룬출리(Johann Caspar Bluntschuli) 67
아페르(George Appert) 47
에케르트(Udo Eggert) 51
위그모어(John H. Wigmore) 63
J. S. 밀(John Stuart Mill) 39, 65, 66, 140
칼 라드겐(Karl Rathgen) 50
페놀로사(Ernest Francisco Fenollosa) 48~51
헤르만 뢰슬러(Karl Friedrich Hermann Roesler) 36

휘세링(Simon Vissering) 46

제2장

가나이 엔(金井延) 82, 84, 86~89, 98, 156
가야하라 가잔(茅原華山) 134
가와다 시로(河田嗣郞) 108
가와이 데이이치(川合貞一) 125
가와카미 하지메(河上肇) 81, 86, 107, 117, 120, 140, 142, 150, 151, 155
가타야마 센(片山潛) 104, 154
가토 하루히코(加藤晴比古) 82
간베 마사오(神戶正雄) 108
고토쿠 슈스이(幸德秋水) 80, 110, 154
고라이 긴조(五來欣造) 125
고이즈미 신조(小泉信三) 108, 158, 164
구로이와 루이코(黑岩淚香) 80
구와키 겐요쿠(森木嚴翼) 125
구와타 구마조(桑田熊藏) 82, 86, 87, 93, 98, 104
구즈오카 노부토라(葛岡信虎) 99
기가 간주(氣賀勘重) 108
기노시타 나오에(木下尙江) 80, 132
기무라 가메지(木村龜二) 143
기무라 규이치(木村久一) 123
기타자와 신지로(北沢新次郞) 108
나카메 나오요시(中目尙義) 122
나카야마 이치로(中山伊知郞) 108, 215, 266

나카지마 시게루(中島重) 137, 138

노리타케 고타로(乘竹孝太郎) 74

누노카와 마고이치(布川孫一) 77

니토베 이나조(新渡戶稻造) 123

다나카 쇼조(田中正造) 80, 81

다나카 스이이치로(田中粹一郎) 123

다루이 도키치(樽井藤吉) 77

다지마 긴지(田島錦治) 77, 82, 108

다카노 이와사부로(高野岩三郎) 82, 86, 103, 108, 156

다카노 후사타로(高野房太郎) 83

다카타 야스마(高田保馬) 137, 149, 164, 181

다카하시 세이이치로(高橋誠一郎) 108, 123

다키타 조인(瀧田樗蔭) 120

마루야마 간도(丸山侃堂, 간지〈幹治〉) 111

마쓰시마 고(松島剛) 74

마키노 에이이치(牧野英一) 127, 308

모리구치 시게하루(森口繁治) 142

모리토 다쓰오(森戶眞男) 123, 136, 156

무라야마 류헤이(村山龍平) 119

미나베 긴조(三辺金藏) 108, 125

미야케 유지로(三宅雄二郎, 세쓰레이〈雪領〉) 122

미우라 데쓰타로(三浦鉄太郎) 120

사사키 소이치(佐々木惣一) 118, 120

사이토 쓰요시(齋藤毅) 73

사카이 도시히코(堺利彦) 80, 110, 120, 154, 155, 161

사쿠마 데이이치(佐久間貞一) 83

소다 기이치로(左右田喜一郎) 108, 123, 143

소에다 주이치(添田寿一) 102

쇼다 헤이고로(莊田平五郎) 100

스기모리 고지로(杉森孝次郎) 137

스미야 에쓰지(住谷悦治) 85

스즈키 준이치로(鈴木純一郎) 82

쓰네토 교(恒藤恭) 142

아네자키 마사하루(姉崎正治) 123

아리가 나가오(有賀長雄) 74

아베 이소오(安部磯雄) 105, 154

아베 히데스케(阿部秀助) 123

아사오 히사시(麻生久) 107, 122, 150, 187

야마가타 아리토모(山縣有朋) 78

야마구치 노부오(山口信雄) 119

야마모토 사네히코(山本実彦) 120

야마자키 가쿠지로(山崎覚次郎) 82

야마카와 히토시(山川均) 120, 134

야하기 에이조(矢作榮藏) 82

에비나 단조(海老名彈正) 120

오가와 고타로(小川鄉太郎) 108

오노즈카 기헤이지(小野塚喜平次) 71, 82

오다 하지메(織田一) 82

오바 가게아키(大庭景秋, 가공〈柯公〉) 125

오스기 사카에(大杉榮) 81, 111, 117

오시마 마사노리(大島正德) 125

오우치 효에(大內兵衛) 84, 156

오이시 마사미(大石正己) 74

요네다 쇼타로(米田庄太郎) 108, 141

요코야마 겐노스케(橫山源之助) 75

우치가사키 사쿠사부로(內ヶ崎作三郞) 125

우치무라 간조(內村鑑三) 80, 220

이마이 요시유키(今井嘉行) 122

이토 시게지로(伊藤重治郞) 108

호리에 기이치(堀江歸一) 108

후쿠다 도쿠조(福田德三) 96, 103, 106, 120, 122, 137

안톤 멩거(Anton Menger) 96

제3장

나가이 류타로(永井柳太郞) 112

나카노 부에이(中野武營) 115

다나카 오도(田中王堂) 117

다카타 야스마(高田保馬) 137, 149, 164, 181

도리이 데루오(鳥居赫雄) 118, 119

도모나가 산주로(朝永三十郞) 117, 125

사이온지 긴모치(西園寺公望) 116

아라하타 간손(荒畑寒村) 111, 117

야마모토 곤노효에(山本權兵衛) 116

야마카와 히토시(山川均) 120, 134, 148, 154, 158, 161, 229

오니시 도시오(大西利夫) 119

오야마 이쿠오(大山郁夫) 119, 125, 137, 139, 151, 155

오자키 유키오(尾崎行雄) 116

오코우치 마사토시(大河內正敏) 125

와타나베 데쓰조(渡辺銕藏) 123

요시노 사쿠조(吉野作造) 69, 71, 112, 118, 119, 121

우라베 모모타로(占部百太郎) 123

이다 다이조(飯田泰三) 136

하나다 다이고로(花田大五郎) 119

하세가와 만지로(長谷川万次郎, 뇨제간〈如是閑〉) 119

하야시 기로쿠(林毅陸) 112

호시지마 지로(星島二郎) 121, 128

호즈미 시게토(穗積重遠) 125

굼플로비츠(Ludwig Gumplowitz) 139

라드브루흐(Gustav Radbruch) 142, 143, 217

라첸호퍼(Gustav Ratzenhofer) 139

러스킨(John Ruskin) 141

리케르트(Heinrich Rickert) 142, 143

슈타믈러(Rudolf Stammler) 141, 142

스몰(Albion Woodbury Small) 139

에밀 라스크(Emile Lask) 142

오펜하이머(Franz Oppenheimer) 139

워드(Loster Frank Ward) 139

카알라일(Thomas Carlyle) 141

프리즈(Jacob Friedich Fries) 142

제4장

가와이 에이지로(河合榮治郎) 156, 174, 189, 211, 241

고노 미쓰(河野密) 164

고이즈미 신조(小泉信三) 108, 158, 164

곤다 야스노스케(權田保之助) 156

구루마 사메조(久留間鮫造) 156

나카야마 이치로(中山伊知郎) 108, 215, 266

노다 리쓰타(野田律太) 171

노로 에이타로(野呂榮太郎) 165

니시 마사오(西雅雄) 161, 162

니시카와 고지로(西川光二郎) 154

다카바타케 모토유키(高畠素之) 155

다카하시 마사오(高橋正雄) 157

다카하시 사다키(高橋貞樹) 170

마루야마 마사오(丸山眞男) 159, 160, 172, 231, 237, 238, 240, 242,
246, 250, 254, 278, 320, 324

마이데 조고로(舞出長五郎) 156

모리치카 운페이(森近運平) 154

모리토 다쓰오(森戶辰男) 123, 136, 156

미노베 료키치(美濃部亮吉) 158

미키 기요시(三木淸) 157, 165, 190, 192, 194, 196

사키사카 이쓰로(向坂逸郎) 167

스즈키 분지(鈴木文治) 147

아리사와 히로미(有沢広巳) 157

야나이하라 다다오(矢内原忠雄) 156, 157, 174, 218, 310

야마다 모리타로(山田盛太郎) 165, 167

오모리 요시타로(大三義太郎) 157

오쓰카 긴노스케(大塚金之助) 152, 157, 166

오카노우에 모리미치(岡上守道, 필명은 구로다 레이지〈黑田礼二〉) 156, 157

오카다 료헤이(岡田良平) 152
이와나미 시게오(岩波茂雄) 169
이치가와 쇼이치(市川正一) 148
하니 고로(羽仁五郎) 157, 165, 228
하라다 다다카즈(原田忠一) 148
하야시 후사오(林房雄) 161, 205, 266
핫토리 시소(服部之總) 167, 172, 232
후쿠모토 가즈오(福本和夫) 160
히라노 요시타로(平野義太郎) 153, 165, 167, 203, 242
히지카타 세이비(土方成美) 158

게오르그 루카치(György Lukács) 161
에밀 레데러(Emile Lederer) 157
오토 바우어(Otto Bauer) 157
칼 코르슈(Karl Korsch) 161
힐퍼딩(Rudolf Hilferding) 157, 219

제5장

가라사와 도시키(唐沢俊樹) 190
가메이 가쓰이치로(亀井勝一郎) 205
가메이 간이치로(亀井貫一郎) 187
가야 오키노리(賀屋興宣) 190
가자하야 야소지(風早八十二) 192, 207, 239
고노에 후미마로(近衛文麿) 186, 188
고토 류노스케(後藤隆之助) 189, 190, 192

고토 후미오(後藤文夫) 190

기무라 다케야스(木村健康) 214, 241

기히라 다다요시(紀平正美) 206

나베야마 사다치카(鍋山貞親) 180

나스 시로시(那須皓) 189, 190

난바라 시게루(南原繁) 220, 247

노자키 류시치(野崎龍七) 190

니시오 스에히로(西尾末広) 186

다나카 아키라(田中晃) 206

다이라 데이조(平貞藏) 192

다지마 미치지(田島道治) 190

다카하시 가메키치(高橋亀吉) 190

도네가와 도요(利根川東洋) 206

도조 히데키(東条英機) 188

도하타 세이이치(東畑精一) 190, 215

류 신타로(笠信太郎) 185, 190

마쓰이 하루오(松井春生) 190

마에다 다몬(前田多門) 189

미야자와 도시요시(宮沢俊義) 216, 303

미와 주소(三輪寿壮) 192

바바 슈이치(馬場修一) 191

사노 마나부(佐野學) 161, 180

사사이 이쓰초(佐々井一晃) 192

사쓰사 히로오(佐々弘雄) 190

사이토 마코토(齋藤実) 178

사카이 사부로(酒井三郎) 190, 193

사토 간지(佐藤寛次) 189

사토 기요카쓰(佐藤淸勝) 206

시가 나오카타(志賀直方) 192

시마키 겐사쿠(島木健作) 205

시미즈 이쿠타로(淸水幾太郎) 192, 240

아리마 요리야스(有馬賴寧) 187, 189

아사노 아키라(淺野晃) 205

야마자키 세이준(山崎靖純) 190

야베 사다지(矢部貞治) 190, 200

야스이 다쿠마(安井琢磨) 215

오고우치 가즈오(大河內一男) 209

오쿠라 긴모치(大藏公望) 190

요코타 기사부로(橫田喜三郎) 216, 240, 242

유키 도요타로(結城豊太郎) 182

이시하라 간지(石原莞爾) 179

이카와 다다오(井川忠雄) 190

후지이 다케시(藤井武) 219

J. 홀(John W. Hall) 178

고틀(F.v.Gottl-Ottolilienfeld) 206

월러스(Léon Walras) 215

존트하이머(Kurt Sontheimer) 186

칼 슈미트(Carl Schmitt) 181

켈젠(Hans Kelsen) 216

제6장

가몬 야스오(嘉門安雄) 238

가미야마 시게오(神山茂夫) 232

가와시마 다케요시(川島武宜) 231, 254

가타야마 데쓰(片山哲) 239

가토 간주(加藤勘十) 225

고자이 요시시게(古在由重) 240

기무라 다케야스(木村健康) 214, 241

나카무라 아키라(中村哲) 238

노사카 산조(野坂參三) 228

다카시마 젠야(高島善哉) 240

다카쓰 마사미치(高津正道) 239

다카하시 요시타카(高橋義孝) 240

도쿠다 규이치(德田球一) 224, 226

마시타 신이치(眞下信一) 241

마쓰시타 게이이치(松下圭一) 236, 274

모리야 후미오(守屋典郎) 232

미나미 히로시(南博) 241

미야기 오토야(宮城音弥) 240, 241

미즈타니 조자부로(水谷長三郎) 239

사쿠라이 쓰네지(櫻井恒次) 238

스즈키 도민(鈴木東民) 242

스즈키 모사부로(鈴木茂三郎) 225

시가 요시오(志賀義雄) 224, 232, 239

쓰게 다다오미(柘植秀臣) 240

쓰루 시게토(都留重人) 241

쓰루미 가즈코(鶴見和子) 241

쓰루미 슌스케(鶴見俊輔) 241, 243

쓰치야 기요시(土屋淸) 241

아시다 히토시(芦田均) 239, 242

야마구치 요시타다(山口良忠) 222

야마다 후미오(山田文雄) 241

오구라 긴노스케(小倉金之助) 240

오구라 히로카쓰(小椋広勝) 239

오쓰카 히사오(大塚久雄) 231, 242, 254, 324, 326

와타나베 게이(渡辺慧) 240, 241

와타나베 요시미치(渡部義通) 240, 244

요코타 기사부로(橫田喜三郎) 216, 240, 242

우리우 다다오(瓜生忠夫) 238

우치다 요시히코(內田義彦) 238, 255

이노키 마사미치(猪木正道) 241

이소다 스스무(磯田進) 241

이즈카 고지(飯塚浩二) 240, 254

하라 효(原彪) 239

하야시 겐타로(林健太郎) 240, 241

후쿠다 쓰네아리(福田恒存) 240, 266

히라노 리키조(平野力三) 239

올포트(Gordon W. Allport) 234

코헨(Jerome B. Cohen) 223

제7장

구노 오사무(久野收) 263
기시 노부스케(岸信介) 264
마쓰다 미치오(松田道雄) 272
미노베 료기치(美濃部亮吉) 158
미야모토 겐이치(宮本憲一) 292
시노하라 하지메(篠原一) 274
아스카타 이치오(飛鳥田一雄) 275
아오미 준이치(碧海純一) 280, 315
에토 준(江藤淳) 278
요코미치 다카히로(横路孝弘) 277
우노 고조(宇野弘藏) 284
이시하라 신타로(石源愼太郎) 278
이와타 히로시(岩田弘) 289
이케다 하야토(池田勇人) 266
히다카 로쿠로(日高六郎) 273

D. 이스턴(David Easton) 281, 283, 287, 301, 313
라이샤워(Edwin O. Reischauer) 266, 281

맺음말

구리스 히로오미(栗栖弘信) 311
야스 세이슈(安世舟) 307

저자/이시다 다케시(石田雄)

1923년 아오모리 현 출생
1949년 도쿄대학 법학부 졸업
1984년까지 도쿄대학 사회과학연구소 교수로 재직
현재 도쿄대학 명예교수
전공 정치학
주요 저서 : 『明治政治思想史硏究』
　　　　　『日本の政治文化』
　　　　　『近代日本の政治文化と言語象徵』
　　　　　『社會科學再考』
　　　　　Japanese Political Culture: Change and Continuity

역자/한영혜(韓榮惠)

서울대학교 사범대학 영어과 졸업
서울대학교 대학원 사회학과 졸업
쓰쿠바대학 대학원 사회과학연구과 졸업(사회학 박사)
현재 한신대학교 국제학부 일본지역학 전공 부교수
전공 사회학
주요 저서 · 논문 : 『일본사회개설』
　　　　　　　 『일본의 도시사회』(공저)
　　　　　　　 『일본 시민운동 담론의 형성』
　　　　　　　 『일본의 지역사회와 시민운동』(근간)

한림신서 일본학총서 발간에 즈음하여

1995년은 제2차 세계대전이 끝나고 우리나라가 일본 식민지에서 해방된 지 50년이 되는 해이며, 한·일간에 국교정상화가 이루어진 지 30년을 헤아리는 해이다. 한일 양국은 이러한 역사를 되돌아보면서 앞으로 크게 변화될 세계사 속에서 동북아시아의 평화와 번영을 추구해야 하리라고 생각한다.

한림대학교 한림과학원 일본학연구소는 이러한 역사의 앞날을 전망하면서 1994년 3월에 출범하였다. 무엇보다도 일본을 바르게 알고 한국과 일본을 비교하면서 학문적, 문화적인 교류를 모색할 생각이다.

본 연구소는 일본학에 관한 자료를 수집하고 제반 과제를 한·일간에 공동으로 조사 연구하며 그 결과가 실제로 한·일관계 발전에 이바지할 수 있도록 노력하고자 한다. 그러한 사업의 일환으로 여기에 일본에 관한 기본적인 도서를 엄선하여 번역 출판하기로 했다. 아직 우리나라에는 일본에 관한 양서가 충분히 소개되지 못했다고 느껴지기 때문이다.

본 연구소는 조사와 연구, 기타 사업이 한국 전체를 위해야 한다고 생각하며 한·일 양국만이 아니라 다른 여러 나라의 연구자나 연구기관과 유대를 가지고 세계적인 시야에서 일을 추진해 나갈 것이다. 그러므로 누구나 열린 마음으로 본 연구소가 뜻하는 일에 참여해 주기를 바란다.

한림신서 일본학총서가 우리 문화에 기여하고 21세기를 향한 동북아시아의 상호 이해를 더하며 평화와 번영을 증진시키는 데 보탬이 되기를 바란다. 많은 분들의 성원을 기대해 마지않는다.

1995년 5월
한림대학교 한림과학원 일본학연구소